名师名校名校长

凝聚名师共识
回应名师关怀
打造名师品牌
培育名师群体

顾明远题

本书系厦门市小学数学吴嫦云名师工作室立项课题“基于‘趣智课堂’的小学数学活动设计与实践研究”（编号XMMS20055）研究成果

小学数学“趣智课堂”的创造

吴嫦云◎主编

吉林教育出版社

·长春·

图书在版编目（CIP）数据

小学数学“趣智课堂”的创造 / 吴嫦云主编. 长春 : 吉林教育出版社, 2024. 11. -- ISBN 978-7-5734-3586-6

Ⅰ. G623.502

中国国家版本馆CIP数据核字第2024KS9956号

小学数学“趣智课堂”的创造 **主编** 吴嫦云

XIAOXUE SHUXUE“QUZHI KETANG”DE CHUANGZAO

责任编辑 吴荃麟 **装帧设计** 言之凿

出版 吉林教育出版社（长春市同志街1991号 邮编 130021）

发行 吉林教育出版社

印刷 北京政采印刷服务有限公司

开本 710毫米×1000毫米 1/16 **印张** 16.25 **字数** 266千字

版次 2024年11月第1版 **印次** 2024年11月第1次印刷

书号 ISBN 978-7-5734-3586-6

定价 58.00元

编委会

主　编：吴嫦云

编　委：陈丽惠　陈明月　陈梅琼　张荣美

沈　铭　吴渝淞　李舒贤　沈全生

—序言—

“趣”引“智”航：吴嫦云老师的教学主张与实践

在教育的广袤海洋中，每位教师都如一艘独特的航船，引领学生在知识的海洋中探索与遨游。在这艘船上，教师的教学主张是指引航向的风帆。在“趣智课堂”这一教学主张的驱动下，吴嫦云老师以其独特的理解和实践经验，成为我主持的福建省中小学教学名师培养工程中的一名优秀学员。

德国哲学家雅斯贝尔斯曾说：“教育的本质意味着一棵树摇动另一棵树，一朵云推动另一朵云，一个灵魂唤醒另一个灵魂。”这恰恰是对吴嫦云老师及其名师工作室的最佳写照。2022年3月，厦门市小学数学吴嫦云名师工作室正式成立，汇聚了一群对小学数学怀有满腔热情的教师。他们致力于在“趣智课堂”引领下探索有效的教学策略，帮助学生享受数学学习的乐趣，由趣生智，转智成趣，趣智一体，形成数学品格和数学能力，最终发展核心素养。

书中收录的教学论文和教学设计是工作室成员们实践经验的结晶。这些成果既体现了丰富的实践经验，又闪烁着深思熟虑的学术光芒。我为“趣智课堂”这一教学主张在课堂田野上生根发芽、枝繁叶茂由衷地感到欣慰。

我始终鼓励每位教师提出自己的教学主张，让思想的种子在教育的大地上播撒。而更为重要的是，这些主张应如大树般在研究的土壤中茁壮成长。围绕教学主张展开的系统研究是优秀教师成长的原动力。当教师有了明确的教学主张并围绕它进行深入研究时，他们便能在这一过程中不断积累经验、提升自我，形成独特的教学风格和理念。这样的教师不仅具备深厚的学科知识，拥有独立思考和创新的精神，更能为学生的成长提供有力支持。

本书是厦门市小学数学吴嫦云名师工作室“基于‘趣智课堂’的小学数学活动设计与实践研究”课题的成果展示。书中，小学数学“趣智课堂”的概述、基于“趣智课堂”的教学策略、基于“趣智课堂”的教学设计三篇清晰地呈现了实践导向的特质，并将中、下篇的内容进一步细分为“数与代数”“图形与几何”“统计与概率”“综合与实践”等模块。每个模块都包含着精心挑选的教育论文或教学设计，旨在从不同角度展现“趣智课堂”的理念和方法。这些内容既展现了工作室成员深厚的学科知识、高超的教学技巧和独到的教育视角，也汇聚了他们丰富的实践经验和深刻的学术思考。

最后，我期望广大一线教师能从中获得启示和智慧，结合理论与实践勇敢地提出自己的教学主张并开展研究。愿每一位教师都能不断挑战自我、实现自我价值的提升和成长。同时，我也对吴嫦云名师工作室在“趣智”的道路上越走越宽广、越走越远抱有高度期待！

余文森

余文森，福建师范大学教育学院二级教授、博士生导师，教育部福建师范大学基础教育课程研究中心主任，兼任国家教材委员会专家委员会委员、教育部基础教育教学指导委员会委员等职务。

工作室成员照

目 录

上篇 小学数学"趣智课堂"的概述

中篇 基于"趣智课堂"的教学策略

下 篇 基于“趣智课堂”的教学设计

上篇

小学数学“趣智课堂”的概述

第一章　小学数学“趣智课堂”的内涵意蕴

一、趣智课堂的提炼生成

2002年陈省身先生写下了富有童心的四个大字“数学好玩”，而数学家田刚则曾题字“玩好数学”。可是很多人走过多年的数学路，从123走到678，从课堂走进考场，却把它留给最后一张考卷，不再为它留一点空间。模糊的记忆里，是残缺的公式和零乱的图形。北京师范大学刘坚教授近年曾做过一个小调查，请新入学的本科生用一个词语形容学习数学的感受。不少学生写下的是：苦恼、痛苦、伤不起、被虐……还有调查显示，中国目前有70%的中小学生不同程度地患有数学恐惧症。因为很多小学数学课堂还是以“题海战术”为主，将数学知识硬生生地塞给孩子，导致数学教学“趣飞智散”，数学留给孩子的印象是晦涩难懂、枯燥乏味。学生应试时遇到没有练习过的题目，思维就只有被“虐”的感觉。

数学是一门充满情趣的学科。数学之妙，出神入化，时时化繁为简；数学之趣，引人入胜，促进情智共生。笔者曾对不同年级的学生进行调查，学生无一例外地表示：喜欢好玩的、有趣的，有点挑战性、有点难度的数学课堂。也就是说，孩子喜欢有意思且能引发思考的数学课堂，即趣智的数学课堂。数学课堂的“趣”就是让学生觉得“数学好玩”，即在学习数学过程中获得愉悦之情；而数学思维、数学思想、解决问题的能力等等就是“智”的彰显。“趣”归学理，“智”归数理。有意义的数学课堂应该是激趣而促智，增智而益趣。因此，我提出小学数学趣智课堂的教学主张，旨在全面提高学生的数学核心素养。

二、趣智课堂的要素解读

“趣”，是谓主动求知获取，引申为“兴趣”“乐趣”“志趣”“情趣”；“智”，可谓“日日知方能智”，引申为智慧、思考之意。课有一思一得，日有一知一进，便能不断成长，智慧充盈。“趣”是情境，是手段；“智”是成果，是目的。“趣智”，即趣由智生，智因趣达，表现为智与趣合一、情与理交融。王梓坤院士指出：“数学的职责之一就在于培养学生对数学的兴趣，这等于给他们长久钻研数学的动力……点燃了学生心中热爱数学的熊熊火焰。”史宁中教授说：“智慧表现在什么地方呢？表现在别人做不了的时候，他能想办法解决了，他就有智慧，他就聪明。比如在解题过程中，甚至在玩的过程中，他有一个方案，或者在做实验的过程中他有一个技巧，这些表现的是智慧。”

学科学习之趣可以激发学科学习的灵感，这种灵感就是学习之智。激趣是为了促智，智多则趣浓。“趣”不只是给学生讲故事、看动画、做游戏，还要调动学生的积极性。趣智课堂的“趣”至少包含四个层次，要让学生由感官满足的浅层“兴趣”上升到参与理性思考的深层“乐趣”，进而挖掘学生的“志趣”，最后涵养学生学习数学的“情趣”。具体表现在：一是数学学科知识是充满趣味的，要让孩子关注数学的奇、妙、美、理等；二是让学生经过思考解答有一定难度的数学问题的过程，思维就能体验到由“阻”到“通”后的那种快感，尝试到享受智力活动的乐趣。三是数学与人类生活世界之间的关系也是趣味横生的，正如北宋程颐所言“知之必好之，好之必求之，求之必得之”。要让学生感受到，自身拥有的数学知识能经常在生活实践中加以应用和完善，感受到学习的价值，找到持久的内驱力，此乃志趣。四是让学生在享受快乐之中提高学习效率。“智”也相应地有“关注、尝试、突破、升华”四个递进的层次。

趣智课堂中，“趣”主要联系着人的主观因素，“智”则连接着外在的客观规律。数学课堂，若能兼顾这两个方面，“终不能离人而别有天，终不能离欲而别有理”，就能达到“天人合一”的和谐程度，从而收到最佳效果。

三、趣智课堂的理论依据

建构主义理论以学为中心，强调学生对知识的主动探索、主动发现和对所学知识意义的主动建构。趣智数学课堂强调内在动机的重要性，让孩子主动参与，乐于探究，勤于动手，培养孩子收集信息、获取新知识、分析和解决问题及交流合作的能力。让孩子真正成为知识的发现者和探索者。数学学习从此变得生动有趣。

我国教育史上最为璀璨的瑰宝之一——《礼记·学记》载：“君子之教，喻也。道而弗牵，强而弗抑，开而弗达。道而弗牵则和，强而弗抑则易，开而弗达则思。和易以思，可谓善喻也。”“和”“易”是谓“情”“趣”之理，“思”是谓“智”理。此间之理，妙在“和”“易”“思”三者可以共融共生，相辅相成。这是“趣”“智”和谐共生之理，是趣智数学课堂的根基，如图1–1所示。

图1–1　趣智数学课堂根基循环图

在西方，趣智教育作为一种思想观点有着悠久的历史，英国社会学家斯宾塞说：“兴趣是求知和学习最大的动力。”这不单单是一种方法，而且包含人类获取知识的一个充满智慧而古老的法则。兴趣这个词标志着智力活动的特性，“兴趣就是主动性，代表智力追求的能量”，或者说“能量通过兴趣这个词表达出来”。

《义务教育数学课程标准（2022年版）》指出，教学活动应注重启发式，激发学生学习兴趣，引发学生积极思考，鼓励学生质疑问难，引导学生在真实情境中发现问题和提出问题，利用观察、猜测、实验、计算、推理、验证、数据分析、直观想象等方法分析问题和解决问题；促进学生理解和掌握数学的基础知识和基本技能，体会和运用数学的思想与方法，获得数学的基本活动经验；培养学生良好的学习习惯，形成积极的情感、态度和价值观，逐步形成核心素养。

四、趣智课堂的实践策略

实践小学数学趣智课堂的策略有多种多样。教师要与时俱进，挖掘学生感兴趣的学习内容，营造学生在场的体验，创造开放自由的时空，创设美育氛围，提出情感、身体、认知、社会的合理预期学习效果，对学生进行实践指导，让课堂教学活动成为一个有机关联的整体，不但能提高学生的智力因素，而且能提高学生的非智力因素。

（一）优化整体式关联设计，点燃学生智慧火花

课堂教学活动的各要素是一个有机的整体，具有紧密的关联性。趣智课堂关注学生的生活经验和知识起点，站在“学材”的视角对教材的内容章节、结构特征、呈现方式等做出合理性选择、重建和整合，进行人文性和关联性的思考，从而激活学生学习数学的潜能，引导学生自主探究、经历知识的形成过程，开阔学生的数学视野，使学习过程变成生动、智慧的动态生成过程。因此，趣智课堂教学必须关注学科知识与智慧提升的整体联系，关注学生生命个体之间的动态平衡，重视课堂中主体与主体、主体与环境、课堂内外的整体关联性，以及各要素之间的相互作用及其在发展过程中出现的各种变化，多维度思考问题。优化与整合学科教学内容，将认知、技能、问题解决与情感态度价值观融为一体设计课堂教与学的活动方式，形成一个关联性、人文性的有机整体，才能实现育人目标，打破学科壁垒，实现跨学科知识的衔接和运用，提升学生的学习品位，促进学生全面和谐发展。只有学生感到学习有趣，掌握知识的过程才能吸引他们，才能发展他们的智力。

（二）创设在场式活动体验，开启学生智慧旅程

一个人智慧的提升是个体运用自我调节机制主动适应、调节与习得的结果。学生适合在一个能够获得真实体验的环境，经过后天的主体活动，运用系统的思维方式，通过想象与探究，获得生存与生活所需要的知识与能力，发掘个体潜能完善自己。小学生的兴趣具有广泛性，但缺乏专注性。如何让学生始终主动学习，享受参与数学活动的乐趣特别重要。数学课堂教学活动如果只遵

循数学学科的一般逻辑，不利于调动学生的学习主动性，学生经常被拒于学习“场外”。趣智数学课堂是动态生成的课堂，以学生亲身经历、参与活动为基础，充满理性与智慧。因此，以学生的现实生活为基础，遵循学生的身心发展规律，让学生“在场”自主参与探究学习活动，他们才能在实践中发挥才智，知识、能力与智力在理性和感性的对立与交融中才能获得发展。

小学生的思维来源于生活经验，是直观的，经历了数学活动的过程，思考就有了载体。教师要为学生持续提供主动参与和探索的机会，给他们搭建表达和展示的平台，允许他们标新立异，发表自己的见解。学生“在场”产生的困惑、疑问与不解，能激发他们的想象力和多元思维。当学生听到来自小伙伴的不同意见时，提出自己的看法或反驳别人的观点，都能使他们的智力与思维接受挑战与碰撞的“洗礼”。

（三）创建开放式课堂时空，促进学生智慧生长

学习，并不是在课堂教学中接受简单的知识传递与解释，而是运用知识展开探究与思考的活动。只有坚持动态开放性的原则，从多方面、多视角去寻找前因后果，形成动态开放性、非线性的思维方法，才会用数学的眼光观察现实世界，用数学的思维思考现实世界，用数学的语言表达现实世界。因此，学生有了自由开放的时空，才能以开放的视域与思维去体验、创造与创新，彰显个性。课堂只有充满灵性、人文性与文化性，学生才会理解学习的意义和价值，从而跨越学科边界，课堂才能成为新的意义生成和分享成功喜悦的场所。

（四）营造美育式课堂氛围，提升学生智慧品质

教学是一门艺术，课堂教学活动必须充满审美情趣。现在的课堂教学关注学分的多，关注人文主义质量的少，导致学生缺乏满足感、自信心，教师也缺乏成就感、幸福感，生生、师生在教与学的交往互动中缺乏富有情趣的教学氛围。因此，教学方式、内容、环节、多媒体的应用等要有美的设想，充满着隐喻，留给学生多维想象空间——让课堂教学活动成为一种令人向往的具有趣味性的课堂生活，只有这样，学者才能“乐学”，师者才能“乐教”。趣智课堂上的学生可以自由想象与创造，但不是毫无章法的，是有规律可循的，是遵循着艺术想象的统一分析与思考问题，形成相应的认识。课堂教学活动遵循审美理想设计原则，让“情”和“趣”成为课堂的两个核心要素。教师要开发丰富的资源，关注知识情趣的培养，运用新颖的教学方式，以保知识之美、教学之美。让形式的美与学科的美完美结合起来，营造美育式的课堂教学氛围，让学生在学习中体验到思维、智慧之美和创造之美，体验课堂教学生活之美，进而享受课堂生活。

趣是源起，智是旨归；趣智是过程，趣智也是目的。趣智数学课堂强调对学生的人文关怀，通过对多方面学习资源的整合，实现将知识、意义、思想、价值、理念、情感、智慧融为一体的目标，使学生充分体验学习的乐趣、成功的喜悦，展现自身的个性，实现自身的价值，挖掘自己的潜能，启迪自己的智慧，完美塑造自己的人格。

（作者：厦门市翔安区教师进修学校附属小学　吴嫦云）

第二章　小学数学“趣智课堂”的内在机理

新时代背景下，教育变革不断推进，唤起广大教育工作者的实践智慧和创造激情。数学是一门教人智慧的学科，也是充满魅力的艺术。数学家希尔伯特（Hilbert）的学生外尔（Hermann Klaus Hugo Weyl）曾这样描述：“希尔伯特这位吹笛人所吹的甜蜜的芦笛声，诱惑着许多老鼠投入数学的深河。”希尔伯特讲课的内容“不仅是数学，还有他对科学的信念以及对理性和科学的热爱”。数学教育的最高境界就是用一种生命的精神去浸润、感化许多生命，用一种智慧的生命开启更多智慧的生命。因此，数学课堂应该是兴趣与智慧交互生成的，是能力与品格的共融共生。

一、趣智课堂教学主张的内外因素

趣智数学课堂立足于数学的学科特点、学生的认知心理特征以及当下数学课堂的积弊。数学教材中的趣味因子处处可见，如北京师范大学出版社出版的数学教材中的数学游戏、数学趣题，拼一拼、摆一摆等动手操作活动，这些“趣味因子”为趣智课堂提供了现实土壤。不过，数学也因其内容的抽象性、逻辑的严密性和应用的广泛性，易使学生敬而远之。现实中，学生普遍认为数学就是解题，就是通过解题求得一个结果，他们的数学学习以被动接受为主，教师常常忽视数学课程对学生的教育功能，缺乏对学生整体素养、情感体验和个性品质的关注，对创新能力和实践能力培养不足，导致学生的数学能力发展不全面。此外，课堂教学学习目标、内容的一致性与学生多样化需求形成强烈反差，也导致许多学生对数学学习失去信心和兴趣。趣智课堂，有助于改变小学数学教学的沉疴，营造奋发的氛围，激起学生的求知欲望，引导学生自觉参与课堂学习，发现数学的神奇魅力，探索数学的应用价值，体悟数学的深邃思想。

二、由趣生智：趣智课堂的表层逻辑

（一）“趣”“智”的内涵

据心理学家研究，人们在试图探索某种事物或有意参与某种活动时会表现出一种心理倾向，这种倾向就是兴趣。兴趣是推动人们求索、求知的重要动机，也是人类所特有的一种“自主性功能”。兴趣是一种情感状态，处于动机的最深水平，驱使人们去行动。赫尔巴特（Herbart）认为，人在兴趣的驱动下可以产生两种心理活动，一种是“专心”，另一种是“审思”。在这两种心理状态下，人们朝着认识事物或从事活动的方向不断努力，进而获得某种新知。趣智课堂的表层逻辑中“由趣生智”的“趣”，指的就是这种认识事物或从事活动时产生的最初心理倾向。

智力则是人的各种认识能力的总和，即智慧力量的总和。这些认识能力一般包括观察、记忆、想象和逻辑思维等。就学科而言，数学凸显的是逻辑性、系统性、条理性和抽象性，因而数学教学要注重发展学生的智力。一般来说，学生的数学智力水平表现为学生独立获得数学知识、驾驭数学知识的能力，反映在发现和解决问题的能力上，主要指学生对数学认识、解决问题的一种心理能力，即注意力、观察力、记忆力、理解力、想象力、逻辑思维能力等。

从“趣”“智”的内涵中不难看出，“趣”对智力发展有重要作用。学生有了参与数学活动的兴趣，就会产生如赫尔巴特所说的专心和审思活动交替进行的现象，从而构成所谓的“精神呼吸活动”。这种专心和审思，容易让学生进入数学学习的情境中收获学习体验。这种体验因为有了兴趣的驱动，就能使学生感觉数学学习是一种享受，进而促成学生智力的发展和智慧的生成。

（二）由“趣”生“智”

1. 因“趣”而动，催生学习意愿

因“趣”产生动机，推动学生自主自愿学习。动机是一种心理动因，将人们的需要和愿望转变为某种行为，并推动着这种行为持续进行。“智”的发展和形成离不开对学习活动的持续关注与投入，离不开自主自愿的学习。兴趣的存在或教师在课堂中的激趣行为，促使学生把心理活动指向和集中到学习的对象上，细致观察，不断活跃自己的感觉、知觉，持续地思考，进而激发自己学习的内在动力，自主投入学习，敢于直面学习过程中的困难，持续努力前行。

可见，由兴趣而产生动机，是由"趣"生"智"的重要一环。

2. 由"趣"减负，衍生应用意识

因"趣"实现真正减负，促进学生数学之"用"的形成。求真求知，是人类的理性需要，也是一种能力。数学作为科学的共同语言和最高表现形式，其内容、方法、思想都以其真实、确定而成为人们思考、解决问题时值得依赖的东西。学生喜欢、愿意做的事就不是负担。如数学家欧拉（Leonhard Euler）别出心裁地用"一笔画"解决"七桥问题"，让学生震撼。有了兴趣，学生会愿意花上几个小时去解答一道题目，享受最终解题后的满足感与成就感。这种纯粹的喜欢能让学生心甘情愿地放弃游乐时间去钻研，这样的学习不再是一种辛苦与劳累。正如有人精神抖擞地在网上玩上一整夜游戏、看世界杯，都是兴趣使然。在"轻松"的学习中，学生收获了数学的知识、原理、方法、逻辑等数学之"用"。虽然不是知识越多就越有智慧，但必备的知识是智慧形成的基石。

3. 由"趣"增悦，萌生学习智慧

因"趣"产生愉悦，是学生智慧形成的力量源泉。兴趣和爱好是催化剂，有了动机，学生能感受到更多学习的快乐。这里的"快乐"，指学习过程中的一种心境感受，一种学习收获的成就与成功的感觉。快乐学习与刻苦学习其实是相一致的。从心理学角度分析，快乐是一种心理情感体验；刻苦是一种心理意志体验，是行为态度的反映，以苦学为乐正是这样的道理。具体而言，这种快乐是学生在教师有目的、有计划的指导下感受数学的独特性，如斐波那契数列中的"黄金分割"、布丰投针实验中的 π 等都可以成为数学学习充满愉悦的重要特征。有了"趣"，学生就会把学习当作一件快乐的事，让学习成为伴随终身的、自娱的过程，不断吸取有利于精神与生命成长的养料，逐步形成建设国家和社会所需的素质。

三、转智成趣：趣智课堂的深层逻辑

由"趣"生"智"，"智"反过来又提升了"趣"。趣智课堂可以最大限度地发散数学思考的魅力，改变学生思考的方式、方法和视角，最终促进学科"志趣"的形成。

（一）“智趣”并进，推进学习深化

“智”的初步达成，是让学生明白学习的意义，满足情感的需要，推动学习的深入。这种深入学习将触及深度的思考，让学生产生一种认知冲突，激起更强烈的学习热情，使学生在学习活动中产生一种理智感和求知欲，在实践中思考、探索，参与数学的“再创造”，达到对知识真正意义上的理解和掌握，进而透过表象探寻数学蕴含的规律，感悟数学理性之美。苏霍姆林斯基指出：“如果你所追求的只是那种表面的、显而易见的刺激，以引起学生对学习和上课的兴趣，那你就永远不能培养起学生对脑力劳动的真正的热爱。”他所说的“热爱”正是基于“智”的形成而自主进行的深度学习。由“智”而推动的自主进行的深度学习触及的是数学的本质，引导学生质疑解惑、优化方法，培养学科素养。

（二）学习深化，增进“志趣”生发

伴随着学习的深入，学生感受、体悟到了数学和数学思维的美妙。这种深度学习强调学生积极自主建构，注重学生的发展，更强调社会意义上的个体参与和社会、历史建构，强调学生作为社会主体所必须具备的健康的身心、高水平的文化修养、强劲的实践能力与高尚的精神境界。

深度学习让学生进一步体验了数学带给他们的震撼感、力量感、解放感和神秘感，或唤起认同，或触动联想，或引导猜测，或激发疑虑，甚至打通学科壁垒，以各学科的整合来制造课堂的热能效应，打造充满活力、情趣盎然的教学磁场。学生在习得知识的同时，积淀人文精神，形成积极的内在学习动机，树立正确的价值观，逐步形成学科“志趣”，成为未来社会的主人。“志趣”是志向与兴趣的有机结合。“志趣”一旦形成了，学习就成了“挡不住的诱惑”。有了“志趣”，学生就会感觉学习不是一件“艰苦”的任务，而是能借此达成自我超越、自我实现的一种方式和途径。

（三）趣智融合内化为学生的品格和能力

唯有智慧才能启迪智慧，唯有素养才能培育素养，学生核心素养的形成有赖于教师品格、能力的支撑和涵养。课堂教学中，教师要有意识地激趣、引趣，让学生在兴趣的引领下经历知识形成的过程，循序渐进，完成知识的建构。在这个过程中，学生学会数学思考，并积极寻找“问题解决的方法”，在特定的“知识技能”中感知、享受学习数学的乐趣，思考、发现、形成“问题解决的方法”，表现出学习机智。教师要“创设、营造体现特定的‘知识与技能’所蕴含的‘情感态度与价值观’的适宜的情境与氛围，让学生体验、感受特定的‘知识与技能’所蕴含的‘情感态度与价值观’，从而乐于学习”。这样的教学过程融合了“学会、会学与乐学”和“想要学、懂得学与能发现”等价值追求，将课堂教学引向深度学习。“趣智交融”的课堂价值在于将“知识技能”“数学思考”“问题解决”“情感态度”等融合共生，内化为学生的品格和能力。

趣智课堂的核心要素是“趣”与“智”，起于激趣，由趣生智，转智成趣，归于志趣，形成数学能力，涵养数学品格，最终提升学生的数学核心素养。把学科“关键能力”的习得过程放到可以浸润、发酵、充满正能量的文化关怀中，学习就具备了积极的文化价值，具有了利他的道德情怀，就会成为众人认同的“人的素养”。

（作者：厦门市翔安区教师进修学校附属小学　吴嫦云）

第三章　小学数学“趣智课堂”的实施要义

数学家苏步青说：要让孩子学好数学，一是配合小学数学课本，适当有目的地添上一些引人入胜的内容，使少年学起数学津津有味；二是根据少年思考灵活的特点，循循善诱地介绍少量动脑筋的资料，为将来独立思考打基础。他的观点有两个因素：数学之“趣”与数学之“智”。小学数学趣智课堂中，“智”的生长是目标，“智”的逻辑是数学教学的根本逻辑；“趣”是学生发展的保障，学生在“趣”的维持和推动下能够更有效地实现“智”的生长，而“智”的生长反过来强化“趣”的价值。而要实现“智慧生长”这一目标，在具体课堂教学中，可以运用“关注”“尝试”“突破”“升华”四个阶段加以推进。

一、激发数学兴趣，点燃智慧火花（智慧生长的关注阶段）

（一）发展威胁：兴趣缺乏，无意注意

儿童的兴趣是经由自我本能发出，将自己的心智运用于活动，与对象融为一体的具有冲动性的、统一性的活动。学生智慧生长的达成离不开三个因素：持续性的兴趣、外部环境的挑战、学习的收获。但是孩子可能由于无意注意、兴趣缺乏，无法关注课堂中发生的一切，久而久之就会产生厌学心理，对今后的数学学习造成不可修复的伤害。

（二）教学要旨：巧妙设计，引人入胜

学生的学习兴趣有赖于学科知识本身，也有赖于教师的学识与人格魅力，还与教师实施课堂教学的艺术息息相关。教师要善于挖掘教材知识本身的趣味因素，灵活地驾驭教材，找寻所教内容与儿童经验和需要的联系，巧妙设计教学过程，创设引人入胜的教学情境。如果学生感到上课有趣，掌握知识的过程

就能吸引每一个人作为真理探索者的美好智力情感，点燃孩子智慧的火花。

（三）案例

教学“小数性质”时，笔者做了这样的调整和设计。在小学生的心目中，1和10、100是大小悬殊的数字，但笔者有意要求他们尝试在这些数字之后添加单位名称，实现三个数字之间的等号连接。这样的问题，让学生有一定的疑惑，也引发了他们的兴趣，于是他们开始了尝试与探索。

1米=10分米=100厘米

1分米=10厘米=100毫米

1元=10角=100分

由不同小组探索而得的这些算式令学生们惊奇不已。在他们欣赏学习成果的同时，笔者又相继提出新的问题：“哪位同学能在等式不变的前提下，将单位名称改写为相同的。”学生们静下心来思考，有人写了两个等式：0.1元=0.10元=0.100元；0.1米=0.10米=0.100米。接着，笔者引导学生认真观察、思考：“你们有什么发现？”学生经过讨论发现，如果去掉单位名称，等式仍然成立。“你还能举出几个例子进行说明吗？”刚刚平静下来的课堂又出现了高潮，学生的思维活跃起来。学生在举例验证、归纳总结中明白了：小数末尾添上零或去掉零，小数大小不变的道理。笔者还精心设计了“你想对‘0’说什么？”的教学环节。学生们用拟人化的口吻讲述着对“0”的感受：在学习整数时，“0”是多么的神气。整数的末尾每增加一个“0”，这个数就扩大为原来的10倍，可在小数中，它再也神气不起来啦，我们也不用理会它了，就当它不存在吧。枯燥无味的数学性质，学生学得兴趣盎然。

天才的秘密就在于强烈的兴趣和爱好，我们应当把培养学生的兴趣和爱好作为正在形成的某种智力的发展契机来培养。兴趣在学习中的作用不言而喻，正是这样的兴趣，促使着学生不断地去探究、实践，获得真知，从而爱上学科，爱上求知，具备学科素养，获得真正的发展。

二、享受参与乐趣，启动智慧旅程（智慧生长的尝试阶段）

（一）发展威胁：乐趣寡淡，事不关己

传统数学课堂组织形式单一，主要通过教师的讲解分析并配以一定的练习巩固知识，教学的时空相对固定。久而久之，孩子们便对数学乐趣寡淡。趣智

数学课堂时空开放、方式民主，能让学生感受到参与学习的乐趣，并且这种乐趣最持久，最有价值。

（二）教学要旨：创造机会，强化参与

小学生的思维是直观的且来源于生活。经历了学习的过程，思考就有了载体。教师要为学生提供主动探索的机会，允许学生标新立异，发表自己的意见；要引导学生走出原有的知识、生活经验、思考与灵感的框架，鼓励他们提出不同观点或积极倾听不同意见。这样的过程，挑战着他们的智力与思维。教师要以爱心与智慧去引领生命，让学生经历“渗透—反复—逐级递进—螺旋上升—不断深化”的学习过程，在预设目标的实施中开放地纳入始料未及的体验，让学生呈现出无尽的潜力和生命的灵光。

（三）案例

体验“6174黑洞值”的计算过程。

请你任意写出一个四位数（四个数字不能完全相同）。写出这个四位数后，把它的数字按照从大到小的顺序排列起来，组成一个新数，然后再按照从小到大的顺序排列起来组成另一个数。接下来将最大数减去这个最小数得到一个差数。再将这个差数按照上述步骤整理一遍，相减后又得到一个新的差数。一直重复以上步骤，就会出现一个神秘的数字6174。得到6174以后，就好像掉进了一个“黑洞”，再也出不来了。“数学黑洞”的神奇能激发学生探究数学的乐趣和内驱力。孩子通过自己的思考解开一道难题或改正错误时，那种豁然开朗的感觉正是对“趣”的切身体验。

学生尝试的过程，就是智慧生长的“磨刀石”，启智而增趣。也可让学生通过默会、感染、体验、浸透、体悟的学习过程来引发思考，启动智慧的旅程。即使学生将来不打算从事与数学相关的职业，少年时期的数学训练也将对他们的思维方法产生影响，受益终生。

三、强化探究志趣，促进智慧生长（智慧生长的突破阶段）

（一）发展威胁：志趣薄弱，畏难情绪

要让学生恒久而深入地投入学习，持续性的兴趣与求知探索的志趣非常关键。我们深知，兴趣尤其是浅层次的兴趣在引导学生入门时作用明显，但仅靠这样的兴趣远远不够。特别是在碰到学习困难时，兴趣很有可能就此消失。这时，我们需要的是长久而稳定的志趣，这样才能促使他们进行更深入的学习与思考，才能开启他们创造的天地，促使他们更加主动地进行探索与创新。

（二）教学策略：责任感召，意志训练

当学生出现畏难情绪、志趣薄弱时，教师要相机进行责任感召，进行心理干预，要让学生认识到作为个体的自身在面对困境时应该拥有的百折不回的精神，或者小组合作时自身所应有的担当。必要时可结合进行一些训练意志的活动，要让他们具备应有的恒心、毅力、逆商等非智力因素。杜威指出："给学生留下最持久的印象的教师，能够唤起学生新的理智兴趣，把自己对知识或艺术的热情传导给学生，使学生有探究的渴望，找到本身的动力。这是一件最为要紧的事。"一位教师，具备了这样的学养与魅力，他的学生学习志趣的培养才有可靠保证。这样的"志趣"，可以让学生更好地认识自己，成为他们追求、实现人生愿景的恒久动力，进而超越自我，实现真正发展。

（三）案例

教学"质数"时，笔者就给学生们讲了"约瑟夫问题"。

传说著名犹太历史学家约瑟夫曾用计救了自己和朋友的性命。当罗马人攻占Jotapat时，约瑟夫和他的朋友以及39个犹太伙伴躲在一个洞穴里，他们宁死也不做俘虏。约瑟夫和朋友不想死，提出让大家以一种有序的方式去死。41个人围成一圈，然后每第三个人先死，直到最后一个自杀。约瑟夫把自己和朋友安排在第16和第31个位置，最后得救了。

巍峨的数学殿堂，一砖一瓦都蕴藏着无数中外数学家的心血和汗水，每一个为数学殿堂添砖加瓦的奋斗经历或多或少能对学生人格的形成产生正面积极的导向作用，让孩子体会到数学历史长河的涌动，甚至能感受到和已逝去千年的数学大师的"智慧"对话。这让学生感到无比震撼：数学有这么大的威力，还能救命！教师要把数学作为解决现实世界中的日常问题的实用工具，向孩子们演示最基本的数学知识如何帮助我们避免代价高昂的错误。学好了数学，不管将来从事哪行哪业，都会让人更有智慧和竞争力。

四、涵养数学情趣，提升智慧品质（智慧生长的升华阶段）

（一）发展威胁：情趣庸平，浅尝辄止

行百里者半九十。在兴趣与志趣的带动下，学生会在一定程度上突破畏难情绪，但在小有成就之后，又有可能出现浅尝辄止的现象，缺乏深入持久的探索与思考，以致情趣庸平，无法实现“趣智数学”的最终目标——智慧的生长。

（二）教学策略：境界提升，思想启迪

面对学生“浅尝辄止、情趣庸平”的情况，教师要及时进行人文引领、思想启迪与境界提升。我们知道，“情趣”离不开后天的教化、调理。数学课上，教师要善于发现学生的情趣种子，并加以欣赏和呵护；要善于开发丰富的情趣资源，关注良好情趣的培养；运用新颖变换的教学方式或富于审美的课堂艺术，让“情”和“思”成为课堂的两个核心要素。以崭新的知识增加吸引力，以幽默的语言使课堂富有艺术魅力，因深刻的见解产生对人的震撼力，以高尚的人文思想境界去引领人，发展正向情趣，调适情趣，涵养情趣。

（三）案例

让学生欣赏从数学家成为最有想象力的作家的卡洛尔笔下的爱丽思和柴郡猫的一段充满数学趣味的对话。

“你能告诉我，我从这儿该走哪条路吗？”

“那多半要看你想去哪儿。”猫说。

“我不在乎去哪儿。”爱丽思说。

“那么你走哪条路都没关系。”猫说。

“只要能到个地方就行。”爱丽思解释。

“噢，当然，你总能到个地方的，”猫说，“只要你走得够远。”

上面的文字，让学生感受到美妙的数学定理、公式及概念的产生和发展过程，能产生学好数学的美好情感。课堂上常常聊些数学家的趣闻轶事，也是学生枯燥学习的调味品。师生努力营造课堂环境的情趣化，营造一种超越性、信仰性的文化氛围，让师生体验崇高感和神圣感，获得丰盈的终极意义感。

以情涵趣，以趣促智，充分发挥缄默的、具有弥散效应的文化元素，蕴含丰富的教育韵味。趣智课堂以其稚趣的形式“娱人”，以其丰富的内容“引人”，以其无穷的奥秘“迷人”，以其潜在的功能“育人”，实现了人的智慧生长与健康成长。因此，趣智课堂理应成为小学数学的一种常态与追求。

（作者：厦门市翔安区教师进修学校附属小学　吴嫦云）

第四章　小学数学"趣智课堂"的育人之道

华东师范大学叶澜教授在《"新基础教育"发展性研究报告集》中，从内涵和外延两方面对"学科育人价值"的概念进行了描述性定义，指出要有育人立场，从多层次、多侧面理解育人价值。"育人"是指通过对人进行德智体美劳等多方面的教育培养，使其获得全方位的发展。综合来看，学科育人是学生除学习学科知识和发展学科能力之外，在心智能力、情感态度、思想品德、社会责任等方面的发展。

笔者所倡导的"趣智课堂"教学主张的"趣"指的是一个人认识事物或从事活动时产生的最初心理倾向，"智"则是一个人的各种认识能力的总和，即智慧力量的总和。"智"的最终目标是形成数学能力，"趣"的最终指向是数学品格。

数学品格是数学能力发展的逻辑起点，数学能力是数学品格展开的必然结果，如图4-1所示。因此，趣智数学课堂更能激发孩子学习数学的兴趣和内驱力，培养孩子的上进心，引导孩子自觉成长和不断完善自己。

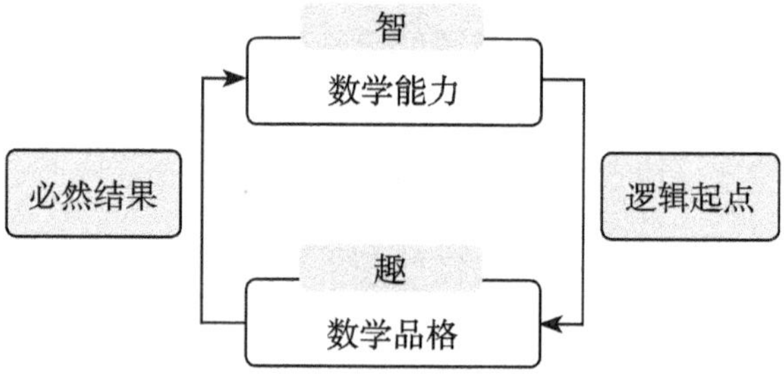

图4-1　必然结果与逻辑起点的关系

一、有据可依，探索数学学科育人的特点

数学学科育人实践的宗旨是最大限度地实现人才培养的需求。首先，数学学科育人要有助于提升学生的创新意识。社会是不断变革发展的，因而创新力是未来社会所需要的一项重要素质。数学学科育人要求能够培养学生追求探索新事物的精神，使学生具备独立思考、独立解决问题的能力，从而发展创新能力。其次，数学学科育人要有助于培养学生的合作精神和社交能力，能够更好地让学生与他人合作，促进个人能力的全面提升。最后，数学学科育人要有助于增强学生的个性魅力和自主学习能力，帮助学生更好地面对生活和工作中的各种挑战。

福建师范大学余文森教授基于三年参加新课标修订的经验与体会，认为“学科育人价值”与“学科实践活动”是认识、实施新课标的重要抓手和支点。中小学任何一门学科都具有丰富的育人价值，但数学学科的育人价值往往是以潜在的、隐性的方式存在于教材知识之中，数学学科的育人性也不能在教学过程中自动实现。

数学学科育人的特点有以下五个方面：一是学习数学可以提高学生的逻辑思维能力，训练学生合理推理、分类、比较和分析问题的能力。二是数学学科中有很多抽象的概念和方法，学习数学可以培养学生的抽象思维能力，这对于进一步学习其他学科和解决实际问题都是有帮助的。三是数学学科中的问题往往有多种解法，需要学生掌握不同的方法和步骤，通过独立思考和不断试错来解决问题，这可以培养学生的问题解决能力。四是数学学科有时需要创新性地运用理论和方法来解决问题，这需要学生具备创新思维能力，能够发掘问题的本质并寻找新的解决方法。五是数学学科中的一些问题需要学生进行合作解决，这可以培养学生的合作精神和团队意识，让学生在共同解决问题中体会到合作的快乐和成就感。

基于以上这些数学学科育人特点的分析，学科育人对教师来说也是一种挑战，需要教师选择合适的育人方式，组织有质量的学科活动，着力将数学学科的育人性和育人价值展现出来。实施课堂教学时要注重学生对知识的理解和应用，加强学习能力的培养，促使学生能够更好地将已有的知识应用于解决实际问题中，从而实现知识的增值价值，如图4–2所示。

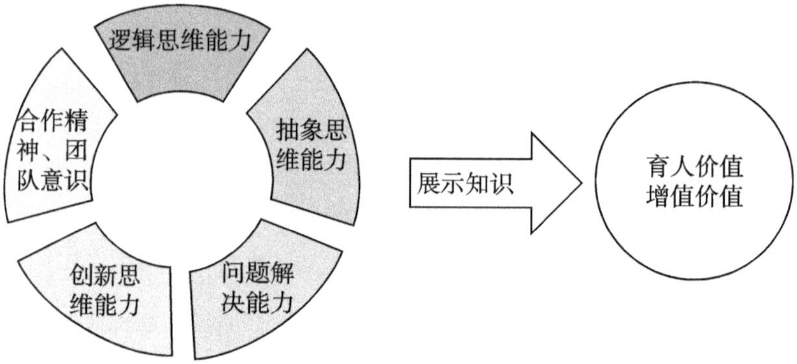

图4-2 育人价值与增值价值的实现关系图

二、有路可走，探索数学学科育人的实践路径

课堂是教学的主阵地，也是数学学科育人的首要实践路径。学科教师需要从“学科知识本位”走向“学科思想本位”，更要转向“育人为本”，建构起一种唯有在数学学科的学习中才有可能经历、体验和形成的思维方式，从而实现数学教学与学生身心成长的双向转化和双向建构。

趣智数学课堂教学造就核心价值观念、刻画学生灵魂。为此，课堂上教师不但要给予学生用数学观察、发现的眼睛，还需给学生用数学思考的脑和用数学实践的手，要传授给学生发现、提出、分析、解决问题的有效方法。下面笔者以《解决问题的策略》（苏教版小学五年级上册）为例，具体谈谈课堂教学中育人的过程。

（一）示范引领，深化情感体验，激发学习热情

课堂伊始，教师出示自己参加完马拉松的相关数据，提出问题：“老师跑到马拉松全程的一半时，可以用哪个分数表示呢？（出示 $\frac{1}{2}$ ）”“接着每跑剩下路程的一半时就休息一会儿，等跑到剩下路程的一半是全程的 $\frac{1}{512}$ 时，老师已跑了马拉松全程的几分之几呢？”

例1：学生列算式。

$$\frac{1}{2}+\frac{1}{4}+\frac{1}{8}+\frac{1}{16}+\frac{1}{32}+\frac{1}{64}+\frac{1}{128}+\frac{1}{256}+\frac{1}{512}=?$$

教师成功完成马拉松，学生可以看到坚持不懈和奋力拼搏产生积极成果的例子。教师向学生传递了积极健康的生活方式和态度；展示了自我挑战和自我提高的能力，对学生的潜力触发有着重要的启示作用。教师还为学生提供了一个积极向上的学习环境，鼓励学生通过自己的努力实现自己的目标。这样的交流也可拉近教师和学生之间的距离，彼此鼓励，互相支持，共同学习。

（二）自主探究，培养探索精神，提升学习能力

教师先引导学生观察算式，初步概括算式的特点，使学生会“化繁为简”“变多为少”的解题思路。然后，教师引导学生自主尝试计算这一加法算式中前几个加数的和并交流各自的想法。教师再引导学生以形助数，以单位“1”的图（正方形、圆形、线段图等）为素材，依次尝试画出这一组分数。学生通过观察、联系、思考操作过程，可能会想到将有规律的连加算式转化成简单的“1–剩余分数”算式来计算。此时，教师可以组织学生小组交流讨论：请认真观察转化后的算式，看看与原来的计算结果是不是相同，从中你还能有什么发现？

例2：学生观察发现。

$$\frac{1}{2}+\frac{1}{4}=\frac{3}{4}=1-\frac{1}{4}$$

$$\frac{1}{2}+\frac{1}{4}+\frac{1}{8}=\frac{7}{8}=1-\frac{1}{8}$$

$$\frac{1}{2}+\frac{1}{4}+\frac{1}{8}+\frac{1}{16}=\frac{15}{16}=1-\frac{1}{16}$$

……

$$\frac{1}{2}+\frac{1}{4}+\frac{1}{8}+\frac{1}{16}+\frac{1}{32}+\frac{1}{64}+\frac{1}{128}+\frac{1}{256}+\frac{1}{512}=\frac{511}{512}=1-\frac{1}{512}$$

《义务教育数学课程标准（2022年版）》指出，要重视数内容的直观表达，处理好直观和抽象的关系。因此，教师应让学生的思维可视化，从而使他们深化对知识本质的认识。学生在解决问题过程中借助图形直观地将连加计算转化成减法计算。在数与形的结合、加与减的转化中，复杂的问题变得简单明了。这样做，极大程度地提高了做对的这部分学生的自信心，又能让没有做出来的学生佩服做对的学生，一起感受数学之美、数学之真。这样的教学效果特别好。接着师生回顾梳理：所谓转化，实际上就是转化一个角度，化繁为简，变多为少，要求阴影部分图形的和可以从空白部分着想，分数加法可以转化成分数减法。看来，解决问题可以从反面入手。最后，教师把关于转化的数学史介绍给学生：匈牙利数学家路莎·彼得对转化进行了很好的诠释——数学家们往往不对问题进行正面攻击，而是不断地将它变形，直至把它转化为能够解决的问题。

以上环节笔者通过提出问题、引导思考等方式，帮助学生主动探究数学知识，培养学生的探索精神和学习能力。继而，教师通过引入数学史和应用等知识，让学生品味数学文化，感受数学的重要性，使学生意识到：万物皆"数"。

（三）塑造品格，培养团队协作精神与竞争意识

教学不仅是知识的输出，也需要教师在教学过程中通过思想、品德、言谈等影响和感染学生的心灵。通过多年的教学经验，笔者总结出以下心得：如果让学生想象，一直加上这样的分数，结果会怎么样？不管是用画图还是"化繁为简"找到规律的方法，学生会始终觉得纸张会停下一点点的空白，用算式表示也是用1减去最后一个分数，还是会有剩余。而笔者通过教师跑马拉松的情境，让学生在讨论中感受到教师是会跑到终点的，也就是像这样的分数连续不断地加下去，结果是会等于1的。这样，润物细无声地渗透了数学极限思想，就是这个教学设计巧妙之所在。$\frac{1}{2}+\frac{1}{4}+\frac{1}{8}+\frac{1}{16}+\frac{1}{32}+\frac{1}{64}+\frac{1}{128}+\frac{1}{256}+\cdots\cdots=1$。

数学学科就是这样一个需要追求创新的领域。教学中，教师需要鼓励学生独立思考，合作交流，在合作中提供各种途径，让学生更好地学习和掌握数学知识，包括语言表达能力、写作能力及图像表达能力等，加强实践能力。与此同时，教师还要与学生建立起友好、融洽和互信的团队关系，为学生释放出一片多彩的天空。

（四）启迪内驱，推动坚持目标与追求挑战

教师最后以问题："谈谈你眼中的转化是什么"作为拓展延伸，结合具体的样例让学生明白，其实“转化”随时随地都在我们身边发生。

例3：物理学中的转化——《爱迪生与灯泡的故事》。

阿普顿是普林斯顿大学的高才生，毕业后被安排在爱迪生身边工作。他对依靠自学而没有文凭的爱迪生很不以为然，常常露出一种讥讽的神态。可是，一件小事却使他对爱迪生的态度有了根本的改变。一次，爱迪生要阿普顿算出一个玻璃泡的容积。只见他拿来梨形玻璃泡，用尺子上下量了几遍，再按照式样在纸上画好草图，列出了一道算式，算来算去，算得满头大汗仍没算出来。一连换了几十个公式，还是没结果，阿普顿急得满脸通红。爱迪生在实验室等了很久，便走到阿普顿的工作间，看到几张白纸上密密麻麻的算式，便笑笑说：“您这样计算太浪费时间了”。只见爱迪生拿来一些水，将水倒进玻璃泡内，交给阿普顿说：“再找个量筒来就知道答案了。”阿普顿茅塞顿开，终于对爱迪生心悦诚服，最后成为爱迪生事业上的好助手。

不仅物理学上有转化的故事，其他学科亦有转化的故事，例如学生耳熟能详的《曹冲称象》的故事。在笔者的启发下，学生也纷纷讲起了生活中转化的故事。

例4：学生讲故事。

从前有一位老妇人，她有两个女儿，大女儿嫁给伞店老板，二女儿嫁给布鞋店老板。于是，老妇人成天忧心忡忡，每逢下雨天，她担心布鞋店的生意不好；天晴时，又担心雨伞卖不出去。后来，一位聪明人告诉她：“老太太，你真是好福气！下雨天，你大女儿家生意兴隆，天晴时，你小女儿家顾客盈门，哪一天都有好消息啊！”这位老太太一想，立刻笑逐颜开了。

通过讲故事，教师让学生体悟到了在数学中要灵活地转化，在生活中要快乐地转化，用乐观的心态面对生活中发生的事，把发展智慧的理念贯彻到有挑战性的教学活动中。

生活中的具体应用和体现育人价值的案例，不仅让学生感受到数学之美，还拉近了学生与数学的距离。教学中，教师还可以积极主动地将欣赏元素融入课堂教学，引导学生了解多姿多彩的数学知识和数学文化，感受数学知识的应用价值，体验探求数学规律的乐趣，感悟数学意趣之丰美，培养学生热爱数学的情感态度，激发学生学习数学的积极性、主动性和持久性。在学习数学的过程中，教师还应努力让学生养成良好的自制力，增强自我管理的能力。真正的教育是点燃一把火，燃起孩子主动发展的愿望，从而助力学生养成主动发展的终身习惯。

在现代社会发展背景下，数学学科育人的意义愈加显著。在数学学科育人的实践中，我们应该注重学生思维的培养和创新能力的提升，更要关注学生情感的体验和品德的塑造。数学学科育人不仅能培养学生解决问题的能力，还能启迪学生的思维，提高学生的自信心和独立思考能力。通过持续的实践和探索，我们相信，数学学科育人的实践路径将会不断地拓展和完善，为学生的全面发展做出更为重要的贡献。

（作者：厦门市翔安区教师进修学校附属小学　吴嫦云）

中篇

基于“趣智课堂”的教学策略

第五章　数与代数

让数学课堂开出"趣智"之花

"数与代数"是小学数学领域的重要组成部分，对学生数学素养和逻辑思维能力的培养具有重要意义。运用趣智课堂教学策略，对提高小学生"数与代数"领域的学习效果，具有重要的实践意义。

一、教学目标与学情分析

（一）教学目标

使学生掌握数的认识、运算、方程等基本概念，培养学生计算能力、逻辑思维能力和解决问题的能力。通过该领域的教学，落实发展学生的核心素养，培养孩子的交流合作能力。

（二）学生特点分析

小学生处于认知发展的关键时期，有着较强的好奇心与求知欲。他们喜欢通过实践操作和亲身体验来学习新知识。同时小学生注意力容易分散，需要通过有趣的教学活动来吸引他们的注意力。

二、基本原则

在数与代数领域中，趣智课堂教学策略应基于以下原则：一是推动学生数学思维的发展：在数学课堂中教师要提供贴近学生生活实际的问题和生活情境，培养学生创造性思维能力和逻辑推理能力。二是强化数与代数的内在联系：数与代数领域的知识很多都是环环相扣，有着本质联系的。要充分挖掘它们的本质特征，建立起内在联系，实现知识之间的勾连，形成结构化教学。三是注重实践操作，深化知识内涵：只有学生亲身经历的知识才能更加深刻理解。课堂教学中可以通过游戏、角色扮演等形式，让学生亲身体验数学知识的应用，培养他们解决问题的能力。

三、趣智课堂教学策略

趣智课堂，是一种以学生为主体，注重互动和合作的学习课堂。它通过创设情境、优化活动、多媒体辅助、合作探究等教学策略，提高学生学习效果，加深对数与代数概念的理解和记忆；培养学生应用数与代数知识解决实际生活问题的能力。

（一）创设趣味情境，引发探究之智

课堂中，创设趣味情境是激发兴趣和主动探究的好方法。情境创设将抽象的数与代数概念同有趣的情境相结合，吸引学生注意力，引发探究的智慧，更好地理解和掌握数学知识。教师可通过以下方式创设趣味情境，更好地引发学生探究之智。

一是数学游戏。设计游戏，让学生能够运用数与代数的知识在游戏中愉快地学习。如设计一个数字迷宫游戏。学生需要根据数与代数的规律，来解决迷宫中的问题，培养学生的逻辑思维能力，又让他们在游戏中体验到数学有趣。二是数学故事。编写一些数学故事，让学生通过阅读故事来理解概念。如编写一个关于小动物们比身高的故事，来学习数与代数的大小关系。编写数学故事激发学生的想象力，使他们更好地理解抽象的数学概念。三是数学实践。设计实践活动，让学生身临其境。可以组织一个数学探险活动，让学生在探险中运用数与代数的知识解决问题。能够让学生将数学知识应用到实际生活中，增强他们的学习兴趣和动手能力。

趣味化情境的创设，符合小学生的认知要求及心理特点，充分调动他们的探究欲望，深入思考、主动探究、积极交流，将原本枯燥的数学知识演绎得生动又有趣。

（二）优化活动过程，促进理解之智

学科实践活动是课堂中常用的教学策略之一，有帮助学生加深对知识的理解、培养学生思维能力和解决问题的能力等优点。它的应用范围非常广泛，合理进行优化，可以有效促进学生理解之智的提升。

趣智课堂中优化活动，促进学生理解之智，需要注意以下几点：一是活动与内容相结合。活动设计要紧密结合内容，与教学目标相一致，应具有一定的知识性和趣味性。如在学习加减法时，设计“抢红包”活动，让学生通过计算红包的数量，加深对加减法的理解。二是活动的难度要适合学生的学习水平。活动太简单，学生轻松过关，容易失去挑战的兴致；太难，容易挫伤学生的积极性。如学习乘法时，设计“乘法接龙”活动，让学生根据题目，说出乘法口诀。活动完成的难度，可根据学生的学习水平进行调整。三是活动规则要简单易懂，便于学生理解和参与。规则简单易懂，才能让学生在活动中专注于学习，而不是在理解规则上浪费时间。如在学习分数时，可以设计“分数拼图”活动。让学生根据分数的大小正确拼图。这样的活动规则很简单，学生很容易理解和参与。四是奖励要公平合理。奖励可以是精神奖励，也可以是物质奖励，但要根据学生的实际情况进行选择。如学习乘法时，设计“口算竞赛”活动，让学生在规定的时间内完题。答对题数最多的学生获得奖励，这样的活动方式既公平又合理。

通过优化实践活动的设计，可以创造出有趣而互动的学习环境，让学生在玩中学、学中玩，从而促进学生对数学概念的理解，并帮助他们建立牢固的数学基础。

（三）借助多媒体技术，提高思维之智

随着科技的不断发展，多媒体技术在教学中的作用越来越重要。课堂上借助多媒体技术，通过图像、声音、视频等生动、形象的形式，呈现概念和运算过程，为学生提供了丰富、生动的学习体验。学生通过直观的体验，能更好地理解和掌握知识，还可以有效地提高思维能力和智力，促进学生的创造力和批判性思维，进一步培养他们的分析和评价能力，以追求事半功倍的效果。

在教学如何进行“加法运算”时，改变传统的“口头解释和书面练习”教学方法，借助多媒体技术来增强学习体验。使用教学视频来呈现加法的基本概念和步骤。通过图像、动画和声音效果，学生可以更直观地理解加法的概念，并在视觉和听觉上得到更多的刺激。同时设计一些互动的数字游戏或应用程序，让学生通过操作数字和符号来进行加法运算。这样的互动学习环境，学生参与度高，同时巩固所学的知识。最后鼓励学生使用多媒体技术来展示他们的学习成果。这不但可以深化他们对知识的理解，还可以培养他们的表达能力和创造力。

借助多媒体技术提供直观的学习材料和灵活的学习方式，为学生创造更加丰富、生动的学习环境，帮助学生更好地理解数与代数知识，有效地提高了学生的思维能力和智力。当然，教师也要认识到多媒体技术的应用需要合理规划和适度使用，才能发挥其最大的教育价值。

（四）强化合作探究，提升问题解决之智

新时代，学生需要具备解决问题的能力。在“趣智”理念的引领下，通过小组合作，共同探究、分享观点、互相启发，组内合作，学生提出问题、寻找答案、分析数据、进行实验，从而深入理解问题的本质。在合作探究的过程中，学生通过自主思考和合作讨论，积极构建自己的知识体系。这种主动参与的学习方式，能够培养他们的团队合作能力、沟通能力和批判性思维，提升学生解决问题的智慧。

趣智课堂通过以下方式强化合作探究，提升学生解决问题的智慧。一是小组合作学习。如给每个小组分配一个数学问题，要求他们共同讨论、研究，并找出解决方案。通过小组合作学习，学生可以相互交流、分享思路，从而提高解决问题的能力。二是探究性学习任务：设计探究性学习任务，让学生主动参与问题的探索和解决过程。如给学生一个实际生活中的情境，要求他们运用数学知识解决问题。学生可以通过实地观察、数据收集和分析等方式，合作探究问题的解决方法，培养解决问题的智慧。三是项目学习。组织学生在实际项目中应用数学知识解决问题。如设计一个数学游戏或制作一个数学模型，要求他们在团队合作中完成项目并展示他们的成果。通过项目学习，锻炼学生解决问题的能力，同时培养合作与沟通的技巧。四是引导与反思。在学生进行合作探究过程中，教师提供必要的指导和支持，帮助学生厘清思路，解决问题。同时教师还要引导学生进行反思，让他们思考解决问题的过程和方法，从中总结经验，提升解决问题的智慧。

通过实践，笔者发现趣智课堂中强化合作探究，学生不仅能够获得知识、提高团队合作能力和沟通能力，还学会了主动思考、批判思维和创新思维。他们不再害怕面对困难和挑战，而是能够积极寻找解决问题的方案，提升了解决问题的智慧。

综上所述，创设情境、优化活动、多媒体辅助和合作探究等策略能够增强学习效果，促进对数与代数概念的理解和应用能力的提升。教师们应积极探索和应用这些策略，为小学生的数与代数学习提供更好的教学环境和方法。

（作者：厦门市翔安区九溪小学　陈丽惠）

打造“数运算”领域的趣智课堂

一、小学数运算的教学现状

小学数运算教学是小学数学教育的重要部分，通过笔者的教学经验和查阅文献可知数运算的教学现状有以下几方面：①数的运算教学方式单一枯燥，缺乏趣味性。②数的运算与实际生活联系不够紧密，导致学生对抽象知识理解困难。③数运算的教学缺乏结构化。在进行数运算的教学时教师常常将知识看成孤立的，不善于以结构化的思维进行备课，因此，学生学的知识也是零散的，不利于学生建立知识的结构化。为了解决这些问题，笔者尝试以小学数学趣智课堂为抓手，促进“数运算”教学的高效开展，以期落实学生的运算能力和推理意识的发展。

二、“数运算”的趣智课堂的概念

数运算包括四则运算的意义及其关系、数的计算方法以及运算律和运算顺序，其核心要素包括：计数单位、位值、十进制。数运算的“趣”要生活化、直观化、操作化，“智”要在运算本质和核心素养上下功夫。因此，“数运算”的趣智课堂是以有趣的情境为前提，通过设计凸显运算本质的核心问题为线索，最后以结构化的学习任务促进学生运算能力、推理意识的发展的小学数学课堂。

三、打造“数运算”的趣智课堂的教学策略

在小学数学教学中，数运算是一个非常重要的领域，对于提高学生的运算能力和推理意识有举足轻重的作用。结合数运算的现有问题，为了提高小学生的运算能力，教师可以采用以下教学策略打造“数运算”的趣智课堂。

（一）创有意义的学习情境，激学生探究欲望

小学生处于具体形象思维阶段，他们对数学知识的认知更倾向于具体的、形象的事物。而数运算的教学相对比较枯燥无趣，为了激发学生的探究欲望，教师在进行数运算教学时，可以通过创设真实的生活情境、生动的数学故事、数学文化、有趣的游戏、形象的实物等多种方式，激发学生的探究之智，促进学生会用数学的眼光思考现实世界。

1. 创真实的生活情境——言之有物

《新课程》提出创设真实情境，其实质是要联通学生的现实生活，从学生熟悉的情境出发，调动学生的探究欲望。如在教学人教版三年级下册“口算除法”时，创设教师分发奖品的情境：“80根棒棒糖，平均分给两个班级，每个班级可以分到几根？”引导学生经历熟悉的分奖品的情境，理解80÷2表示的含义，激发学生链接实际生活，将抽象的算式置于熟悉的生活场景中，学生能更好地表达清楚算式中各部分表示的含义，即：把80根棒棒糖平均分到2个班，每个班分到40根，因此，8个十除以2等于4个十。让学生言之有物。

2. 创有趣的数学游戏——学之有趣

好奇心是激发学生探究欲的火种。创设有趣的数学游戏能激发学生的探究欲。如在教学人教版二年级下册“有余数的除法”时，利用“猜颜色”游戏导入。先出示一组颜色有规律的气球：红蓝蓝、红蓝蓝……排列的气球，问：第8个气球是什么颜色？这个问题学生可以快速答出。第15个气球什么颜色？让学生任意说一个数字猜颜色，从易到难，学生越猜越吃力，而老师游刃有余，引发学生的好奇心：这个游戏到底有什么奥秘？激发学生探究的欲望。借助游戏，让学生学之有趣。

（二）提关键性的数学问题，助运算本质可视

要提高小学生对数运算能力的掌握，教师不仅需要设计有意义的学习情境，还要设计关键性的数学问题，而这里的关键性问题就是凸显运算本质的核

心问题。一个好问题不仅可以有效地推动课堂的开展，更关键的是能促进学生进行深度对话和深度思考。

1. 问在认知起点处——从“未知”到“已知”

从学生原有的经验出发设计核心问题，有助于促进学生经验的迁移。在教学人教版四年级上册《三位数乘两位数》时抓住学生的认知起点：两位数乘两位数的笔算方法和算理。创设垃圾分类的生活情境让学生回忆：13×12怎样笔算？笔算时要注意什么？激活学生两位数乘两位数笔算乘法的知识经验。接着将已有的知识经验迁移到探究新知：135×12怎么算呢？以这个核心问题开启学生的自主探究。学生借助原有经验将三位数乘两位数的新认知同化到两位数乘两位数的原有认知上，促进未知到已知的转化。

在学生认知起点处提出核心问题，帮助学生将已有经验迁移到新学的知识，能更好地在学生头脑中建立数运算的本质理解。

2. 问在认知难点处——从“知法”到“理法融合”

数运算教学，学生的认知难点在于对算理的理解和算理与算法的沟通之处。教师要让学生知其然更要知其所以然。所以在算理理解处，用核心问题驱动学生深度思考。人教版三年级下册《除数是一位数的笔算除法》是笔算除法形成的关键。它的教学重点和难点是：被除数的首位不够除尽的情况。教材编排是先学习被除数的首位够除尽的情况：42÷2，再学习被除数的首位不够除尽的情况：52÷2，由于两位数乘一位数笔算的经验负向迁移，在思考42÷2怎样笔算时，学生可以通过口算直接得出答案，学生只关注除的“结果”，而忽略了除的“过程”。基于学情和教材编排的特点将例题改编为42÷3，围绕核心问题：除法为什么从高位除起？开展系列学习任务。首先通过提问：把袋子里的42根小棒平均分成3份，可以怎么分？让学生利用生活中分东西的经验产生先分大单位再分小单位的学习需求。通过分一分、说一说的活动，让学生关注分的过程要分两次，分的顺序是从大单位到小单位。其次结合任务一继续提问：你能结合分的过程用除法竖式记录下来吗？出示不完整写法和完整写法，通过引导学生对比：哪种笔算方法能让你一眼看出小棒分的每个过程？结合小棒图始终围绕着：“先分什么？再分什么？每一步表示什么？”让学生从本质上理解“分层书写”和“除到哪一步商就写在那一步的上面”的道理。

用核心问题直击学生的认知难点，以问题导向创设大任务，学生在这个过程中经历从“形”到“理”再到“法”的过度，最后形成从“知法”到“理法融合”的状态。

（三）寻结构化的教学形式，促核心素养发展

布鲁纳：“简单地说，学习结构就是学习事物是怎样相互关联的。”结构化学习是触及数学本质与核心的路径。课程内容结构化的目的是使学生了解所学内容之间的关联，而不仅是掌握一个个零碎的知识点，起到关联作用的是核心概念（大观念），关联的目的是更好地理解学科的本质，同时更好地落实核心素养。

1. 勾连教学内容——化“零散”为“关联”

人教版五年级下册“同分母分数加、减法”教学的重点是理解同分母分数加减法的算理，掌握同分母分数加减法的算法。对于同分母分数加减法算理的理解要追溯到分数的意义，将运算对象（数）和运算（加减法）联系起来，体现数及其运算的一致性。作为小学加减法运算内容的终结，分数加减法承载着贯通整数、小数和分数加减法意义及算理的重要任务。为更好地体现运算的相同本质，将整数、小数、分数加减法整体架构，帮助学生感悟运算本质的一致性，即“计数单位个数的运算”。教学时，当理解完同分母分数加减法的计算道理之后，师问：在分数里，当分数单位相同时，我们可以直接把它们的个数相加减。那么在整数和小数里呢？出示以下分数直观模型、计数器模型、小数直观模型，如图5-1～图5-3所示。

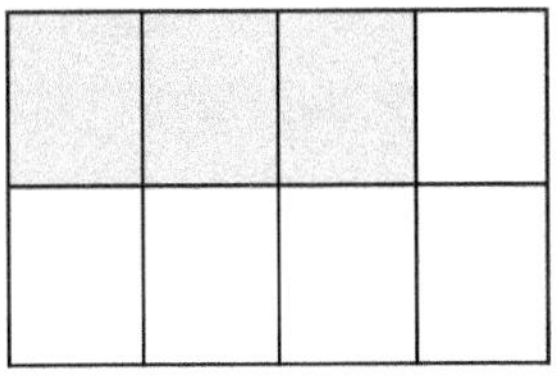

$$\frac{1}{8} + \frac{2}{8} = \frac{3}{8}$$

1个 $\frac{1}{8}$　2个 $\frac{1}{8}$　3个 $\frac{1}{8}$

图5-1　分数直观模型

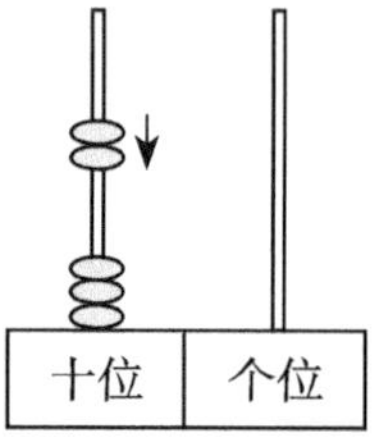

30 + 20 = 50

3个十　2个十　5个十

图5-2　计数器模型

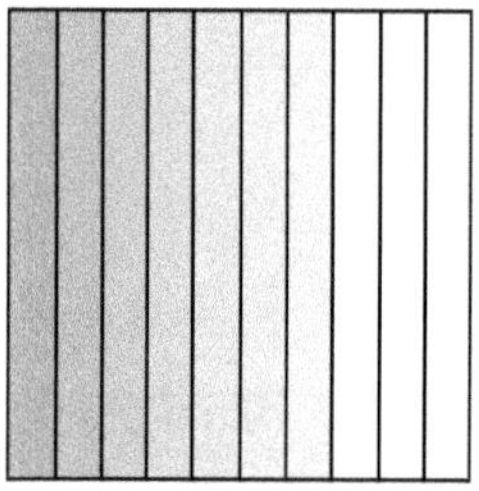

0.4	4个0.1
+ 0.3	3个0.1
0.7	7个0.1

图5-3　小数直观模型

通过问题引导学生将整数加法、小数加法和分数加法的计算本质建立起整体框架，勾连运算本质：计算、计算，就是在计一计、算一算有多少个计数单位。当计数单位相同的时候，才可以把相同计数单位的个数直接相加减。从分数加减法到整个数系加减法的整体架构，帮助学生感悟运算本质的一致性，即“计数单位个数的运算”。让知识从孤立零散走向关联，利用“计数单位”这一核心概念，统领整个数的运算，以此培养学生的运算能力。

2. 统整核心概念——化“隔断”为“融合”

教学中要改变“一个一个例题的散点教、一个一个习题的重复做”的碎片化学习现状，就要从数学的本质和单元视角将知识内容进行统整，从而打断“隔断墙”，建立“承重墙”，以此培养学生的核心素养。“小数的加法和减法”是人教版四年级下册第六单元的内容。《义务教育数学课程标准（2022年版）》将数的认识与数的运算作为一个主题——“数与运算”，旨在落实课程内容结构化的要求，体现数与运算的整体性与一致性，突出“计数单位”这一核心概念在数运算中的地位。基于教材、学情分析，结合《义务教育数学课程标准（2022年版）》有关要求，本单元加强“加减运算时相同计数单位的个数相加减”这一核心概念的认识，沟通整数、小数加减法在运算方法间的联系，帮助学生将整数、小数以及未来分数的运算形成完整的知识网络。围绕上述的单元核心概念设计思路提炼了核心问题并且对本单元课时进行重组。通过单元整体教学打通整数、小数加减法的“隔断”，建立整数、小数数运算的一致性，从而建立“承重墙”。让学生在单元整体中掌握小数加减法的计算本质，从而培养学生的运算能力和推理意识。单元教材重组如图5-4所示。

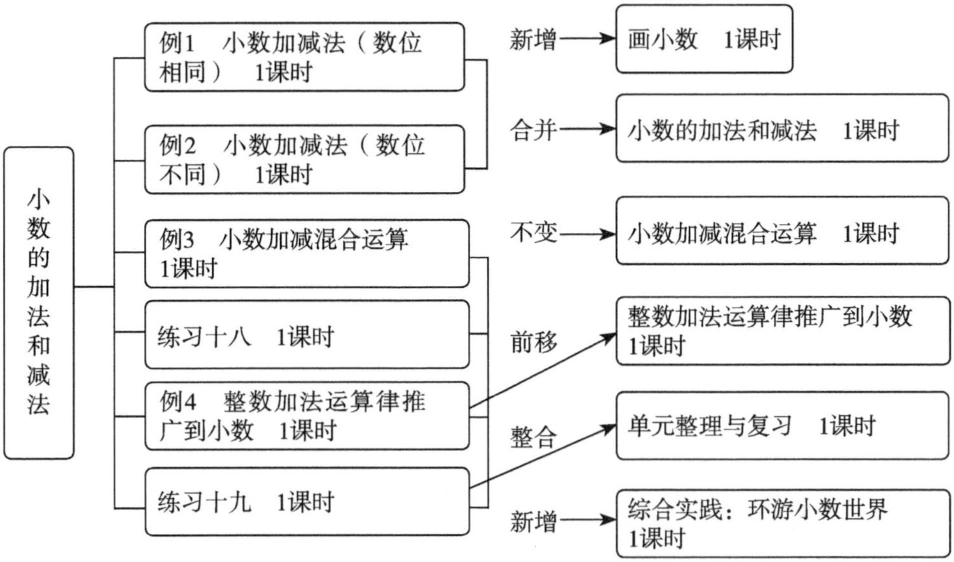

图5-4　小数的加法和减法

总之，打造“数运算”的趣智课堂旨在通过创设有意义的学习情境，提关键性的核心问题以及寻找结构化的教学形式来落实。让数运算教学不再枯燥，让数运算的本质在趣智课堂中“显而易见”。未来，我们应该进一步研究和探索这种教学模式的应用和发展，为提高小学数学教学质量提供更多的参考和借鉴。

（作者：厦门市滨北小学　黄丽兰）

趣智视域下"数与代数"的教学思考

"数与代数"教学是教材编排的四大学习领域之一，包含"数与运算"和"数量关系"两个主题。它是数学学习的起点，同时也是其他三大学习领域的知识基础，贯穿整个数学学习的始终。因此，"数与代数"领域的教与学至关重要。

"趣智"是数学课堂的两个主要元素。一堂数学课经常是由一个又一个相互关联的问题组成的问题串，"趣智问题"指的是围绕"趣"与"智"两大方面去设计课堂的核心问题，从而促进学生思维的深度发展。

一、"趣"味教学情境，引人入胜

"数与代数"一般有创设情境、提取信息、解决问题、总结反思四大教学步骤。情境的创设头开得好，孩子的学习兴趣被调动起来，就成功了一半。情境也可在课中、课后。因此，如何设计问题情境是值得思考的。

（一）巧设游戏情境，链接天性

爱玩是每个儿童的天性，把学数学变成玩数学，我想每个孩子都会乐在其中。但是，单纯的玩游戏虽然可以引起孩子的兴趣和热情，但是却失去了数学课堂的本质属性，如果把游戏与课堂的主题进行勾连，既有趣又能突出学习主题，这样的游戏就是有价值的数学游戏。

游戏情境的创设比较适合低年级的学生，教师可以选取丰富的游戏活动，根据课堂的内容进行匹配，做到有的放矢。如教学"找规律"，很多教师会设计拍手游戏，让孩子拍完提出问题：你发现了什么？这时游戏情境可以作为课前导入；再如教学数数时，孩子对"拐弯数"比较容易错，可以设计一个炸弹游戏，全班一起数数，数到"拐弯数"就发出炸弹的声音，这时，游戏情境可以进行难点突破。在低年级的课堂精心设计几个具有教学价值的游戏，不仅可以提高孩子的学习兴趣，还可以帮助学生突破重难点。

（二）巧设生活情境，链接起点

数学学习源于生活，高于生活，又作用于生活。教学中要把“数学的生活化”理念融于教学设计中。情境创设紧贴生活，课堂举例链接生活，课后拓展对标生活，这样才能让孩子深刻体会“数学来源于生活又作用于生活”。孩子对于自己熟悉的事物更有兴趣，利用贴合孩子的生活情境提问，会激发他们的求知欲望。

孩子身边的事物都可以作为学材来使用，不同地域不同学校有自己的校本特色，要根据自己班级孩子的特点来选取。学材选取可以是身边的事物，可以是刚发生的事件，也可以是特色活动过程中的细节。原则就是“越新越好，越近越好”。越新，指的是这个事件发生的时间接近孩子，如运动会刚过，就以计算开幕式入场仪式平均分为问题情境，“评委们的分数是怎么算出来的？”作为平均分一课的教学导入；六一儿童节刚过，就以班级氛围布置的成本计算作为“小数的乘法”这课的问题情境，由“购买这些物品一共要花多少钱呢？”来导入新课。越近，是指这个事物存在的地点接近孩子，每个孩子进课堂时都有自己的生活经验，正确把握孩子的生活起点，不但能提高孩子的学习兴趣，还能帮助孩子具象理解，更好地掌握新知。如教学四年级下册加、减法的意义和各部分间的关系，教材以西宁—格尔木—拉萨的路线作为情境，这对于很多孩子来说相对陌生。教师可以根据学生熟悉的地域特点来设计，这样孩子更好理解，同时也能帮助他们积累生活经验。

（三）巧设认知冲突，激发挑战

能引起认知冲突的事物会激发学生强烈的学习兴趣。教学中可以根据教学内容特点设计能引发学生认知冲突的情境，激发孩子的挑战欲望，促进教学的顺利进行。如教学“3的倍数特征”时，有了2和5的倍数特征的学习，孩子会负迁移到3的倍数特征的学习，认为3的倍数特征也要看个位，这时以“3的倍数特征还是看个位吗？”这个问题情境引发孩子的认知冲突，能有效激发孩子的探索欲望。

问题情境的创设要根据孩子的年龄、心理特征设计。苏霍姆林斯基说过：“教育者应该深刻了解正在成长的人的心灵，只有在自己整个教育生涯中不断地研究学生的心理，加深自己的心理学知识，才能够成为教育工作的真正能手。”教师要深入了解儿童的喜好与厌恶，才能在教学中做到因材施教、事半功倍。

二、“智”味思想引导，启迪智慧

学习方法和学习思想大致相通，内容之间是可以相互迁移的，因此，课堂上放手让孩子自己探究、合作交流、互相学习，不仅可以充分体现学生的主体地位，还可以更好地发展学生的数学思维。

（一）思想方法引领，触摸“智”

数学教学不能只停留在知识层面的教学，要以教学内容为媒介，教会孩子如何思考，如何解决问题，也就是要有学习的思想方法。“数与代数”教学中常用的教学方法有找极限、特殊值法、画图法、小推大，常用的思想方法有数形结合、转化、化归、类比、归纳等。教学时，不但要让学生理解知识的来龙去脉，还要总结出不同类型知识可以适用哪些思想方法，这样孩子才能形成知识结构，有利于学生把方法迁移到其他知识的学习上，举一反三，活学活用。如在教学小数乘法计算时，先按整数乘法计算，再点小数点，在此基础上提出问题：“观察小数乘法与整数乘法，它们有什么联系？”渗透“转化”思想；在教学整数和小数加减法时，可以通过“类比”发现，“观察整数和小数的加减法计算，有什么相同的地方？”归纳出数的加减法本质就是相同数位上计数单位的累加。通过这样的思想方法的引领，孩子才能真正感受到数学的美丽、睿智、动人之处，才能绽放自己的思维之花。

（二）脚手架搭建，通向“智”

在探索“数与代数”领域的知识时，有了思想方法的统领，学生的自主探究能力得到了提升，能够通过独立思考，小组合作学习新知识，解决新问题。但是，并不能解决所有的问题。有时要帮忙搭建脚手架，才能顺利过渡。脚手架的搭建需要教师充分解读教材，了解学生，准确诊断出该课题学生可能“卡”住的地方是什么，才能在合适的时候用合适的脚手架帮助孩子。它可以是一个参考视频、一个铺垫知识、一份学习单、一个活动，根据课程内容而定，目的是帮助孩子顺利完成探究，得出结论。如在探究方程的意义时，教师帮忙搭建的脚手架就是天平测量物体的情境和学习单，帮助孩子自主探究方程的意义。

数学思想方法的引领和脚手架的搭建都是通过一个一个的问题引导帮助孩子在自主探究的活动中去解决问题，获取数学活动经验。这些课堂经历会帮助孩子成长为一个有问题解决能力的人，有数学思考的人，真正在数学课堂上落实“立德树人”的育人方针。

三、智趣学科融合，升华课堂

不同学科有自己独有的学科特点，也有自己的育人目标，但是，它们又是相互交融的，学生未来要面对的社会一定是多学科融合的社会，要面对的问题也不是一道数学题或语文题，它是一道综合题。因此，学科融合具有“育人价值”，同时让学科教学增添一层“智趣”。学科融合的“智”体现在它可以发散思维，培养孩子的创造力。课堂上融合其他学科的知识，将不同学科知识组合在一起解决问题。这样的教学方法，给孩子提供了一个独特的学习思路，避免解决问题的思维单一、死板。促进学生发散思维，会站在更宽广的视角、高度去解决问题，启迪智慧。如果在数学课堂中也加入语文、道法、科学等元素，孩子们会觉得新奇，容易激发学生的好奇心和探索欲，还会感受到数学的实用性和广泛性。当孩子感受到知识有用，而且很好用的时候，他们就更容易被吸引，更愿意投入学习了，这就是学科融合妙不可言的趣味。

“趣智”视领下的数学教学，是以学生终身发展为目标的智慧教学，用“趣”打开孩子通往数学的幸福之旅，用“智”深刻孩子对于数学的深度思考，学科融合更是让孩子感受到数学知识妙不可言，让孩子的思维开出创新之花。

（作者：厦门市翔安区实验学校　谢冬梅）

“趣”玩数学课堂，“智”取核心素养

《义务教育数学课程标准（2022年版）》（以下通称“新课标”）指出，数学课程要培养学生三大核心素养：会用数学的眼光观察现实世界，会用数学的思维思考现实世界，会用数学的语言表达现实世界。趣智课堂的实施，能够改变数学学习枯燥呆板的现象。“数与代数”领域相对抽象，需要学生深度思考，趣智课堂能更好地践行新课标的理念，落实教学素养导向，体现数学课程的育人价值。笔者以人教版五年级下册“分数的意义”为例，谈谈在“数与代数”领域如何实践趣智课堂。

一、动手创作，自信激趣

费雷登塔尔认为，学习数学唯一正确的方法是让学生自己去发现或创造出要学的东西。“分数的意义”处于分数学习的第二阶段，分数对于学生还比较抽象，加之距离三年级学习“分数的初步认识”时间较长，很多孩子对于分数已经模糊甚至遗忘，唤醒学生记忆显得尤为重要。

本节课以旧知引入，让学生在一张白纸中，独立创作（尽可能保证作品独一无二），表示出 $\frac{1}{4}$ 这个分数。教师从中挑选出具有代表性的作品，让学生上台前展示自己的作品并解释 $\frac{1}{4}$ 的含义。学生基本能很快地用一个图形或一条线段表示出 $\frac{1}{4}$ 。相比其他课堂引入方法，学生利用自身熟悉的知识，经历自主创作 $\frac{1}{4}$ 这个分数驱动思考，还能上台展示自己的作品。此环节不仅为学生提供动手实践机会，让学生亲身体验解决问题的过程，还可以通过给予学生肯定和鼓励、展示优秀作品等方式，让学生感受到自己的创新成果被认可和重视，从而激励学生积极创新思维，培养他们的实践能力。

这样的课堂引入能够让学生感受数学是通过自己创造出来的，数学不只是脑海里的想象，更是自己思考的结果，“智”是可以看得见的，激发学生学习数学的好奇心。经历自主创作过程，让学生情不自禁地浸润在充满“趣”的课堂中，最大限度地调动学生学习数学的积极性，以“趣”开启数学课堂，培养学生会用数学的眼光观察现实世界。

二、质疑辩论，趣智交融

著名哲学家罗素在《幸福之路》中提到：须知参差多态，乃是幸福的本源。作为教师，在课堂中我们应允许有问题的出现，我们应该尊重学生的思想自由，更应该尊重学生表达质疑的权利，创建开放式课堂时空，促进学生发展核心素养。

本节课，当学生能够掌握用一个图形或一条线段表示出 $\frac{1}{4}$ 并解释之后，学生将进一步生成多个图形（4个或更多个）如何表示出 $\frac{1}{4}$ 的疑惑，这样的疑惑和不解将迸发出思维碰撞的火花。此时，教师应牢记自己在教学中已不再起主导作用，特别是当学生出现疑惑时，教师不应当立刻给出答案和解释，而是从旁协助有想法的学生发表自己的看法，有不同意见的学生可以有依据地反驳观点。教师通过营造宽松的课堂氛围，尊重学生的意见，为学生提供安全、自由、民主的课堂氛围，保护学生的好奇心，让他们产生探究和解决问题的欲望，从而促进他们创新思维的发展。

在学生独立思考的质疑和你来我往的辩论之中，全班学生对于多个图形如何表示出 $\frac{1}{4}$ 交流出用一个大圈把所有图形圈起来，再用涂色或虚线分割区分，就能直观地表示出 $\frac{1}{4}$ ，并且能说出把一些物体看成一个整体，平均分成4份，取了其中的1份，就是这个整体的 $\frac{1}{4}$ 的含义，同时理解单位“1”。教师通过引导学生自主探究、发现问题、解决问题，培养他们的自主学习能力。

人的好奇心和求知欲是与生俱来的，小学生质疑和发现问题的能力经常超乎成人的想象，同时也是他们“智”的体现和“趣”的表现，也是我们当下最应该培养的批判性思维。学生在辩论时，有时是根据课堂生成随机决定，但更多时候是教师作为组织者的有备而来，是教师设计好的层层递进。课堂不是让学生思维处在同一轨道前行，而是让参差多态的学生思维在同一空间进行交织、碰撞，生成美丽的数学知识。一节充满“智趣”的数学课堂，应该有学生生成的问题和质疑，让学生在质疑中产生“智”，在辩论中催生“趣”。学生不再是服从教师的知识权威而学习，而是心甘情愿地接受他们通过同学间的质疑辩论得出的结论。教师需巧妙应对教学生成，明松暗紧地组织课堂。趣智课堂的教师需特别有艺术，要做到“看似无为的有为”，培养学生会用数学的思维思考现实世界和会用数学的语言表达现实世界。

三、深度思考，建构生智

日常的数学教学中，“趣”的产生能让学生不由自主地爱上数学，在学习数学知识的过程中愉悦地进行思考。“数与代数”领域相对抽象，突破数学教学中的难点，更需要学生说得清、道得明，会用数学的语言表达现实世界。教师需通过引导学生多角度、多方向思考问题，提出多种解决方案，培养他们的发散性思维，建构属于自己的数学知识体系。

在充分理解 $\frac{1}{4}$ 和单位“1”之后，需进一步思考，学生能轻松发现另一个分数 $\frac{3}{4}$，从而借助3这个数字，邀请班级3名同学，分别在小组内、大组内、全班内所表示的分数不同，理解3表示不同的含义，通过层层递进从 $\frac{3}{49}$ 到 $\frac{(\quad)}{49}$ 再到 $\frac{3}{(\quad)}$，最后到 $\frac{(\quad)}{(\quad)}$ 的思考，完整建构出本课核心知识点“分数的意义”：把一个整体平均分成若干份，这样的一份或几份都可以用分数来表示。紧接着用“分数墙”介绍分数单位，让学生可以数形结合，使抽象的分数单位直观化、生动化、简单化。拓展延伸则加入中国文化元素《清明上河图》，让学生思考两只驴可能是图里所有驴的几分之一？可能有多少只驴？进一步增强课堂趣味性，让学生觉得数学不仅好玩，而且自己能玩好数学。课堂结尾在数轴上表示分数，让学生的思维更加立体，建构知识体系。

通过有趣的数学现象，适当地调动学生的挑战心理，在深度思考的学习过程中帮助学生建构深刻理解学习内容所反映的事物性质、规律以及该事物与其他事物之间的内在联系。同时让学生将新知纳入原有的知识体系，完善自身的数学知识体系，进行知识和方法间的类比，掌握属于自己的数学学习方法，符合新课标理念。

在新课标背景下，积极构建趣智课堂，可立足学生核心素养的发展，更能体现数学课程的育人价值。趣智课堂不单是给学生看一小段动画、讲一小篇故事、做一个小游戏吸引一下学生的注意力，本节课通过学生的动手创作激发“趣”，让学生能够在充分的辩论中掌握知识，趣智交融，最后引导学生深度思考、层层递进，建构属于自己的数学知识体系。著名特级教师华应龙老师说“我就是数学”，趣智课堂要让学生创造数学，成为那个“我”。教师把握好课堂组织的“为与不为”，调动学生主观能动性，提升学生合作交流的能力，培养学生的批判性思维，营造智趣交融的课堂，发展学生未来学习生活所需的数学核心素养。

（作者：厦门市兴贤学校　洪鹏）

寻课堂之“趣”，启学生之“智”

“智趣课堂”立足点在于“智”和“趣”，以“智”激趣，以“趣”启智，因趣生智，从而让学生的数学学习达到“智趣共生”的境界。作为教师，要开发学生数学学习中的智趣内容，完善学生数学智趣的学习方式，提升学生的智趣学习能力，进而启迪学生的智趣思维，培养学生的数学素养，在智趣学习中不断地生长。在数与代数领域的教学需要怎样创设“趣”而令学生生“智”，值得我们去探索。

一、“数与代数”领域教学现状

一是部分教师因受传统教学方式影响，授课方式比较单一，比较注重教学的结果而忽视学生探究的过程，因此，教学过程中存在着“教师讲、学生听”的模式。二是小学生年龄特点决定了他们的注意力较难长时间保持集中，又因为数与代数的知识相对繁杂且有一定的难度，使得部分学生在学习上出现畏难情绪，影响学习效果。甚至学生由于缺少学习方法，只是死记硬背应付考试，不能灵活运用知识。三是数与代数类型的学习内容涉及范围较广，知识点较为零散，且较为枯燥。如果老师不能及时采用有趣的方式引导学生学习，吸引学生的学习兴趣，启发学生进行数学思考，那么对于后续学习会形成一定的阻碍。

二、“数与代数”领域教学重要性

小学数学的学习是基础教育中的重要一环，而数与代数在小学数学中又占据着非常重要的地位，是登入数学殿堂的奠基石。数是小学数学的基础和核心，代数是数学中的一种语言，可以帮助学生更好地理解数学知识和提高数学思维能力。因此，在小学数学中，数与代数的教学应该注重基础和拓展，从而为学生打下坚实的数学基础。

三、“数与代数”领域教学策略

（一）运用教具增强课堂活动性

数与代数的学习是比较抽象的，教师适时借助教具让学生进行动手操作，在活动中突破课堂教学的重点，化解难点，帮助学生体会感受知识的生成过程。如一年级学习“11～20各数的认识”，教师先带着学生进行数数，并借助小棒摆一摆，然后教师提问：怎样才能让人一眼看出来小棒是几根？引发学生进行思考。在教师的问题引导下，学生们纷纷放飞思维，有的认为是2根一组，有的认为是5根一组，还有的认为应该直接10根一组……同时学生们利用小棒摆出来，纷纷用证据说服对方。最后教师引导孩子进行对比—辨析—讨论—优化，一致认为小棒10根为一捆，能够最快速看出来小棒有几根。这一活动教师主要引导学生体会“满十进一”的过程，理解数的组成，增强对这一知识难点的突破。借助教具将静态的数学知识转化为动态的小棒组合，化静为动，增强趣味性，学生在活动中学习，加深对相关概念的理解。

（二）利用游戏提高课堂趣味性

计算类型的教学时，为了锻炼学生的计算能力，提高计算的正确率，我们常常会陷入一种误区，提供习题不断重复练习。这样的方法虽能达到一定的效果，但是掩盖了数学内在的魅力，长久之后，学生对于计算的印象只是枯燥的演练，容易产生厌烦的情绪。因此，教学中，教师要抓住学生爱玩好动的天性，在学习中引入一些小游戏让学生玩起来，充分调动学生学习的积极性。如三年级学习“三位数加减三位数”，可以引入“数字黑洞”的游戏，驱使孩子们去探寻数字背后的秘密，把无聊的计算转换为探究游戏。四年级学习《四则运算》时，可引入“巧算24点”的比赛，好胜心促使孩子们进行研究，因趣生智。有趣的数学游戏，一方面能调动孩子的学习兴趣，另一方面也促进他们知识的巩固，真正意义上实现智趣课堂的深度价值。

（三）精设问题锻炼学生思维性

问题是学习数学的动力引擎。在小学数学教学中，教师要精心设计智趣问题，进而引发学生进行思考。“智趣”既能体现学生数学学习的过程，也能体现学生数学学习的目的。在数学教学中，教师不仅要善于在学生已有知识基础上引发问题，更要善于引导学生提出问题，推动学生探究的热情，从而让学生的数学学习产生“一波未平一波又起”的境界。

如教学“认识比”这节课，学生在课堂上探究了比与除法、分数之间的关系，教师鼓励学生大胆提出自己的想法。有学生提出了这样的疑问：比和除法、分数之间存在着联系，为什么学习了除法、分数之后还要学习比呢？这个问题引起了学生的深思，教师适时引导学生进行交流讨论。讨论过后有学生认为，虽然三者之间存在着联系，但是也有差异，比可以用来表示量的关系，这是除法、分数所不能做到的，所以学习了分数、除法之后我们还要学习比；有学生认为，比也有属于自己的作用，不仅可以表示同类量的比，而且可以表示不同类量的比，所以在学习了分数、除法之后还要学习比等等。学生是从学习中的收获认识比的意义的，但这样的解释有点儿抽象，部分学生并不能理解，仍然似懂非懂。针对这样的现状，教师出示了这样一个问题：一种什锦糖是由奶糖、水果糖和酥糖按照3：5：2混合而成的，你能用分数或除法来表示它们之间的关系吗？这一问题，引发了学生对于比的深度思考。学生认识到，分数、除法只能表示两种量之间的关系，而比却可以表示多种量之间的关系。这样的问题让学生充分感受、体验到比的学习价值，引发学生的思考，也充分认识到了比的意义，在学生原有认知的基础上形成拓展性认知，这样的认识，不仅对学生的后续数学学习具有重要的作用，而且对学生的生活也具有重要的意义和价值。

（四）优化习题提高思考的深度性

《义务教育数学课程标准（2022年版）》理念认为小学数学的练习题必须以重建和提升课程意义为基础，以趣味性为原则，以学生发展为目标。如在一年级数学练习课的教学上，我们要将一个个枯燥的算式赋予情节，变得生动形象。举个例子2+2=？孩子们讲的故事是：清晨阳光明媚，花儿散发着芳香，花丛中2只小蝴蝶正忙着捉迷藏呢，又来了2只小蝴蝶说：“我们过去和他们一起玩吧。”这时4只小蝴蝶就一起欢乐地玩耍啦。这样学生的学习兴趣一下子就浓了，练习起来也不觉得枯燥了。教师立即对善于表达、敢于表达的孩子进行大力表扬，并提出你还能再讲一讲能用2+2解决的故事吗？学生一下子拓宽了思路，发散思维，以故事情节进行辅助，紧紧抓住了加法的本质。学生在故事情节中不仅学会了计算，而且掌握了加法的本质属性在于把各部分“合起来”，课堂的趣味性和知识性就都体现出来了。

学生是学习的主人，学生是数学活动的主体。教师要引导学生剥开数学之坚果感受数学的内在“趣味”，领略数学的内在智慧。让学生的数学学习之“趣”与数学学习之“智”友好牵手，充分发挥“智趣课堂”的魅力。

（作者：厦门市翔安区莘英小学　蔡丽端）

第六章　图形与几何

“图形与几何”趣智教学“四重”曲

《义务教育数学课程标准（2022年版）》指出：图形与几何领域主要培养的核心素养是学生的空间观念、量感、几何直观、推理意识等。教师应对小学数学“图形与几何”核心任务进行结构化设计，整体勾连知识与思维的结构内在联系，建立空间观念，提升数学核心素养。通过让学生动手实践操作，引导学生在活动中经历图形抽象的过程，培养学生的空间观念。让学生经历探索估测的过程，深化量感，发展学生的估算意识。最后让学生经历分辨推理的过程，理解数学的思维方式与原理，增添几何思维，培养学生的推理意识。

一、重体验，以趣培养空间观念

空间观念是指对空间物体或图形的形状、大小及位置关系的认识。它是形成空间想象力的经验基础，然而小学生刚接触几何图形，对于空间并没有特别观念，因此教师要根据学生思维特点，结合教材内容，设计合理的操作实践活动，让学生经历图形抽象的过程，在几何图形中逐步建立空间观念。

人教版“面积”这个单元的教材编写十分注重直观操作，设计形式多样的活动，让学生充分体验、积累感知，在度量中逐步形成面积概念。因此，在教学中设计具体的度量活动，让学生在理解度量的意义的同时，体会到面积单位的重要性，并充分体验确定面积单位的过程。在教学面积单位的统一和优化方面，教学片段如下：

（1）师：请看，这两张画哪张面积大？有办法比较出面积的大小吗？

（2）学生小组讨论后，全班交流。

生1：将两张画重叠在一起，剪下多余部分，再比较……

生2：太麻烦，可以用一种图形摆上面，摆的图形多的面积就大。

（3）出示小组活动的合作要求：小组讨论选定一种图形；选好后动手摆一摆；把结果记录在探究单上。

（4）学生小组活动后汇报交流三种摆法。

（5）讨论哪种图形作面积单位最合适，为什么？

生：正方形是最适合用来作面积单位的，因为用圆形、三角形摆会有空隙，而正方形可以填满原本的图形，而不会留下任何空隙。

小结：测量面积的大小，首先应确定一个统一标准。

（6）运用面积尺，渗透量感。

师：如果将这些表示面积单位的小正方形拼在一起，就变成了这样的方格纸，如图6-1所示，数学上经常借助这个方格纸来测量面积。这个图形有多大？

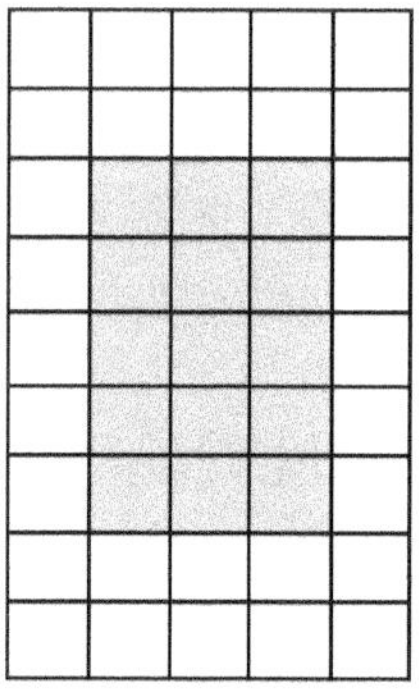

图6-1　方格纸

师：方格纸，真有用！但如果没有方格纸，该怎么办？（动态演示如何在长度和宽度上取等距离的格点，并将这些格点延长，从而得到由横线和竖线组成的方格。通过这种方式，我们可以想象出方格被铺满的样子，并计算出面积。）

上面片段，给学生充足的时间与空间，提供了多种实物，让学生合作测量，手、脑、眼并用，充分体验使用不同图形来测量面积的过程，将抽象的量感转化成具象的实物，丰富了他们的度量经验，体会了统一测量单位的重要性，理解工具度量的意义，培养他们的度量意识。通过“量面”的活动，学生不仅能够形成面积量的表象，还能够感知到面的二维特性，并且通过实践活动更深入促进学生以数学的眼光真正理解“面积”，在活动中建立面积的表象，从而提升学习者的知识和技能、方法，发展了空间观念。

二、重结构，启智发展几何直观认识

学生掌握学习的主动权，最有效率的是掌握和运用结构。结构具有较知识点更强的迁移力。《义务教育数学课程标准（2022年版）》对图形与几何领域通过整合主题、加强各学段联系的方式实现内容的结构化。因此，图形与几何领域一定要注重结构化教学。特别要对核心任务进行结构化设计，整体勾连知识与思维的结构内在联系，建立空间观念，提升数学核心素养。

（一）框架性结构——体现知识整体

人教版三年级“面积”这一单元，在空间形式上，学生经历了“从线到面”“从一维到二维”的转化。学生的后续学习是体积的三维认识。面积的教学起着承上启下的作用，并勾连着后面的立体图形的教学。因此，上下贯通教材的结构体系应该是基础。教师应立足教材结构体系，准确定位面积相关量感的培养，并将它们整体地联系起来，有针对性地培养学生的几何直观认识。如在教学“认识面积”这一课的导入环节，教学片段如下：

先出示奇思、妙想第一轮比赛的画面，如图6-2所示，问：这样比赛公平吗？为什么？

图6-2　赛跑比赛

再出示第二轮比赛的画面，如图6-3所示，问：第二轮比赛公平吗？不公平的背后到底藏着什么知识？这样的导入，尊重学生的认知基础，自然地从线过渡到面，从一维转化到二维，为学生整体直观地认识面积奠定了基础。

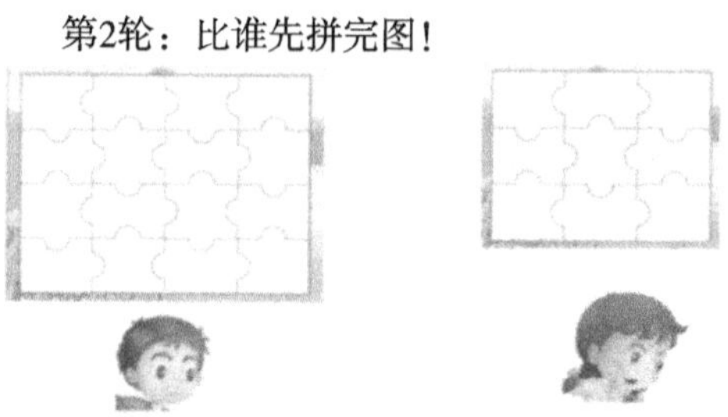

图6-3　拼图比赛

结束时，教师先总结线段的长度是由直尺上的标准刻度测量的，面积的大小是用同样大的正方形作为面积单位测量的。再抛出长方体的大小可以用什么来测量这个问题，引发学生思考。最后动态演示测量的过程，告诉学生测量长度、面积和体积的方法都是基于一定的标准，然后计算单位的数量。尽管测量的对象和工具各不相同，但测量的原理是一致的。教师引入了线性和面性测量方法，学生就能从二维角度进入三维角度，初步理解度量方法的一致性，并感受到度量的本质。

（二）方法性结构——体现学生学习

郭华教授认为：“深度学习深在系统结构中。”这种系统结构包含方法性的结构。教学中教师要引导学生构建新的知识脉络，形成新的策略方法，发展学生的高阶思维。如教学“体积和体积单位”时，让学生经历探索统一体积单位的必要性，引导学生了解测量体积的方法是先定标准，再数标准。最后引导学生梳理对比测量长度、面积、体积、时间、质量等的方法，找出它们的共性都是定标准和数标准。这样让学生构建了测量方法的结构体系，发展了学生的高阶思维。

（三）过程性结构——体现知识形成

数学学习的过程总是存在着一些相似结构。教师要不断引导学生经历对比、分析、深化的过程，让学生自主迁移，促进知识的形成。如教学“多边形的面积”这一单元时，要让学生经历探索图形面积计算的过程，即“发现猜想—验证猜想—归纳概括—反思完善”。又如教学“公顷和平方千米”一课时，引导学生按“了解规定—感知大小—应用度量”的结构认识公顷和平方千米。这样可以促进学生自学能力的发展，真正起到促进学生深度学习的作用。

三、重估测，趣智互融，深化量感

量感是一种抽象的感性认识。量感的培养应从点滴的活动经验中不断积累，是一个随着感性经验的积累不断发展和提升的过程。它更多地体现在不借助工具的前提下对数量有较准确的感知。因此，教学中不仅要让学生经历操作体验，还要注重设计估测活动，让学生在想象、推理中深化量感的本质。如“认识面积”最后的拓展练习教学：

（1）不提供面积单位，盲目地估。（出示长方形，如图6-4所示）问：下面长方形的面积有多大？你能估一估吗？

（2）提供一个面积单位，有依据地估。（再出示一个面积单位，如图6-4所示）

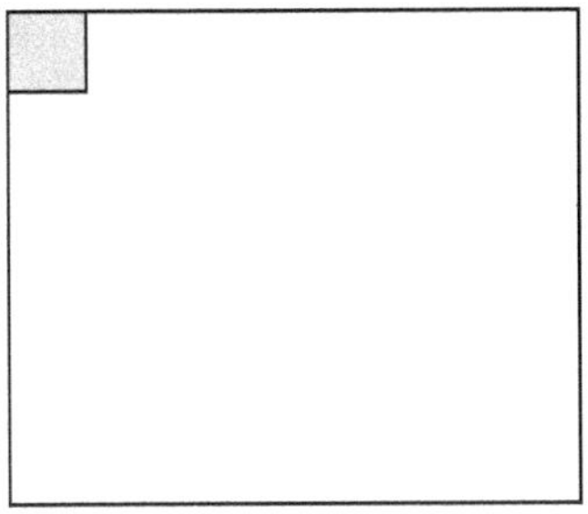

图6-4　长方形（1）

师：刚才大家估算出来的结果差距很大。如果给你一个这样的面积单位，如图6-5所示，你能再次估一估它有几个这样的面积单位吗？

图6-5　长方形（2）

（3）提供部分面积单位，准确测量。

师：再多给几个这样的面积单位，你能直接测量出它的面积吗？

生1：把这个长方形分成一个个小正方形，一共有42个。

生2：我用移补法，把这些小正方形都移到边上，长有7个，宽有6个，一共有42个小正方形。用6×7=42计算。

这样的练习设计层次分明。让学生通过想象，或是借助身边的物体来大胆估测，感悟长方形的面积有多大。接着再根据给出的面积单位有依据地估测，有效地帮助学生发展了面积单位的空间观念。最后给出部分面积单位，让学生测量出准确的数据。这样借助联系生活、想象估测等手段，增强了面积单位的量感，深化量感的本质。

四、重推理，趣智共生，提升思维

几何思维是理解几何图形、研究几何问题的数学思维活动。教师在教学中可以让学生在操作中想象，在想象中推理，不是胡思乱想，而应是有根据地想，有基础地推。如在"长方体和正方体的认识"教学中，先设计定向操作学习活动，构成想象的基础，再设计想象推理学习活动，完成二维到三维的水平提升。片段教学如下：

（1）观察发现：拿出长方体，长方体是我们生活中非常常见的形体，你对它有哪些认识？点—线—面—体。

（2）操作深究：用棱搭体，观察新发现，见表6-1。

表6-1　小棒准备表

小棒长度	1号袋	2号袋	3号袋	4号袋
9厘米	7根	8根	12根	10根
7厘米	4根	3根	2根	3根
4厘米	5根	5根	2根	3根

（3）抽象辨析：观察一个长方体，如图6-6所示，只需要看到几条棱就可以想象出它的大小？

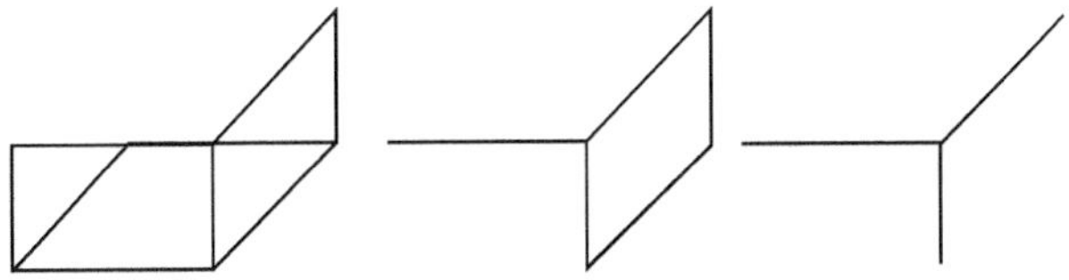

图6-6 抽象辨析图

（4）想象推理：只剩下三条棱，如图6-7所示，你能找到上下、左右、前后分别是这里的哪个面吗？

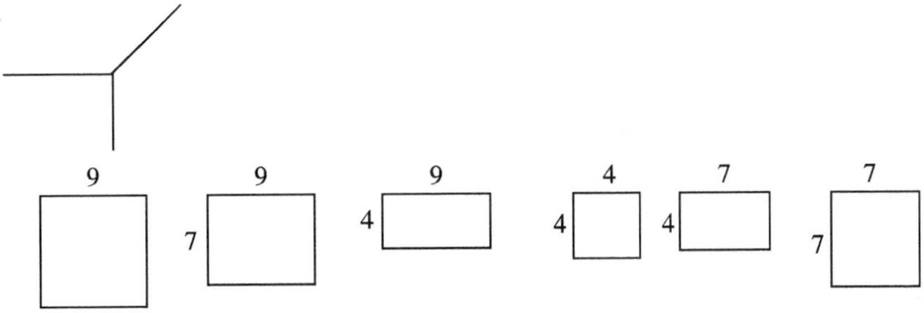

图6-7 想象推理图

（5）变换推理：延长棱，如图6-8所示，你能想出这个图形的形状吗？什么变了？延长棱会是哪个图形？

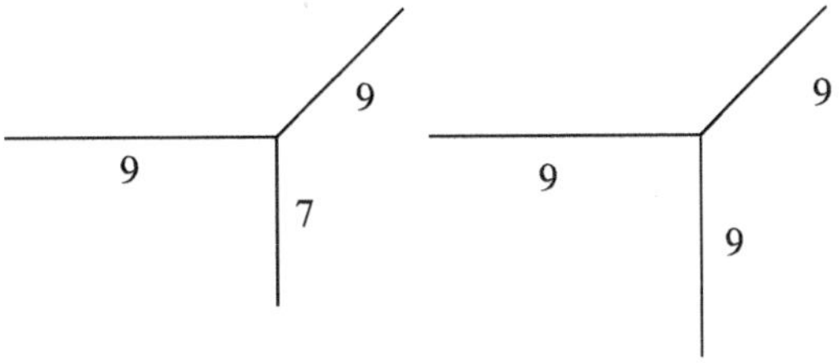

图6-8 变换推理图

上述案例，让学生借助小棒搭建长方体，在动手操作的过程中想象长方体的样子，建立表象。接着让学生抽象辨析已知几条棱就可以知道长方体的大小，并找到相对的面。学生根据提供的图形及动手操作活动合理地想象，有基础地推理。这样教学，不仅让学生感受到知识的有趣，也提高了学生的智力。

总之，图形与几何领域的教学无捷径可走，培养学生的空间思维能力亦不可急于求成。教师应该全面分析教材，把握知识的脉络体系，进行结构化设计，勾连式整合，在比较中构建图形与几何的概念。还应该通过一系列层层递进、环环相扣的探索活动，让学生沉浸式地操作体验，深入理解知识的本质，进而提升数学核心素养。此外，在教学中重视推理和估测，增添几何思维，培养学生的推理意识，让学生真正地学几何，懂几何，用几何，爱几何。

（作者：厦门市新圩学校　陈梅琼）

趣智课堂的观察、思考与表达

“图形与几何”领域趣智相融的数学课堂，能激发学生的学习兴趣，启迪学生智慧增长，更能适应时代发展与学生成长的需求。

一、用数学的眼光智趣观察，转“知”成“识”

“图形与几何”部分内容课堂教学的趣味性包括两个方面：其一，吸引学生注意力的外在兴趣；其二，是真正吸引学生投入数学学习的内在兴趣。通过创设问题情境，设置数学游戏的方式，引导学生用“品”“玩”等有趣的方式感悟教材中的数学信息，转“知”成“识”，将抽象几何知识直观化、丰富量感体验，培养学生用数学的眼光智趣观察，从而提升学生的核心素养。

（一）趣在创设问题情境，智在“品”出数学信息

课堂上创设问题情境是激发学生对学习材料本身的兴趣。教学中，教师应努力寻找贴近学生生活经验的素材，创设以知识点为目标，促进产生内化行为的问题情境，让学生在已有的知识经验上进行知识建构，吸引眼球，促进认知，让抽象的数学几何知识更加贴近生活实际，有趣地“品”出数学信息，理解内化数学内容，发展其空间观念。如“认识面积”的教学中，以奇思、妙想两个动画人物参加数学王国比赛为情境，设置一系列问题。导入环节：两人参

加比赛，谁先跑到终点？探究环节：比赛结束，国王打算从两幅刺绣画中选一幅面积大的作为奖品，哪幅面积大？练习环节：国王想要拼图比赛公平，得让妙想的拼图面积与奇思的一样大，该怎么办？通过两个动画人物智慧融入一系列数学问题，让学生在有趣的数学情境中“品”出一个个数学信息，让课堂更加生动有趣。

（二）趣在设置数学游戏，智在“玩”出量感体验

“图形与几何”内容的教学应扎根于学生的常识和经验，让学生在有趣的游戏中感悟体验，深入数学问题的核心；让学生经历类似数学家的活动过程：提出猜想、合情推理、深入探究、检验证明，不断重组新的认知经验，丰富学生的“量感”体验，从而发展学生的数学思维。如“体积和体积单位”的教学中，开展系列数学游戏让学生感知体积单位：首先在学具袋中放入标准正方体、骰子、三阶魔方、菊花茶等物品，让学生从中找出体积是1 cm^3、1 dm^3的物体。其次让学生用尺子进行验证，找一找教室中1 cm^3、1 dm^3的物体。最后拿出一个长、宽、高分别为1 m的纸箱，让学生进入纸箱真正体验“1 m^3的纸箱能容纳几个人”。学生通过找、比、玩等游戏活动建立体积单位表象，体验物体体积，培养空间观念与推理意识，丰富量感体验。

二、用数学的思维智趣思考，转“识”成“智”

余文森教授说：“教学，从根本上说，是思考着的教师引导着学生思考，又让思考着的学生促进教师思考。”数学思考起源于问题，思维能力的培养和提高通常要通过解决问题的方式来实现，引导学生用数学的思维思考数学问题，培养学生的高阶思维、发散思维、创新意识，以达到转“识”成“智”。

（一）趣在动手操作，智在培养高阶思维

学生的数学学习是从形象思维开始，认知是从动作把握开始的，动手操作过程实际上是观察与体验的过程。感性教育在几何学习中至关重要，通过动手操作来获取更深层次的抽象思维能力。而设计富有探究性的操作活动能够帮助学生抽象出几何图形本质、关联以及测量等方面知识，搭建从形象思维过渡到抽象思维的“桥”，发展学生空间观念，培养学生高阶思维。如教学“圆的认识”时，让学生用纸片与牙签制作陀螺，研究“怎样制作才能转得又快又稳”来认识圆。活动中讨论：①陀螺的转盘为什么做成圆，而不选择其他图形？

②转轴穿在圆的哪个位置才转得稳？③圆与地面也就是圆心与地面之间的长度是多少比较合理？学生在讨论交流、动手制作、分组竞赛中认识圆，操作过程中引导学生多思考，逐渐形成问题解决的思考策略。从直观到抽象，再从抽象到具体，让形象思维与抽象思维和谐共舞，增强学生思维的深刻性。

（二）趣在借助画图，智在培养发散思维

“趣智”课堂中，画图表达是“数形结合”的具体表现，从具体的动作把握开始的，这也是数学模型思想在教学中得以落实的具体表现，让学生能更加直观地理解题意，智慧地培养学生的发散思维。如教学“长方形面积”时，为了拓展学生对面积与周长的理解提出问题：周长是16 cm的两个长方形，面积是否相等？学生阅读理解后提出猜想“面积不相等”。进而用假设法、举例法验证：例如，长7 cm、宽1 cm与长5 cm、宽3 cm的长方形面积分别是7 cm^2与15 cm^2，故这个猜想成立。教师借机引导学生借助画图厘清思路，用画图（如图6-9所示）、列表法形象（见表6-2）、直观、正确表达，以图理解，将抽象问题直观化，实现数与形的融合。

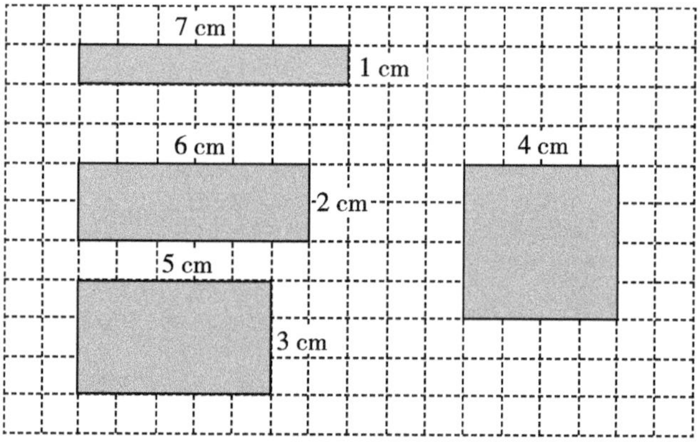

图6-9　画图法

表6-2　列表法

长	宽	周长	面积
7 cm	1 cm	16 cm	$7\times1=7$（cm^2）
6 cm	2 cm	16 cm	$6\times2=12$（cm^2）
5 cm	3 cm	16 cm	$5\times3=15$（cm^2）
4 cm	4 cm	16 cm	$4\times4=16$（cm^2）

（三）趣在整体建构，智在促进深度思维

当前提倡对单元内容进行整体分析，将零散的内容进行整合，构建完整的知识体系，促进深度学习，从而提升学生的核心素养。教学中，教师指导学生把分散的知识点联系起来，建构知识的内在联系，形成整体数学知识，把知识结构内化成认知结构，以达到知识的融会贯通，从而促进发展学生深度思维的能力。图形面积是几何知识中的一个重要内容，教材中将多边形面积学习安排在各个年级，教师通常用数格子、转化方法分别教学，分散知识点难以形成网络，可以引导学生借助一种图形面积计算方法来求其他图形面积。如把三角形当作上底是0的梯形，用梯形面积公式：（0+底）×高÷2计算；同样，长方形、正方形、平行四边形甚至圆面积都可以用梯形面积的计算方法。这样就把六种图形面积知识点串联起来并压缩，让学生融会贯通，知识点就变成知识树，“图形面积”这个部分内容就可以形成单元整体建构，促进学生深度思维的提升。

三、用数学的语言智趣表达，转“智”成“能”

能是技能、能力、才能，表达就是认知输出的过程。经过观察、思考这两个环节，厘清知识的来龙去脉，将书本上的数学知识内化成自己的知识形成能力，会用数学语言、不同的方式进行智趣表达，转“智”成“能”。

（一）趣在读懂文字图形，智在提升表达能力

“图形与几何”部分内容较为突出的特点是符号语言以及图形语言多，具有符号化、逻辑化特点，其中的数学语言严谨抽象。教学中要关注例题阅读理解，让学生与材料直接对话、直面主题图，用有趣方法引导与指导学生读懂图形语言，有意识引导分类思考，通过问题引领、互动交流、思辨提升、理解领悟，用数学语言表达思考解题过程，提升学生的数学表达能力。如“三角形三边关系”教学中出示题目：一根钢管长18米，锯成三段围成三角形，可以怎么锯？有几种不同的锯法？（边长为整厘米数）通过小组讨论交流点破关键点“三边最容易确定的是最长边”为突破口，总结出解决这个问题分两步完成：先求总长的一半确定最长边为8米，然后将最长边是8米的情况一一有序列举，以此类推最长边7米、6米。最后归纳梳理出7种不同锯法。学生在读懂题中简单的图形和文字语言之后，通过讨论交流梳理加工知识，将分类思考的过程系统

清晰地用数学语言表达出来，有条理地进行说理。

（二）趣在培养说理表达，智在促进数学理解

充分说理、重视说理、以说促思，以夯实学生的知识基础。“图形与几何”部分教学应重视数学知识的形成过程，引导学生挖掘隐藏在数学知识背后深层次的数学之理，培育学生在解题时运用逻辑推理方法，提炼数学语言、会用自己的数学语言将思维过程用说理方式表达清楚，从而活化数学思维。如圆面积公式推导时进行辨析：把圆转化为长方形，面积不变，周长变了、增加了两条半径。同样圆柱体积公式也是通过切割转化、沟通联系、推导公式这几个过程引导学生说理。根据圆面积、圆柱体积的转化推导过程让学生充分说理，学生对公式来源非常清楚，更加深刻理解图形的转化以及这一过程中变与不变的量，提升解决问题的能力，从而激发思维活力，促进数学理解。

（三）趣在采用多元评价，智在加深理解辨析

教师应丰富评价手段，采用多元评价手段，让学生以多元化主体参与评价，从不同视角、不同主体对同一个问题进行评价，可以将教师评价、学生自我评价、学生之间互评有机结合起来达到思想碰撞，加深对数学知识的理解辨析。小组合作学习是每节课学习中必不可少的环节，合作学习要设定活动要求、活动过程、汇报交流、反馈提升环节。汇报阶段可先让成员进行评价反思组内成果；再评价别组同学，指出别组优缺点；接着同学进行自我反思评价；最后教师进行总结评价。整个过程，从反思到互评、自评、再到反思，让学生及时总结，形成评价体系闭环，学生在不断地回顾和反思中求得发展，加深对知识的理解辨析。

在小学数学“几何与图形”部分的教学实践中，从观察、思考、表达入手，将“趣智”有机融入数学教学中，逐步转“知”成“识”、转“识”成“智”、转“智”成“能”，让学生进行深度学习，丰富学习经验，进而促成学生智力的发展和智慧的生成，逐步提升学生的数学素养。

（作者：厦门市松柏小学　陈瑜华）

聚焦量感培养的“趣智”教学路径

“会用数学的眼光观察现实世界”是《义务教育数学课程标准（2022年版）》提出的首要核心素养。“数学眼光”表现之一为抽象能力（包含量感）。量感是小学数学核心素养的重要组成部分。

一、“量感”的内涵

“量感”一词很早就运用于美术、建筑学艺术领域。在艺术领域中，对于量感主要有两种界定，其一，认为量感是对量的一种感觉，通过视觉或触觉等方式来表达事物的相关属性，如蚂蚁的小巧、建筑的庞大、丝巾的轻盈、石头的稳重等。其二认为量感是物理量和心理量的综合，且心理量的占比更大，是一种主观的感受，如我们平日说某人苗条或肥胖一样，只能感受而没有标准测量。史宁中教授认为量感是学生通过视觉或触觉两种方式，对某物体的体积、面积、长度和重量各种量态的感性认知，是对量的一种直觉和敏感性，在实际情境中自主地理解并运用量的态度和意识。《义务教育数学课程标准（2022年版）》指出量感是指对事物的可测量属性及大小关系的直观感知，其主要表现在能理解统一度量单位的意义；能选择正确单位表示实际物体的大小、长度、轻重等，如一根铅笔长20（cm、dm）；能在同一计量方法下进行不同单位之间的换算，如米和厘米之间的换算、平方米和平方厘米之间的换算；能合理地获得或估计由初步感知测量工具和方法引起的误差，进而能合理得到或估计度量的结果，即关于量的意义、量的选择、量的换算、量的估测四个方面的感悟。培养学生的量感有助于学生用定量的方法去思考和解决问题，提高学生的应用意识。

量感是一种对量的感悟能力，有助于学生用定量的方法去看待、思考、解决问题，提高数学应用意识和抽象能力。许多国家都非常重视学生的度量，如美国数学课程标准共划分五个主题，其中就包括度量与数据，并且从一年级贯穿到五年级。我国小学数学内容对度量的重视还比较欠缺，而小学阶段恰好又是量感发展的重要时期，因此对量感的培养既是现实、时代的召唤，也是价值的引领，能完善学生的人文和数学素养，对学生未来的发展具有重要作用。

二、“量感”的具体内容

《义务教育数学课程标准（2022年版）》要求学生学习的量主要涉及长度、面积、体积、容积、时间和质量这六个量的学习，这些内容主要体现在“图形与几何”和“综合与实践”两大领域。结合《义务教育数学课程标准（2022年版）》对人教版教材内容经过系统梳理之后，得出这六个量在人教版小数教材中出现的具体学段，希望能引起重视。人教版小数教材中出现这六个量的学段见表6–3。

表6–3 《义务教育数学课程标准（2022年版）》要求量出现的学段表

长度	米、厘米（1～2年级）；千米、分米、毫米（3～4年级）
面积	平方厘米、平方分米、平方米、平方千米、公顷（3～4年级）
体积	立方厘米、立方分米、立方米（5～6年级）
容积	升、毫升（5～6年级）
时间	时、分、秒（1～2年级）
质量	克、千克、吨（3～4年级）

三、培养“量感”的几个维度

量感的培养要从度量意识、度量单位和度量策略三个维度入手。其一是自觉，即主动度量的意识，度量意识是量感培养的基础。通过任务驱动的方式让学生产生度量的必要性的意识，进而引导学生“数学化”进行度量，为发展量感奠定基础。其二度量的关键是设立单位，度量单位是度量的核心，是培养量感的重要载体。量感的形成离不开测量，而测量的目的就是要知道测量对象有多少个你选定的标准，这个统一的标准就是度量单位，有了度量单位才会把握住度量的本质。不同的度量单位说明了事物的不同属性，如米、厘米说明了物体的长度，m^2、cm^2说明了物体的面积，m^3、cm^3说明了物体的体积。其三度量策略有助于深化量感的形成。教学中除了要让学生产生度量意识，厘清度量单位，还要进一步完善度量策略，可以在操作感知的活动基础上，设计一些要通过想象、推理、分析等理性的思维活动，促进学生思维由低阶到高阶的发展，深化量感的形成。

四、“量感”培养的实践路径

量感的形成是一个长期动态的过程，需要教师由浅入深地一步一步去引导。学生的思维认知要经历从具体到抽象的发展过程，作为教师，要根据学生的思维特点，采取适合年龄段学生的教学方式，分层地培养学生的量感。低年级的学生一般以具体直观感知为主，要善于设计有关动手实践操作、实际观察等具体活动，帮助学生具身感知量。高年级的学生思维正是慢慢走向抽象的阶段，通过分析、推理和想象等的高阶思维方式去解决问题，进而深化量感。

路径1：注重体验活动，形成度量意识

华罗庚说过“数就是数，量就是量”。如果说数感是数出来的，那么量感就是量出来的。教学中要贯彻学生是主体的思想，设计大量的比一比、量一量、数一数等“具身活动”，充分引导学生利用感知觉、触觉等感知度量对象，形成度量意识。

如在“认识面积”一课中，可以设计如下的教学活动：

如图6-10所示，数学国王想从下面两张刺绣画中选一个面积大的作为奖品。他应该选几号？

1号　　2号

图6-10　两张刺绣画

> **合作要求：**
> 选一种喜欢的图形（小正方形、三角形、圆形）作单位来测量，先摆一摆、数一数、比一比，再找出面积大的图形，并告诉大家大多少。

路径2：注重生活情境，理解度量单位

弗赖登塔尔说过，数学来源于生活，也应用于生活。教材中有关度量单位的内容比较少，教师往往会忽略度量单位的讲解，学生自然而然无法深刻地理解抽象的度量单位。度量单位来源于实际生活的应用，设计将度量单位带入真实的生活情境中的问题，引导学生借助生活经验，对度量单位进行思考，理解度量单位。如在复习"公顷和平方千米"时，采用小故事形式导入。如下所示：

奇思有写日记的好习惯，瞧，这是他上周六记录下的事情，我们一起去看看，见表6-4。

表6-4 奇思的日记和问题

2023年3月18日　星期六　天气晴 今天，我们家搬到了翔安新会展旁的新小区，虽然我家面积不大，只有98平方千米，可是非常温馨呢！我们都很开心！妈妈说，旁边新建了一个很大很大的凤凰体育馆，大约有155000多公顷，听说下周末要在体育馆举行CBA全明星篮球赛事，到时候一定要去看看。今天晚上我们在离家只有500千米的餐厅吃了一顿美味的晚餐，还逛了这个占地面积大约有3平方米的步行街，今天真是太有意思了！	①奇思说错了几处？用线画出来。 ②写出正确的说法。 ③给奇思同学的建议：

路径3：注重推理过程，掌握度量策略

培养学生的量感，不仅局限于感性经验、度量策略的形成与发展，更依赖于量感推理能力的培养。可以设计通过观察、猜测、推理、分析、验证等一系列思考过程的活动，促进学生量感的发展。学生在掌握量感相关知识的基础上，又具有分析推理等高阶思维的能力，才能深化量感，提高综合解决问题的能力。如在教学“圆柱的体积”一课时，设计如下的“猜一猜，证一证”推理探究环节：

（1）联系长方体、正方体的体积都等于“底面积×高”，猜想圆柱的体积也可能等于（　　）。

（2）分析对比圆柱体与长方体各部分之间的关系。

如图6-11所示，从堆硬币来看，用（　　）×（　　）能计算出圆柱的体积。

如图6-12所示，把圆柱转化成（　　）后，（　　）不变。圆柱的底面积=（　　）的底面积，圆柱的高=（　　）的高，因为长方体的体积=底面积×高，所以圆柱的体积=（　　）×（　　）。

图6-11　堆硬币

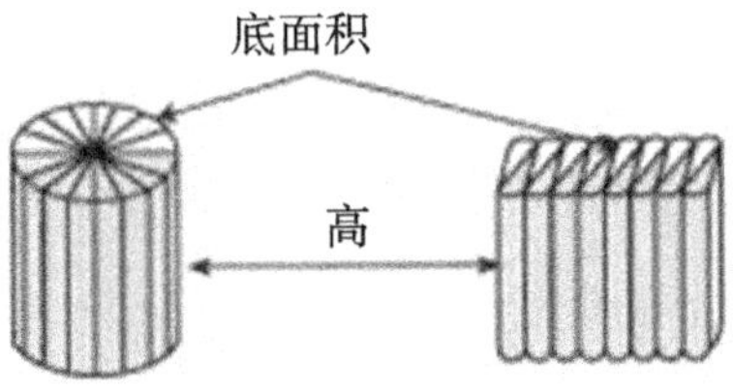

图6-12　转化圆柱

总而言之，量感的培养有助于学生完善自身的人文素养和数学素养，对学生未来的发展具有重要作用。同时，应根据学生的思维特点，帮助学生形成度量意识，理解度量单位，掌握度量策略，从而学会运用量感策略解决生活中的实际问题。

（作者：厦门市新圩学校　李秀秀）

第七章　统计与概率

携结构化习题，促数据意识发展

大数据时代，数据概念日益流行，会调查研究、收集、整理、分析各种数据信息已经成为大数据时代对社会公民的一种要求，“数据意识”的育人价值不言而喻。

《义务教育数学课程标准（2022年版）》在“统计与概率”领域更加注重教学内容的结构化。以数据为核心，围绕数据的收集、整理、描述和应用四方面展开。无论什么学段，都需培养学生的数据意识具有整体性、一致性和阶段性。以习题为载体，将已有的生活经验、知识基础、学习能力作为起点；以“整体关联”和“动态建构”作为过程；以“思维”作为方向。让学生在富有情趣的情境中引发数学思考、主动探究，从而促进学生数据意识发展。形成以趣激趣，以智启智，从而实现趣智共生的数学课堂。

一、创真实情境，引发学生探究之智

数据统计产生于真实的生活需要，因此，在“数据意识”的培养过程中，教师需要基于学生的生活现实，创设学生深有感触（能够理解、想要解决）的真实情境，在情境问题的分析中逐步对学生展开数据统计的教学。教师要为学生提供可探究、可分析、可推测的事实情境，这样才更加有利于培养学生用数学的眼光，用统计的思想来分析事物、看待事物、解决问题的习惯和能力。

例1：从“拍脑袋做决定”不靠谱中感受数据是判断的依据。五（1）班同学准备从甲、乙、丙三人当中推荐一位代表，参加足球队的“罚点球”比赛。

甲是足球队队长；乙是中锋，还是全校百米跑的冠军；丙是后卫，还是班中最高的同学。你准备推荐哪一位参赛，说一说你的想法。

此题以学生的真实问题情境，激发学生调查研究的需求，通过对话交流、思维碰撞，让学生感悟收集数据，用数据证明，凸显数据的重要性，在这个过程中，学生体会到数据蕴含着信息，是进行决策的基础，培养学生调查研究、寻求数据、依据数据判断的自觉。

二、重经历过程，促发学生理解之智

（一）关注整体设计，构建知识结构

每一节课的学习都置于“数据分析”的整体结构中。虽然小学各年段的“统计与概率”内容的学习重点各有侧重，但都围绕数据的收集、整理、描述和应用这条主线展开。因此，我们需要有“长程”眼光，将每一节统计的学习置于结构化的背景下，置于“统计与概率”这条主线上，从整体上观察、研究和把握。

例2：以习题承载的结构教学，如图7-1所示。

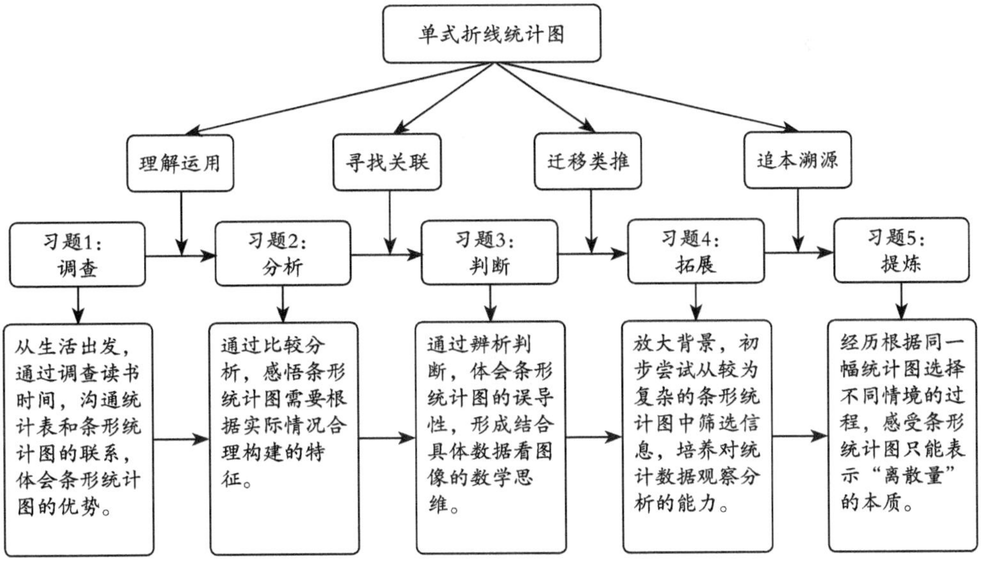

图7-1　单式折线统计图

习题1：调查：数据的收集。

为了了解同学们的每日读书情况，王老师想请你做一个小调查。

（1）收集5位同学的每日读书时间，补充表格，见表7-1。

表7-1　每日读书时间记录表

同学	1号	2号	3号	4号	5号
读书时间/分钟					

（2）除了用统计表表示数据外，你还能用其他方式表示这些数据吗？

习题2：分析条形统计图的特征。

你已经会根据数据绘制条形统计图了，那么你能根据条形统计图分析数据吗？请你快速挑战一下吧！

见表7-2，小红也收集了5位同学每日读书时间的数据。

表7-2　5位同学每日读书时间的数据记录表

同学	1号	2号	3号	4号	5号
读书时间/分钟	60	72	65	80	78

（1）根据表7-2在下面两幅条形统计图（如图7-2所示）的（　　）内填上合适的数。

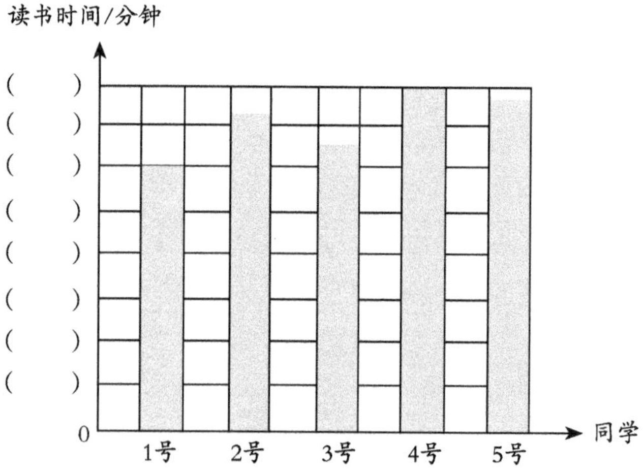

①

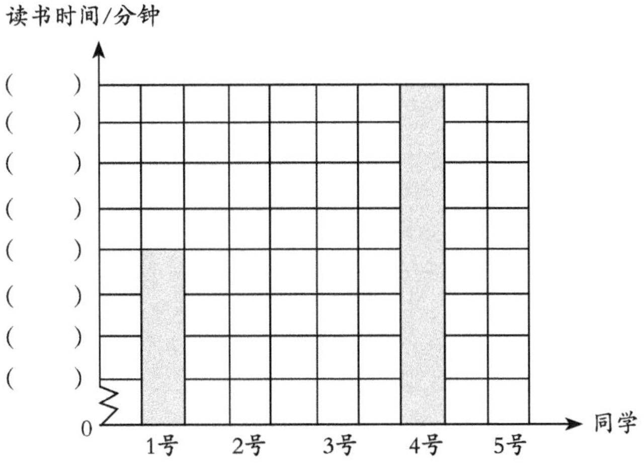

②

图7-2　条形统计图（1）

（2）将②号图中表示其余3名同学每日读书时间的条形补充完整。

（3）你认为用哪个图表示这里的数据比较合适？说明你的理由。

习题3：判断不同统计方式的差别。

现在你对条形统计图一定已经很熟悉了，那你能根据它们的特征来进行判断吗？请试着探一探吧！

如图7-3所示，丁丁和小明分别收集了5位同学每日读书时间的数据后，得到了两幅条形图。

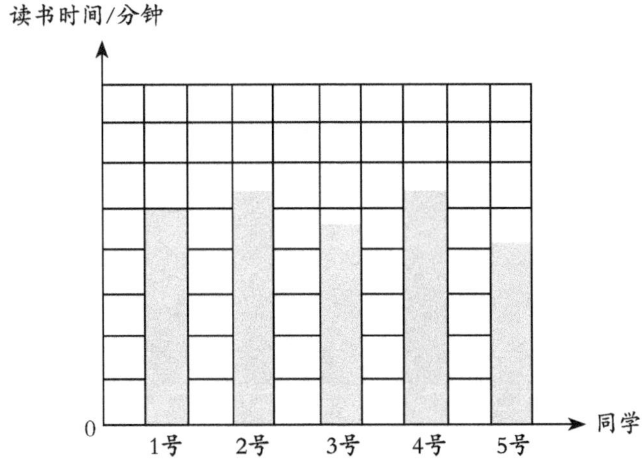

丁丁

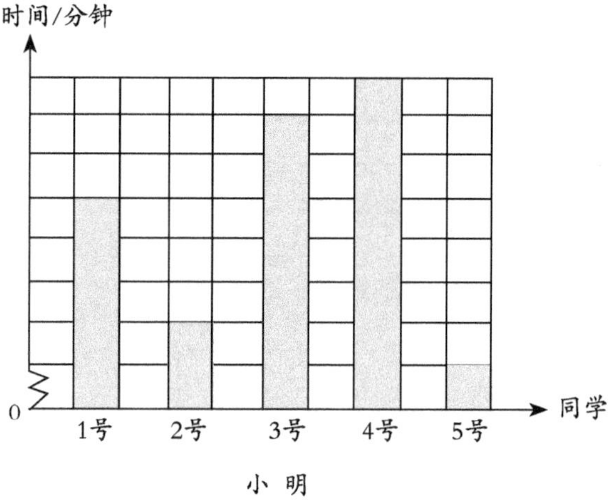

图7-3 条形统计图（2）

根据图7-3，有同学得出这样的结论：“丁丁调查的5位同学的读书时间比较接近，小明调查的5位同学的读书时间差别比较大”，你认为这个结论正确吗？并说明你的理由。

习题4：拓展特殊的条形统计图。

课本中的条形统计图你已经很熟悉了，条形统计图还有一些特殊的形式，请你挑战一下吧！

王老师整理了四年级5个班的同学每日读书时间的数据，并制成了如下这样的一幅条形统计图，如图7-4所示。

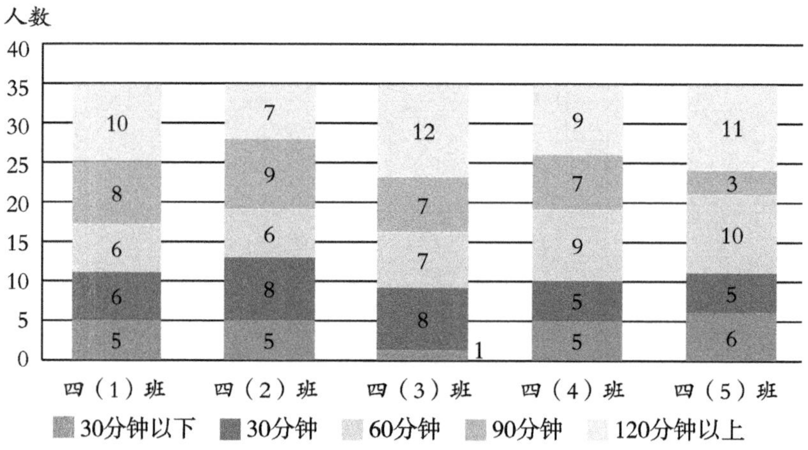

图7-4 四年级各班读书情况统计表

你能从中找出你认为的每日读书情况最好和最差的班级吗？并说明你的理由。

PS：每日读书时间不少于90分钟的说明养成了较好的读书习惯，读书时间不超过30分钟的说明读书习惯还有待改进哦。

习题5：提炼条形统计图的本质。

条形统计图还能派上哪些用场呢？请你再来思考一下吧！

同学们还想统计一下班级中下面几类内容的情况：

表7–3　5位同学每日读书时间的数据记录表

A	某天5位学生没人看书的页数
B	某学生一至五年级的身高
C	某学生连续5天每天跳绳的个数
D	5个班学生爱心捐款的数量

如图7–5所示，是一幅空白的条形统计图。

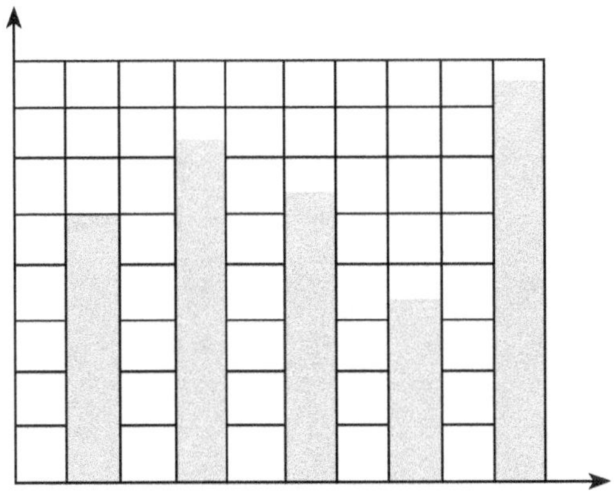

图7–5　空白的条形统计图

这幅条形统计图统计的内容可能是上面4类中的哪些？不可能是哪些？

先从生活出发，层层递进的题组沟通了统计表和条形统计图的联系。在比较中体会条形统计图的优势，感悟条形统计图要根据实际情况合理构建的特征。在辨析、判断、筛选中培养对数据的观察能力。最后经历根据同一幅统计图选择不同情境的过程，感受条形统计图只能表示"离散量"的本质。学生在这个过程中经历了理解运用、寻找关联、迁移类推、追本溯源的完整过程。

（二）关注审辨设计，深刻概念本质

审辨式思维是逻辑清晰严密的数学思考，是一种分析、推理、判断、表达的思考能力，我们通过对习题审辨的设计，让学生能以审促辨，以辨明审，从而让知识的概念更深刻。

例3：体育课进行小组跳绳比赛，在规定时间内两个小组每名同学跳绳次数情况记录表见表7–4。

表7–4　两个小组的跳绳成绩

单位：次

组别	1号	2号	3号	4号	5号	6号	总数	平均数
第一组	96	92	88	94	101	81	552	92
第二组	95	96	87	93	94		465	93

（1）你认为哪个小组跳绳的整体水平高一些？

（2）第一组中的两个92意思一样吗？请你说一说。

（3）如果第二组再增加一名学生参加比赛，这组的平均成绩可能会发生怎样的变化？

这道题先让学生辨析两个小组人数不同，不能用总数作为比较两个小组跳绳整体水平的依据，在审辨中感悟引入平均数的必要性，理解平均数代表整个小组的整体水平。再通过辨析两个相同的数值，区别这两个数值表示意义的不同，进一步理解平均数的代表性。最后通过对不同数的辨析，感悟每一个数据都会对平均数产生影响。

（三）关注分层递进式设计，促进知识螺旋上升

数学源于对现实世界的抽象，并运用于解决现实世界中的问题。人们在生活中面对的是错综纷繁的信息，面临的问题往往也不是单一的。因此，设计习题时应注重信息提供从“零碎性”走向“结构性”，整合文字、图表等内容，变换设问角度和知识组合方式，以相关联的题组呈现问题，遵循从易到难的原则，有助于学生获取信息、加工信息的能力，有利于培养学生抽象思维和推理意识，拓展学生思维。

例4：厦门思明区开心文具店一月份开始采购了A款和B款两种中性笔。三

月份又新采购了C款中性笔。图7-6是文具店一至五月份三款中性笔的销售量统计图。

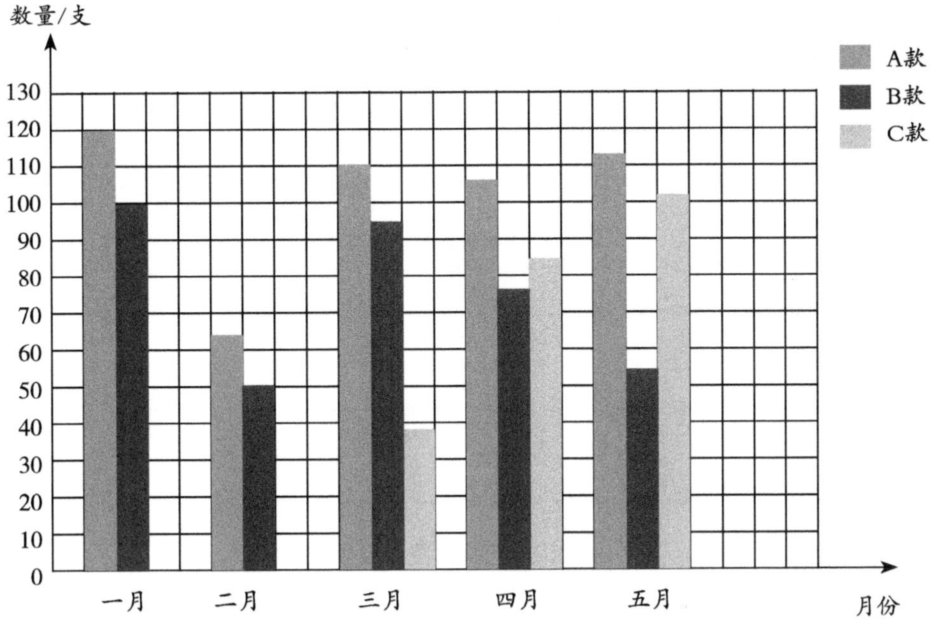

图7-6　开心文具店三款中性笔的销售情况

（1）四月份A款中性笔卖出多少支？（　　）

A. 100　　B. 115

C. 106　　D. 110

（2）在哪一个月份C款中性笔的销售量首次超过B款中性笔？（　　）

A. 没有任何月份　　B. 三月

C. 四月　　D. 五月

（3）文具店老板发现B款中性笔三月到五月销售量连续下降。按照这样的下降趋势，你会建议他六月份B款中性笔的采购量是多少？（　　）

A. 20支　　B. 50支

C. 80支　　D. 110支

（4）二月份A款和B款的销售量都明显下降，你认为原因可能是什么？

这道题以图表形式呈现任务目标，旨在让学生从多层次提取图表数据，并进行分析、判断、计算和预测，重在考查学生读图、认图、释图能力，培养数据意识。

（四）关注对比设计，聚焦要素异同

小学数学统计的知识点有很多，并且分散在不同年级的教材之中，将多个知识点整合在一题中，形成一组练习，通过对比训练，帮助学生从中梳理脉络，沟通联系，从整体上把握知识，完善认知结构。

例5：下面是近四届奥运会中国和美国奖牌信息表，见表7–5、表7–6，请你从表中选取需要的信息并画一幅单式统计图和一幅复式统计图，如图7–7所示。

表7–5　美国近四届奥运会奖牌数

届数	金牌	银牌	铜牌	总数
第29届	36	38	36	110
第30届	46	29	29	104
第31届	46	37	38	121
第32届	39	41	33	113

表7–6　中国近四届奥运会奖牌数

届数	金牌	银牌	铜牌	总数
第29届	51	21	28	100
第30届	38	27	23	88
第31届	26	18	26	70
第32届	38	32	19	89

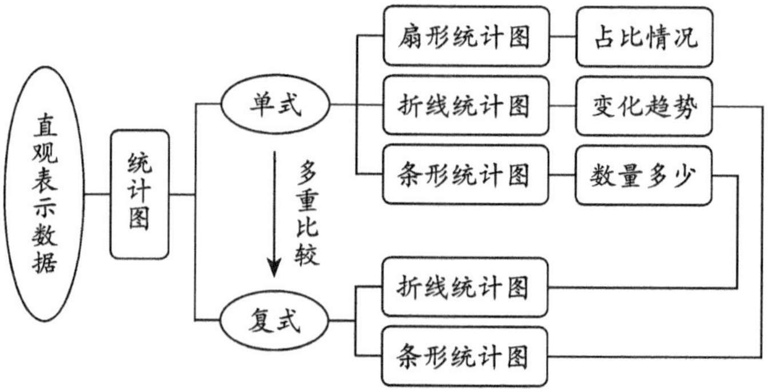

图7–7　直观表示数据统计图

该材料蕴含的信息很丰富，既有"横向数据"，又有"纵向数据"，既可

"内部对比"，又可"双方对比"，具有整体性。学生能很自然地根据数量梳理条形统计图，根据各届金银牌数量的变化梳理折线统计图，根据奖牌的占比梳理扇形统计图，还能根据中美两个国家梳理复式条形统计图和复式折线图，共五种统计图，并对每种统计图的特点和优势进行巩固和深化，最终制成了一张基于整体建构的知识网格图。

（五）关注开放设计，追求生本内涵

开放性习题变化无穷，通过联想与想象的方式多角度进行思考，能有效激发学生学习的兴趣和独立思考的能力，让学生能够构建知识形成的过程，培养学生灵活的思维能力以及创造能力。

例6：想一想，下面这幅统计图（如图7–8所示）能表示生活中哪些事例的数据统计？把你的想法和理由写下来。

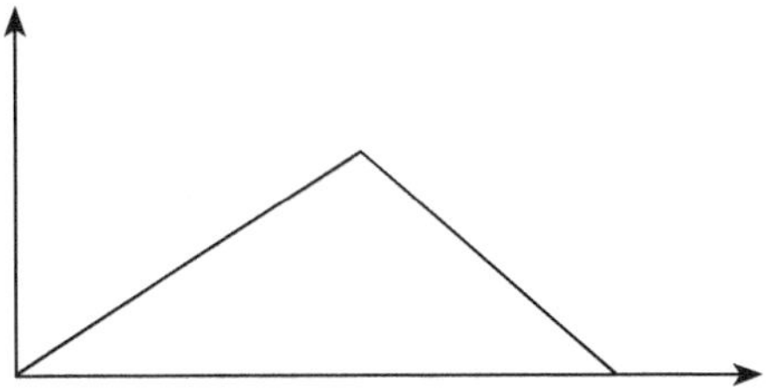

图7–8 统计图

这道题通过结论的开放性，关注学生对单式折线统计图特点的理解，学生能结合实际生活经验，对统计图进行解读，从而感悟统计的现实意义，进一步加深对单式折线统计图的认识，培养数据意识。

例7：记录近年来你的家庭年收入变化情况，并将你的统计结果分别用统计表、折线统计图（利用方格纸）的方式呈现出来。从中你能发现什么有价值的数学信息？

通过过程的开放性，引发学生在经历数据的收集与整理、呈现方式、分析等研究过程，积累统计的活动经验，培养学习统计的兴趣，进一步感受统计的实际意义和应用价值。

三、挖教学内容，激发学生思维之智

《义务教育数学课程标准（2022年版）》指出："数学课程资源是指依据

数学课程标准所开发的各种教学资源、工具和场所。"因此，我们要科学灵活地用好教材，要以整合的思想多方面、多领域去深入探索教学内容，挖掘习题背后的延伸性，多重价值，聚集生活体验，以创造性的手段激发学生的学习兴趣，不断提升学生的数据意识及数学思维。

（一）领域知识的融合

数学中的每个知识点都不是孤立存在的，我们要加强对习题的重置，重视统计和其他领域知识的整合，帮助学生建立彼此要素的联系。提高学生的综合应用能力。

例8：图7-9是小明、小刚、小红3人错题数量和整张试卷题目数量关系的统计图。

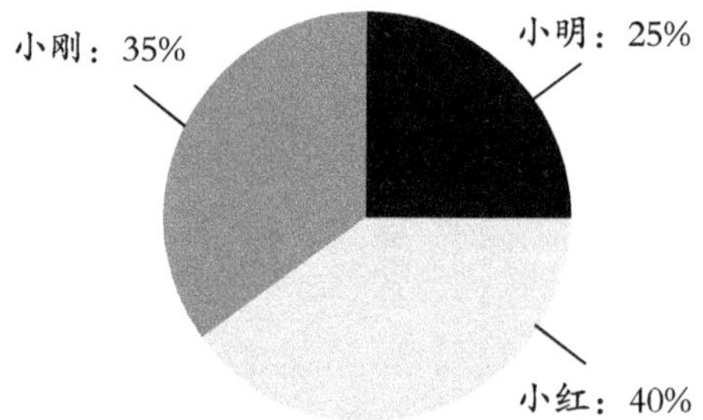

图7-9　错题数量和整张试卷题目数量关系的统计图

（1）小明、小红、小刚错题数量占整张试卷题目数量的最简整数比是（　　）。

（2）小刚错题数量的百分比所对应的圆心角是（　　）度。

这道习题从知识结构化角度进行重置，将扇形统计图知识和比、角度的知识结合，习题设计中"既见森林，又见树木"。基于知识的来龙去脉，进一步拓展扇形统计图的应用。

（二）主题活动的融合

儿童若能在真实的生活世界中感受、体验、领悟，才能真正得到发展。亲历统计主题活动，有助于培养收集和处理信息的能力，丰富经验，激发创新潜能，并形成对知识、社会、自然的整体认识，促使学生学习方式发生根本的改变。这样的实践活动也是对课堂的补充和延伸，让孩子初步学会用数学的眼光观察生活，用数学语言表达生活，用数学的思维思考生活，如图7-10所示。

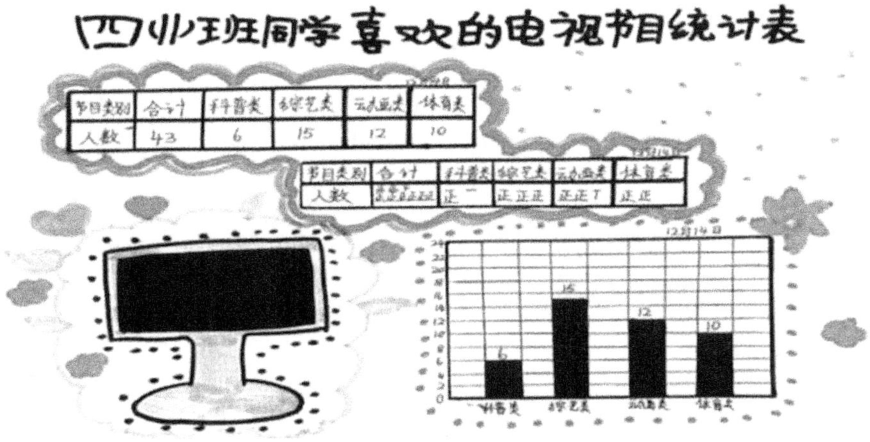

图7-10　学生手抄报作品

（三）跨学科的融合

《义务教育数学课程标准（2022年版）》提倡打破学科领域，主张学科间沟联，重视培养本学科解决其他问题的能力。学科间的内容是可互通的，在学习中可用统计知识去解决其他学科中的问题，为学习新知奠定基础。

例9：利用跳绳制订科学健康的心肺耐力训练方案，10分钟心肺耐力提升训练（跳绳）心率图如图7-11所示。

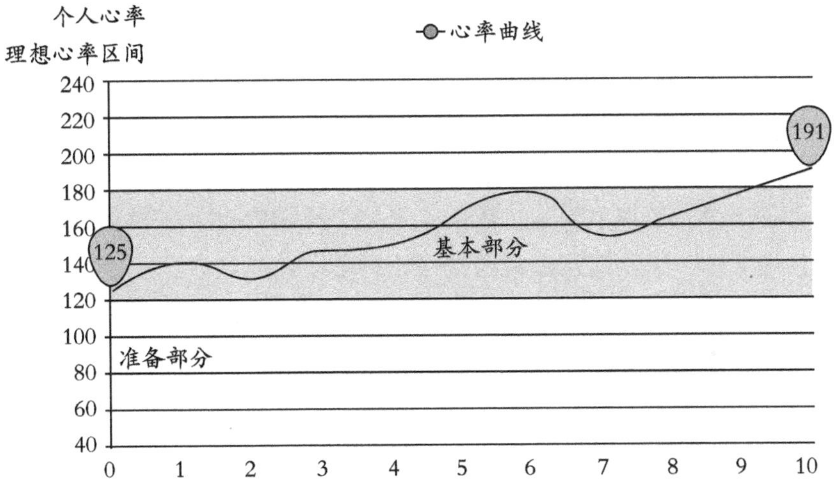

图7-11　心肺耐力提升训练（跳绳）心率图

这道题一是利用折线统计图的特征去观察和分析。二是启发学生从现实的角度去思考和研究。探究引发心率变化的主要因素和影响的程度，并根据自身的情况制订符合自己的跳绳方案，让自己在运动的过程中心率一直在理想的区间。这一过程中，学生经历运用数学与体育学科融合解决问题的过程，发展模型观念、学习和实践能力，感悟数据分析能帮助运用到其他学科中，带来生活的转变。

总之，依托趣智教学理念，融合结构化习题引发学生自主探索，促进学生数据意识发展是我们的教学主张。

（作者：厦门市思明第二实验小学　陈幼兰）

“统计与概率”趣智教学四部曲

《义务教育数学课程标准（2022年版）》指出，统计与概率是义务教育阶段数学学习的关键领域。此领域涵盖了“数据分类”“数据的收集、整理与表达”以及“随机现象发生的可能性”三大核心主题。这些主题贯穿于小学各学段，知识层次逐渐深入，且课例设计富有趣味性和启发性。统计学不仅是一门思考问题的科学，更是一门提供解决问题方法的科学。其教育目标在于引导学生养成依托数据进行推断的习惯，深刻感受数据所蕴含的巨大力量，并培育学生运用统计思维去分析和解决问题的能力。

在当前大单元整体教学的背景下，采用“先学后教”的教学模式，能够有针对性地培养学生主动运用数据思维进行调查研究的能力。通过这种方式，学生能够亲身经历数据的收集、整理、分析过程，并运用所学知识去解决现实生活中的问题，从而逐步建立起依托数据进行表达的习惯。这种教学模式不仅让学生感受到数据调查分析的乐趣，更在潜移默化中塑造了他们的数学品格。为了进一步提升教师对教材的掌握能力，以及探讨在统计与概率课程实施过程中可能遇到的重点与难点问题，本文接下来将进行深入的教学“四部曲”探究，以期提供更为系统、专业的教学指导。

一、深度解读课标，以趣激智辨方向

《义务教育数学课程标准（2022年版）》在“统计与概率”领域的教学中发挥着重要的引导作用，是以趣激智的“引入人”。教师应深入研读并理解教材内容，对《义务教育数学课程标准（2022年版）》中关于本节课所在领域的“内容要求”、“学业要求”和“教学提示”进行深度解读。通过运用“趣智课堂”等教学策略，引导学生明确学习目标，灵活运用“统计与概率”知识解决生活中的实际问题。

在统计教学过程中，教师应注重创设富有吸引力的教学情境，以统计教材内容为基础，数据为引导，激发学生的学习兴趣和主动学习的积极情感。有效的情境设计是完成教学任务的重要前提，尤其对于低年级学生而言，可以通过设计有趣的数学游戏、生动的人物形象以及引人入胜的数学故事等情境，迅速吸引学生的注意力，帮助学生快速进入学习状态。如在教学人教版一年级下册“分类与整理”一课时，抓住学生爱玩的天性，从学生喜爱的气球入手，设计一个有趣的玩气球活动。在活动中，引导学生仔细观察图中三个小朋友手中拿的气球，并鼓励学生用自己喜欢的方式（如文字、图画、表格等）按照气球的形状进行分类。通过初步感知象形统计图，再引导学生对比分析两种分类方法，从而体会分类先定标准的重要性，以及同一分类标准下分类结果的一致性。通过这样的教学活动，不仅可以激发学生的学习兴趣，还能培养学生观察、分析和解决问题的能力。

二、精准分析学情，以趣激智助成长

在大单元结构化教学的背景下，教师在备课过程中应深入进行学情分析。通过纵向思考，明确学生基于本单元教学内容所建立的相关知识点，并利用课前数学小练习、问卷调查等手段，全面了解学生的学情。这样可以准确地把握学生的学习生长点、已掌握的知识以及较为浅显的知识点，为教学提供有针对性的指导。以“可能性”这一统计教学内容为例，虽然学生积累了一定的生活经验和学习经验，能对简单的数学现象进行初步分析和判断，但对于“可能性”这一概念的理解仍显模糊。因此，在教学前可以通过问卷调查等方式，用数据来描述现实事件发生的可能性大小，从而帮助学生做出准确的判断。

为了帮助学生真正掌握确定现象和随机现象，教师应在教学设计上下功夫。通过设计富有趣味的数学活动和游戏，激发学生的学习欲望，使其深刻体会到数学学习与现实生活的紧密联系。引导学生回忆生活中的确定和不确定现象，学会倾听、主动交流，在经历知识形成的过程中将模糊概念转化为清晰认知。在这样的趣智融合课堂中，学生不仅能成为学习的真正主人，更能发展对可能性的感知能力，提高对实际生活中可能性问题的判断准确性。这样的教学过程不仅促进学生的智力成长，还能有效提升他们的数学素养。

三、单元教学深度分析，以趣激智构建桥梁

在大数据时代背景下，教师应以单元整体教学分析为导向，从整体到局部，逐一解读纲要。在衔接本单元教学内容的同时，紧密联系学生的生活实际，及时创设富有吸引力的情境。通过抓住学生的兴趣爱好，用玩耍或讲故事等方式引入，积极创设有趣的数学情境，并以学生的生活经验为原则，与地方课程相结合，让学生在轻松愉快的氛围中学习数学。

单元教学分析应以趣味激发智慧，搭建知识桥梁。从学生的知识根基生长点出发，引导学生将新知识转化为旧知识。以“折线统计图”这一单元为例，学生已掌握“条形统计图”的相关知识点，在此基础上，教师可以引导学生将折线统计图的教学内容转化为条形统计图，通过对比分析两种不同统计图的异同点，从概念入手展开辨析，让学生学会运用数据特点表达想法，逐步形成统计与概率的空间观念，完善推理能力，提升统计与概率的核心素养。

这样的教学过程不仅有助于学生的知识迁移和应用，还能激发学生的学习兴趣和主动性，培养学生的数学思维和解决问题的能力，核心素养相差概括情况如图7–12所示。

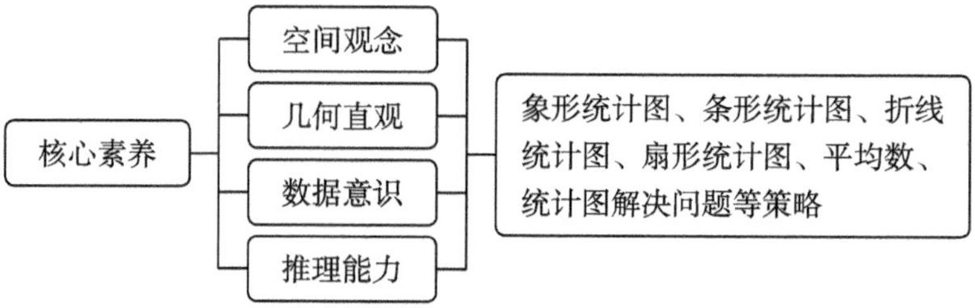

图7–12　核心素养概括图

四、注重学习过程评价，以趣激智应对变化

为了培养学生的数学品质，我们应以数据为媒介，将“培养学生数据意识和应用意识”的内在核心素养融入其中。《义务教育数学课程标准（2022年版）》明确指出，学习评价旨在全面了解学生在课堂中的学习过程和结果，从而激励他们学习数学。评价应既关注学生的数学学习水平，又关注他们在课堂活动中的情感与态度表现，以此为依据来培养他们的数学品格。

有效的评价不仅有助于学生树立学习数学的信心和认识自我，还能引导学生明确学习目标，不断反思和促进自身发展。同时，让学生体会到成功的喜悦，激发他们的学习兴趣。评价形式可以多样，包括课堂上的口头评价、课后小练习的评价、单元评价等，但目标是一致的，即让学生真正掌握知识，并灵活运用统计知识解决实际问题。如四年级“平均数”一课，面对两组人数不相等，如何比较学生投篮球数据不相等的问题时，（哪个数据更能代表一组数据的一般水平？）教师引导学生评选出哪个小组代表全班参加学校的投篮球比赛会比较有优势，请派代表说一说“你们小组评选的理由是什么？”学生说出了评选的依据是通过两种计算方法——移多补少和先总后分的对比。以趣味激发智慧，让学生在直观观察中理解求出每个小组的平均数更能代表一组数据的一般水平，以“平均数”作为评选出哪个小组代表全班参加学校的投篮球比赛的方法比较公平。教师及时捕捉学生新颖的回答和想法，并运用数据进行相应的评价。

为了进一步启发学生理解平均数的本质意义，如果第二小组增加一个人，那么，第二小组投篮球的平均数情况将会如何变化？请说一说你们小组的发现。这个教学环节会让学生亲身体会到平均数的大小会受到某个“特殊”数据的变化影响。可将这个“特殊”数据按与平均数相同的数、比平均数多的数和比平均数少的数进行对比分析。这些对比分析，打破了学生思考问题的定向思维习惯，拓宽了学生的眼界，让学生深刻体会到平均数更具有敏感性的特征。教师需要进行循循善诱和有效的评价，引导学生思考数学问题要多角度，格局才会越大，学生乐于求知，积极向上。课堂上，教师应根据学生回答的数据及时做出有针对性的评价。如在“平均数”中设计的小练习应注重质量而非数量。让学生学会用数学的眼光观察现实世界，用数学思维思考平均线在统计

表中的移动情况，并用数学语言以“数据”的形式表达平均数的三种情况。同时，通过解决与平均数相关的简单实际问题，形成初步的数据意识和应用意识。

在了解统计与概率的基础上，通过营造有趣的教学氛围，引导学生自主参与数据分析过程，形成数据意识，在不知不觉中提升学生对统计与概率本质素养的认知能力。学生能够根据收集和整理的数据清晰、正确地表达统计与概率的知识点，能够灵活运用统计与概率的知识解决实际问题。这样的教学过程不仅有助于学生的全面发展，还能提高他们的数学素养和解决问题的能力。

（作者：厦门市翔安区逸夫小学　陈明月）

基于问题情境的“趣智”教学研究

问题情境就是从情境中探索和提出数学问题作为教学的出发点，以问题为“红线”组织教学。“统计与概率”的数学问题情境有助于学生学习兴趣的提高，有利于借助情境的各种资料去发现、形成和解决问题。在解决问题和应用的过程中又会引发新的情境，从而又产生出更深层次的数学问题，不断深化问题情境，使学生的创新意识和实践能力不断得到提高。

一、“统计与概率”问题情境在教学中的意义

《义务教育数学课程标准（2022年版）》指出：运用数学知识解决问题，适当体现“问题情境—建立模型—求释验证”的过程。数学情境是学生掌握知识、形成能力、提高素质的重要源泉，而“问题是数学的心脏”，是生长新思想、新方法、新知识的种子，有了问题，思维才有创新。

（一）激发学生的学习兴趣

问题情境是课始提出的起关键作用、学生自己能解决、富有挑战性的问题，激发了学生的浓厚兴趣并以积极的态度去解决所提出的问题。

（二）促进学生思考问题

问题情境创设是思维的出发点，有了问题才会去思考。提出一些学生想解决而未解决的、富有挑战性的问题更能激发学生的向心力，促使他们积极思考。问题情境教学强调概念的形成过程、解题的分析思考过程和规律的揭示过程，把学生的思维集中到问题的探索研究上来，使学生容易想进去、学进去，从中体验到思考的乐趣。

（三）贯彻“以学生为主体”的教学思想

让学生真正成为学习的主人，使他们去探索、去发现、去获取。教师积极鼓励学生独立提出问题，独立分析、解决问题，鼓励学生之间互相研讨问题，大胆地向教师提问题或提出创见性的观点。根据学生出现的一些问题，有针对性地组织讨论、辨析，并在关键处予以点拨。教师主导与学生主体相互作用，实现教学相长。

二、问题情境创设在“统计与概率”教学中的实施原则

（一）趣味性原则

问题情境的创设和表现形式必须新颖、奇特、生动，对学生要能产生吸引力。因此，可以把教材中的内容，通过创设问题情境编成简短的故事讲给学生听，使学生产生身临其境的感觉，能够使学生全身心地投入教学活动之中。如“如何用直观的形式呈现电费暴涨的数据”“怎样用数学的眼光看待普通感冒和甲流感染的区别”等等。

（二）参与性原则

数学的知识、思想和方法，必须经由学生在现实的数学实践活动中理解和掌握，而不是单纯地依赖教师的讲解去获得。这就需要教师在教学中将问题情境活动化，即让学生投身到问题情境活动中去。这不仅有利于保证学生在教学中的主体地位，而且对于促进学生从动作向思维过渡也是非常有利的。如教学“条形统计图”时，通过调查统计班级学生最喜欢的运动项目的过程，将实践活动中的经验迁移至其他调查统计活动中。如调查学校中最受学生欢迎的社团、超市中销量最多的饮料等。

（三）创造性原则

问题情境的创设，要能让学生去探索、发现知识，有利于培养学生的主体

意识和创新精神。如以中国航天事业飞速发展为背景开展平均数教学，通过阅读“三百星”的故事，学生对比分析每一个“百星”在不同年段的平均数。从直观数据的比较与分析中，学生不仅可以感受到数据呈现出的发射的航天器的变化趋势与程度，了解平均数的现实意义，更是用数学的眼光感受中国航天事业的飞速发展，提升民族自豪感与爱国情怀。教学中，常常将抽象的数学知识寓于生动鲜明的形象之中，引导学生用学具摆摆，再谈谈摆的过程，最后启发他们的思索，找出规律性的知识。

（四）适时原则

课堂提问一方面要抓住时机，另一方面是提问次数要适度。提问的效果直接与时机有关，什么样的设问应在某节课的什么时机提出，要讲究提问的艺术，既要因时设问，恰到好处，又因学科、课型、内容的不同，提问设计要适时、适度。如在“数据的收集与整理”中可用调查法统计同学们的身高和体重来了解大家的健康状况，及时调查统计同学们最喜欢的学科等。

三、问题情境在“统计与概率”实践中的策略研究

教师在教学中要始终贯穿“数据”这个核心概念，有效落实“数据意识”。在真实的问题情境中探索丰富的路径，以达成培育学生“用数据说话”的意识和应用意识的目标。

（一）从新旧知识的差异入手，使问题情境更有效

当新旧知识联系比较紧密时，在复习旧知的过程中就能为新知埋下伏笔，使学生在复习中激起认知冲突。对一些易产生负迁移的已有经验，要以体验性的教学为主加强理解。如在一红一蓝两个球的袋子里摸球，摸出两种颜色的球的可能性相等是不是等价于摸出两种颜色的球的次数。在应用新旧知识的差异性问题情境教学时，教师把提出挑战的机会让给学生，使学生逐步养成自主建构问题的意识与习惯。

（二）从生活实例入手，使问题情境更有效

数学在生活中产生，最终又应用于生活。关注教学与学生现实生活的联系，必须改变课堂等于教室、学习资源仅限于书本的观念，强调对生活的回归。如在教学百分数时，根据生活例子，如手机的电量分别在100%、75%、50%、25%时，人的不同情绪表现，就是基于百分数与生活情境的紧密联系，平

均数也是如此。

（三）以现象类比方法导入，使问题情境更有效

学生认知牢靠和根深蒂固的部分是生活中经常接触的知识，有些已经进入他们的潜意识。如解决"校门口红绿灯到底设置多长时间合适呢？"的问题时，通过现场观察、收集数据、发现问题，用学生的认知做类比，是非常受学生欢迎的，知识也会被学生牢牢地掌握。

（四）从操作活动引入，使问题情境更有效

动手操作是产生疑问、解决问题的过程，也是集中学生注意力，激发学生学习动机的好方法。教学中，为了帮助学生增强感性认识，促进理解，进行操作演示，从中引发矛盾，促进思维。如学生通过对数据分类、整理及绘制统计图表等，培养了观察和解决问题的能力。

（五）从直观显示入手，使问题情境更有效

借助多媒体教学手段直观演示、探索、发现，激发学生的思维。在认识结构中直观形象，其鲜明性和强烈性往往给抽象思维提供较多的感性认识经验。因此，在用"订校服"引入新知时，学生就"如何给数据分类？怎样分段、分类才能两全其美？为什么要分类？"等问题进行讨论。学生在尝试、探索、发现后的印象深刻，学习信心倍增。

总之，教师要根据"统计与概率"教学内容和学生的特点，努力创设良好的问题情境，留给学生足够的时间，以此激发和拨动学生的思维之弦，使学生以最佳的状态参与问题的解决。通过问题情境教学，使学生在具体、生动、形象的问题情境以及浓厚的生活气息之中感受到数学的巨大魅力，变被动学习为积极主动探索。这样将更有利于培养学生的创新意识，为将来开拓性的工作奠定坚实的基础。

（作者：厦门市翔安区嶝山小学　张建立）

第八章 综合与实践

慎教善引激“趣”，主动探究生“智”

小学数学“综合与实践”课程设计强调通过实际问题、情境和活动，使学生能够将所学的数学知识应用到真实的生活场景中，从而更好地理解数学的实际应用和意义。而小学数学“趣智课堂”不仅注重知识的传授，更强调学生在探索、思考、合作的过程中培养各种综合能力和智慧。《义务教育数学课程标准（2022年版）》理念下的“综合与实践”领域教学研究正好给笔者提供了一条通往“趣智课堂”的道路。

一、“趣智课堂”在“综合与实践”教学中的重要性

《义务教育数学课程标准（2022年版）》指出，学生将在实际情境和真实问题中，运用数学和其他学科的知识与方法，积累活动经验，感悟思想方法，形成和发展模型意识、创新意识。在进行知识的统整与综合运用的同时，助力学生数学素养的生成。然而，实际教学中该模块未得到一线教师的足够重视。教师对不同类型的“综合与实践”活动教学方法认识不足，对学生缺乏针对性、有效的引导，导致学生动手实践活动实施低效，觉得数学课堂枯燥无味。所以传统的综合实践课如果不加以改变，就难以达到预期的教学效果。

（一）“综合与实践”模块的价值和特征

小学数学“综合与实践”领域有以下四个特点：一是数学活动具有较强的内隐性，外在的“综合与实践”活动为内在思维做准备，具有思维渗透性。二是本模块能够处理直接经验与间接经验的关系，从已有经验出发围绕具体问

题探索真知、形成策略，具有问题导向性。三是该模块活动形式多样，利用观察、猜测、实验、计算、推理、验证等分析解决问题，提炼解决问题的多种方法，具有综合多样性。四是该模块重视学生的经验与体验，要摆脱知识灌输的传统教学枷锁，学生在自主参与中经历数学去伪求真的全过程。

（二）趣智课堂在“综合与实践”领域教学的优越性

小学数学趣智课堂运用“趣”与“智”的交互生成逻辑，既培养学生解决问题、积累经验的能力，又激发学生在遇到问题时勇于探究、积极思考的精神，促进学生在数学学习中情感与智力因素的全面发展。小学数学趣智课堂正是凭借着其强调激发学生数学兴趣、让学生享受参与乐趣、强化学生探究智趣、涵养学生数学情趣的学习阶段而成为“综合与实践”领域的重要教学手段。

二、基于趣智课堂“综合与实践”领域的教学策略

教师对不同类型的综合实践课认知有偏差，过分强调对某个知识点的学习和掌握，忽略了对学生综合运用知识解决问题的能力的培养，忽略了学生的学习兴趣。笔者以人教版小学数学四年级上册“田忌赛马”一课为例来谈一谈游戏探究类的综合实践课活动开展策略。

（一）“趣”活动引领，经历问题解决全过程之“智”

《义务教育数学课程标准（2022年版）》对“综合与实践”领域的学业要求：能够积极参与活动，在活动中能独立思考问题，主动与他人交流……；经历解决简单实际问题的过程，提高应用意识，感悟数学的价值。因此活动的设计和开展是教学过程的重中之重，课上学生主动探索并享受充满理性和趣味的课堂全过程，为学生在活动中的独立思考提供了载体。

1. 改换活动素材，优化活动载体

《义务教育数学课程标准（2022年版）》指出，素材要与学生现实生活密切联系。教师要深刻理解教材内涵，钻研教材知识所蕴含的深层意义，在熟读教材的时候读出自己的理解和想法，可运用学生感兴趣和关注的实例作为认识的背景。如“田忌赛马”是运用“对策论”最古老、最典型的案例，研究战胜对手的策略问题。教材想让学生从数学的角度去读懂这个故事，并体会对策论在生活中的应用。笔者选择扑克牌游戏进行新课教学，用几轮既有趣、参与度

又高的扑克牌游戏探索出以弱胜强的策略。把“田忌赛马”的例题变为练习题，从身边熟悉的事物入手研究对策，生动有趣，更具有实效性。

2. 安排多层活动，增强活动体验

作为课堂实践活动，活动体验的深入情况直接影响到活动的效果，进而影响学生在活动中的感悟和发现。通过设计层次丰富的趣味活动，并且逐步提升活动难度，引导学生逐步深入解决问题，培养他们的思考能力和创新能力。教学“田忌赛马”时，我用四个活动层次有序展开，增强学生的体验，培养学生的核心素养，如图8–1所示。

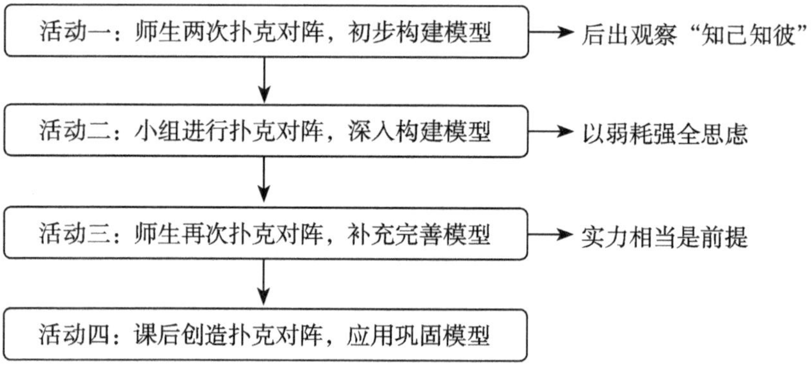

图8–1　四个活动层次

活动一：通过师生两次对阵，让学生明白游戏规则，初步感悟“后出”方能知己知彼，最终以弱胜强。让学生在活动中积累经验，引发探究欲望，构建以弱胜强的数学模型，并自发选择“后出”的方式。

活动二：同桌合作思考“以弱胜强”的方法，通过对比分析、生生质疑、师生互动，寻找六种对阵的相同之处，得出要想以弱胜强必须以弱耗强、知己知彼的结论。最后师生对阵验证策略让学生体会策略的有效性，为活动三对阵策略的深入探究做好准备。

活动三：以“实力相差悬殊”的扑克牌对阵驱动学生思考获胜方案，在全班寻找可行方案中增强学生的活动体验，并发现“实力相当”是以弱胜强的前提条件，为活动四创造以弱胜强的对阵，也就是为模型应用提供方法支撑。学生在推理过程中主动参与了活动的全过程，也就是充分经历了问题解决的全过程，才会有所思、有所得。

（二）“趣”问题引导，积累数学活动经验之“智”

在“综合与实践”活动的教学中，教师的共识是要在问中悟，即借助以问题为载体的实践活动，让学生在活动中动口、动手、动脑，充分调动多重感官来解决问题。

1. 趣味设问引发思考

思考是需要教师设计合理有效的问题才能引发的。如活动一中，教师通过设问：“对比两场比赛，老师一场拿小牌，一场拿大牌，都获胜的秘密是什么？”让学生去思考感悟游戏的模型和“后出”是有关的，在活动中积累经验，引发探究乐趣。在活动二中，学生自主讨论，一致选择“后出”的策略再玩游戏，探究“以弱胜强”对策。通过设问：“对比这六场以弱胜强的对阵，你发现了什么奥秘？”教师作为教学的引导者，通过制定趣味性问题，鼓励学生展开自主探究，逐渐形成探究、分析问题并寻求解决方案的学习模式。在活动三中，教师设问：“你们先出，还运用了以弱耗强的策略，为什么这次赢不了？”领悟以弱胜强的前提是“实力相当”。在几次活动中，教师巧妙引导学生通过提问进行独立思考，再进行合作交流，最后总结感悟，化“趣”为“智”。

2. 趣味追问发散思维

追问是针对课堂上某一教学内容或问题反复提问，直到学生能正确解答的一种提问方式。目的是让学生对本原问题进行深刻挖掘与剖析，促进学生思考，深刻理解、掌握知识。在课堂教学中，需要在合适的时机去追问，引导学生进行发散思维，这样学生才有积累和提升。在听完“田忌赛马”的故事后，追问学生：“如果齐王改变出马顺序，田忌还能获胜吗？”然后通过列表分析得出，不论齐王的出马顺序是什么，田忌六种出马顺序中只有下对上、中对下、上对中才能获胜。“田忌赛马”的故事是一个简单的博弈模型，属于其中的两人博弈和有限博弈。适当渗透拓展博弈论相关知识，在唤起学生学习热情的同时，激发学生探索数学奥秘的乐趣。

（三）“趣”方法引航，提升数学品质之“智”

课堂教学活动评价由“标准化”向“多元化”转变，数学教育空间由“封闭性”转向“开放性”，数学教学活动的组织转型为学习者、管理者、教育者多元主体的“发展共同体”。

1. 鼓励全员参与，人人都有发展

作为强调自由开放、灵动生成，注重学生体验的模块，“综合与实践”要求每个学生全身心参与到活动中去，强调全员参与。教学“田忌赛马”时，活动二和活动四都是小组合作进行扑克牌对阵。如活动二小组合作要求：先看要求“对一对：红牌先出，黑牌对阵；记一记：对阵一场，记录一场”。再全体听指令“从抽屉中拿出对阵板、对阵记录表，大家做好准备，活动开始倒计时5分钟”。两场复杂的动手操作活动，小组成员自行分工明确任务，给学生充足的时间多次探索。在活动四中鼓励小组成员互换任务，让每个学生进行不同维度的体验，从刚开始的小裁判到对阵局中的强者和弱者，这样关注每一个学生的体验，真正做到了让每一个学生都有收获。

2. 趣味评价反馈，提升核心素养

综合实践课堂的评价应当关注过程性评价，根据教学目标确定评价方式，不仅要关注学生对教学内容的掌握情况，还要关注学生参与活动的程度。如活动一关注学生认知水平，通过积极的言语鼓励，引发学生的探究欲望。活动二、三指导学生关注自身的活动过程。活动四组织学生反思、互评。

“综合与实践”模块教学复杂多变，教师要为学生提供智慧的引导，帮助学生突破难点，拓展思维边界，精心设计活动和问题情境，构建趣味互动环境，鼓励学生在课堂中积极参与，分享想法与答案，促进思想碰撞与合作，培养学生的综合思维、实际问题解决能力以及跨学科的思维能力。

（作者：厦门市五缘第二实验学校　阮小林）

益智玩具“趣”激学，主题学习“智”飞扬

玩，是儿童的天性，而玩具是儿童的第一部教科书。在儿童玩的过程中，用儿童都懂的语言潜移默化地进行启蒙和教育，这类玩具也称为益智玩具，为儿童提供了充分的“做中学，玩中学”的机会，即寓教于乐。《义务教育数学

课程标准（2022年版）》指出："小学阶段综合与实践领域，主要是以主题式学习的形式，让学生感悟自然界和生活中的数学，在获取知识的同时，激发学习数学的兴趣。"可见，"寓教于乐""寓学于趣"从而达到"趣智交融"的境界是教师在教学中努力的方向。本文以综合实践主题式学习为载体，结合儿童的年龄特点，以古典益智玩具汉诺塔为例，探讨趣智交融的课堂建构。

汉诺塔是一个发源于印度的益智游戏，也叫河内塔。游戏规则在人教版小学数学四年级上册第111页"你知道吗"有介绍。教材呈现了探究问题：三阶汉诺塔最少移到多少次？那么由三阶至四阶到N阶呢？是否有规律性的算法？这就是汉诺塔游戏的"数学智慧"生长点。

如图8-2所示，不改变珠子的上下顺序，你能借助②号杆把①号杆上的珠子移到③号杆吗？最少移动多少次？

移动的规则是：每次只能移动1个珠子，大珠子不能放到小珠子上面。

如果①号杆上有4个珠子呢？

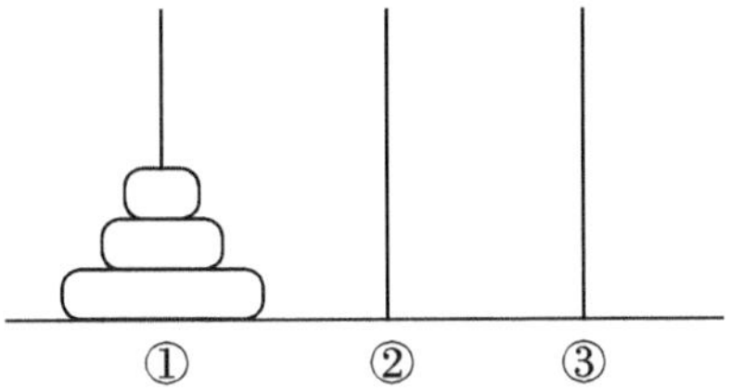

图8-2　汉诺塔

一、寓趣于境，游戏的呈现要有情境性

儿童获得有益经验的途径必须是与材料或情境发生相互作用，才能自主建构自己的认知体系。年龄越小的孩子，就越需要提供情境化、趣味化的玩具来吸引其主动与玩具发生建构关系，这种情趣化的学习玩具不仅提高孩子学习的兴趣，还能让孩子保持持久旺盛的兴趣和探究的专注程度。为此，在小学四年级开展汉诺塔探秘时，笔者将玩具置于一个真实的故事情境中。先观看视频《猩球大战》，实验室里，大猩猩被注射药物拥有超常智力，它挑战4个圆环的汉诺塔用了20步，实验员惊呼："太不可思议了，满分是15步！"

师：汉诺塔是心理学研究人类高级认知功能常用的一种测试任务。科学实验证明，解汉诺塔问题，人类需要具备计划能力和空间记忆能力。汉诺塔问题的完成成绩成为分析人类执行功能的一个重要指标。（教师出示汉诺塔，并且介绍玩具的历史背景，继而引导）故事里的大猩猩用了20步完成4个圆环的汉诺塔挑战，满分是15步，这15步是怎么操作的，你一定也想一探究竟吧！

在古老的智玩背景中融入现代影视元素及心理学意义，情境的内涵也更加丰富了。通过影视作品的新鲜素材，关联神话故事，抛出挑战性的任务“这15步是怎么操作的？”，将情境与知识任务密切关联，寓趣于境，境中探知，这是趣智交融主题式学习的前提。

二、趣中启智，游戏的开展要有层次性

任何问题的解决都不是一蹴而就的直线过程。过于简单的游戏会让儿童毫无成就感；而过于复杂的游戏则会打击儿童的自信心，最终导致儿童对于相关知识点的探究彻底失去兴趣。因此，在游戏过程中应按照难度层级进行任务划分，从易到难逐层递进，持续地引发儿童的探索兴趣和积极性，确保儿童能在原有的水平之上往更高阶段跃进，并且难度分级的形式，可将儿童的能力增长以显性的方式呈现出来，更直观地展示出智玩的教育意义。

首先，探秘汉诺塔游戏需要先确定大致思路。数学中，递归原理就是将问题的规模缩小，直到最简的情况。因此，游戏的开展，以只有1层的情况为始，进而玩转2层汉诺塔，续而是3层汉诺塔的探索，然后脱离实物，通过表格列举，探索、总结规律，最后推广、应用到5层汉诺塔，至此复盘递归算法，感悟倒推思想。这是借助智玩游戏的形式，去掉游戏外壳包装，呈现数学知识本质的模型建构过程，也是趣智交融主题式学习从“有意思”到“有意义”的跨越。下面是探究过程：

师：复杂的问题无从下手时，我们可以尝试从简单入手，由易到难。想一想，1个圆环从A柱移动到C柱要用几步？

第一轮游戏：每个学生一副汉诺塔，完成2个圆环的移动任务，时间1分钟。（注意观察学生完成的过程以及结果）学生呈现移动过程，小组讨论：你更喜欢谁的方法？为什么？师生通过研究得出结论：移动2层汉诺塔最少需要3步。

第二轮游戏：猜一下移动3层汉诺塔最少需要几步。（教师进行演示，如

图8-3所示）学生讨论总结：将上面2层移动到B柱最少需要3步，将最大环移动到C柱需要1步，再将B柱的2层移动到C柱又需要3步。所以最少需要：3+1+3=7（步）。

	起始	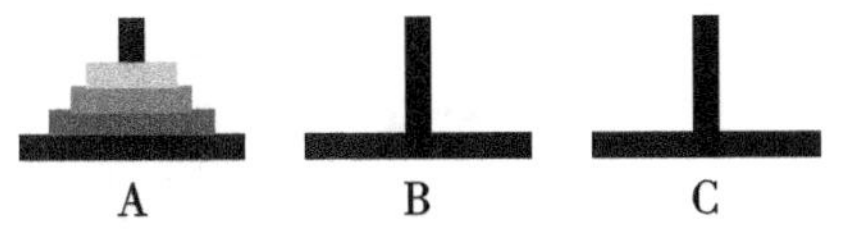	
1	A→C	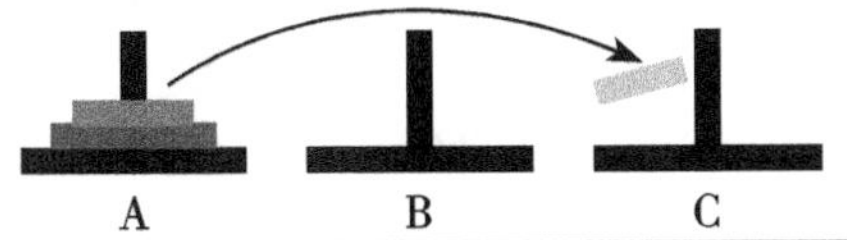	
2	A→B	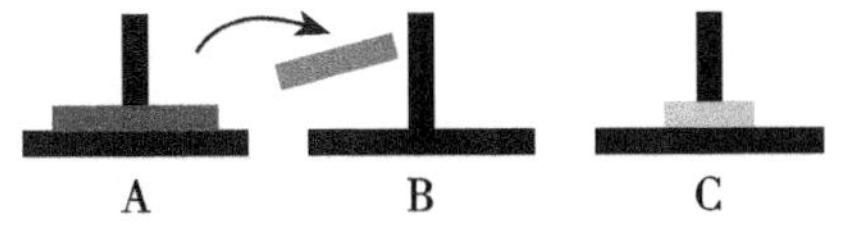	
3	C→B	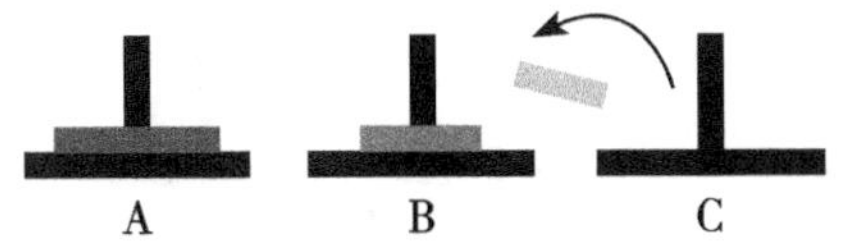	
4	A→C	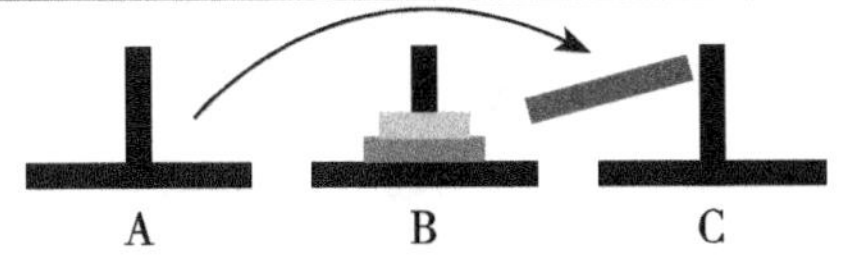	
5	B→A	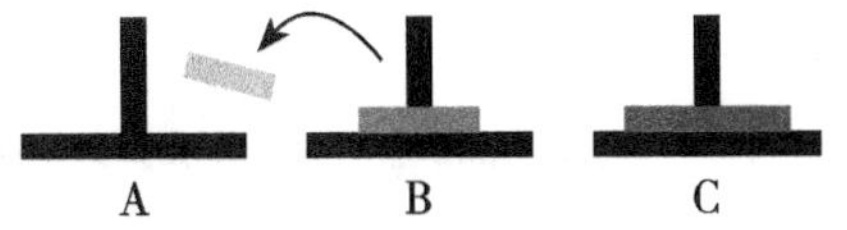	
6	B→C	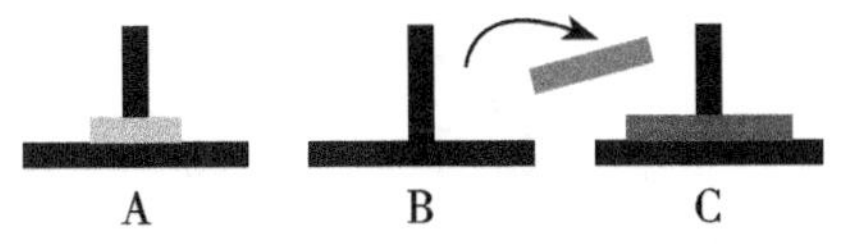	
7	A→C	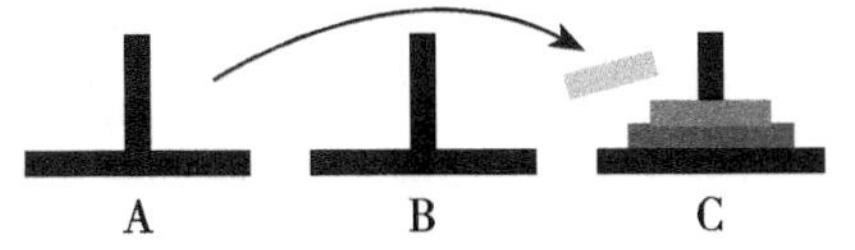	

图8-3　3层汉诺塔图解

第三轮游戏：4层汉诺塔从A柱移动到C柱最少需要几步？学生操作验证，图8-4所示。

	起始	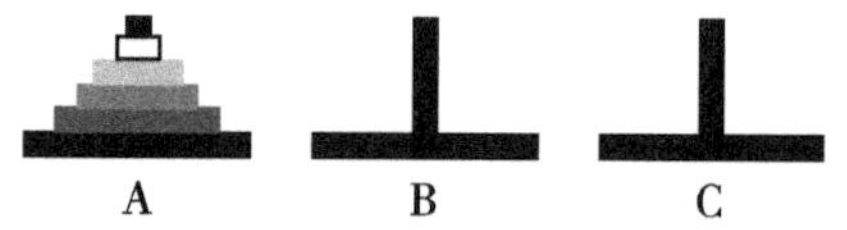	
1	A→B	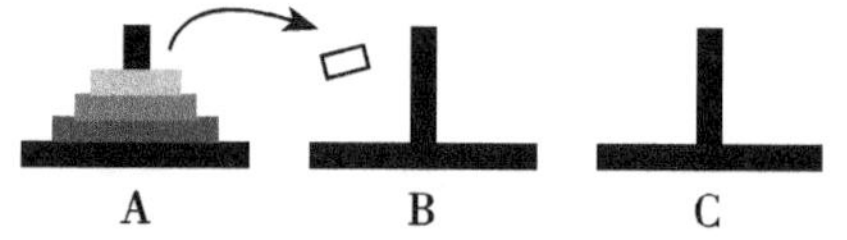	
2	A→C	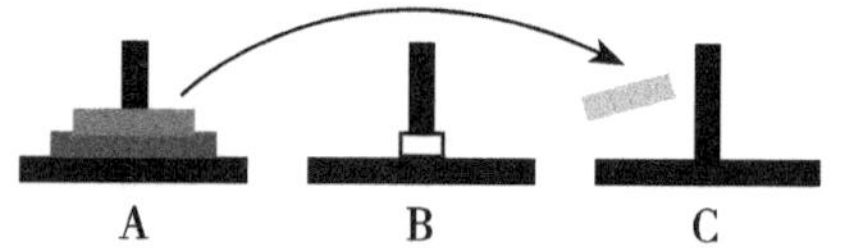	
3	B→C	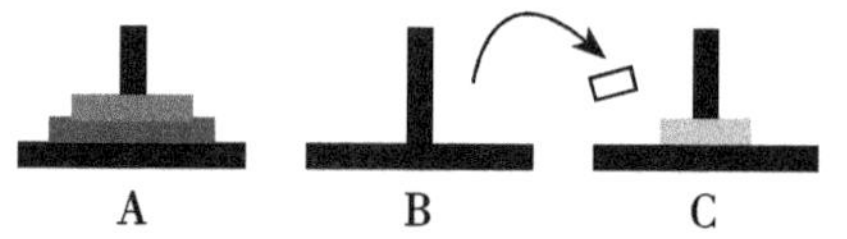	
4	A→B	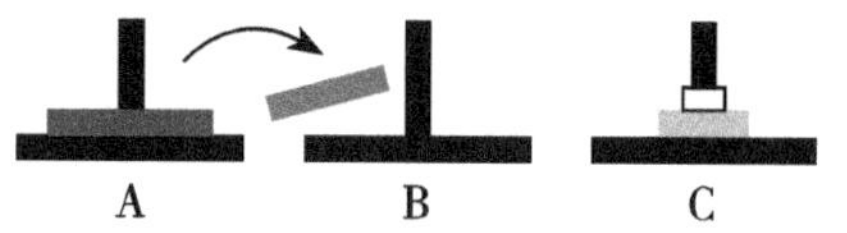	
5	C→A	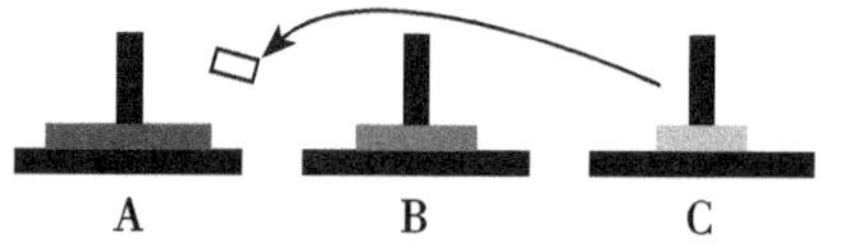	
6	C→B	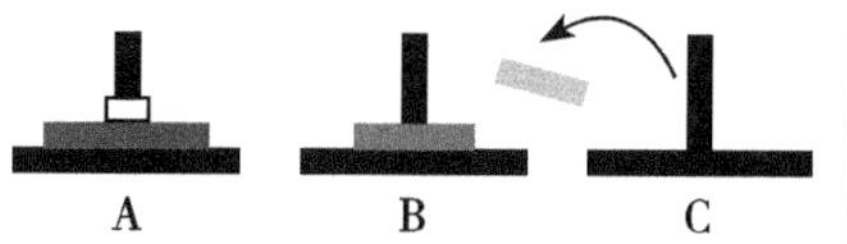	
7	A→B	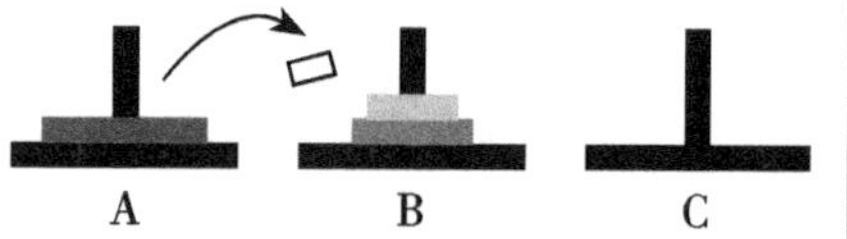	
8	A→C	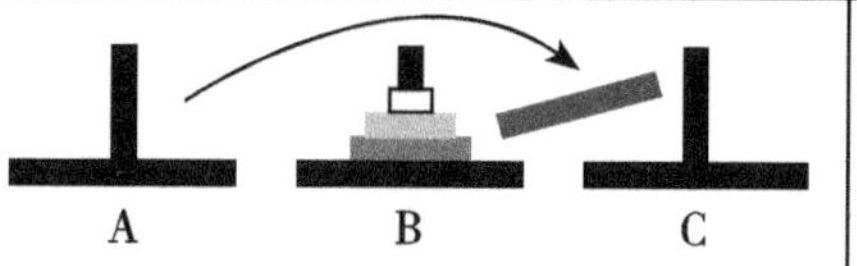	
9	B→C	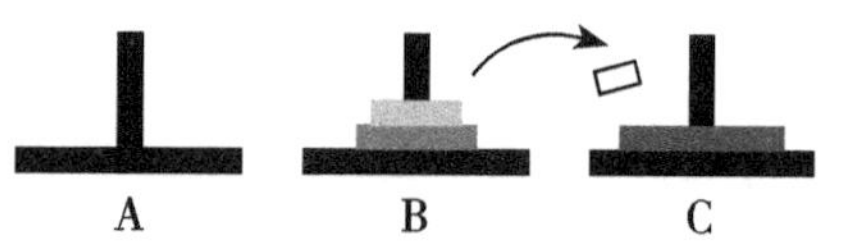	

10	B→A	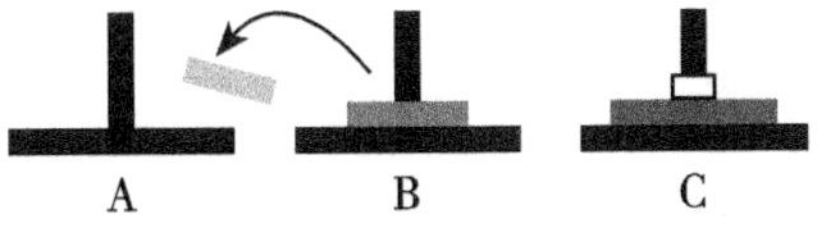	
11	C→A	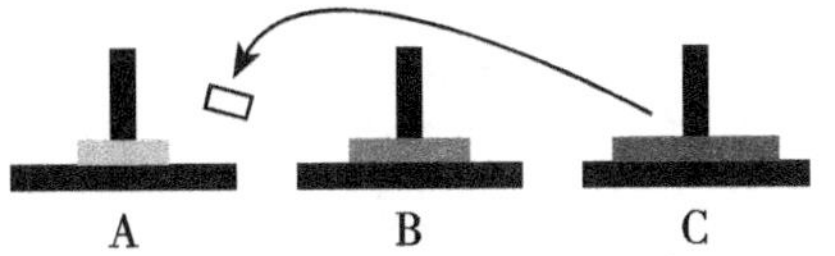	
12	B→C	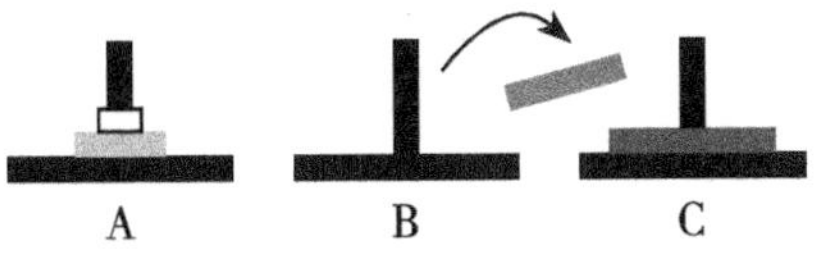	
13	A→B	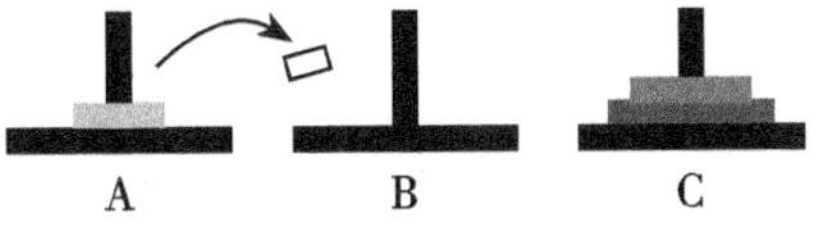	
14	A→C	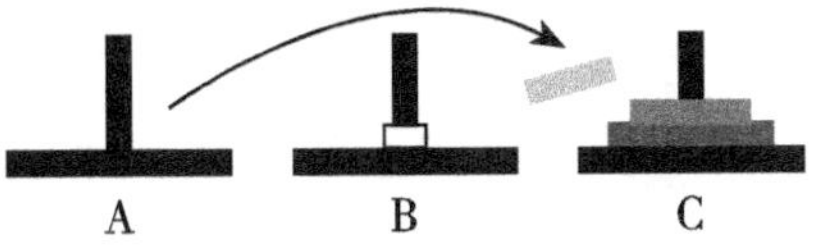	
15	B→C	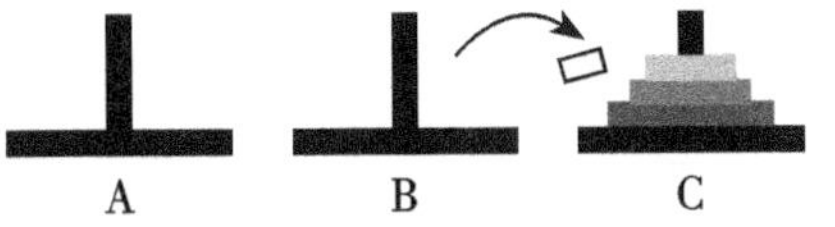	

图8-4　4层汉诺塔图解

三、趣智交融，游戏的进阶要有深刻性

知识的质量取决于知识上位水平，一个人大脑中的知识上位化水平越高，举一反三能力越强，思维越深刻，智慧水平越高。趣智教育追求学生对于知识本质的理解、对于智慧的启迪，而不仅仅是过程的有趣。游戏的层次性最终是为抵达知识理解的深刻性做准备的。当学生的知识结构中有稳定而清晰的上位概念、原理或问题图式用于同化下位事实或问题情境时，那么对于问题的认识就可以做到透过现象深入本质，或是说由表及里。因此，上位知识的凝练，是趣智教学的最终目的，也是发展学生智慧的最基本途径之一。

（一）总结规律

师：不操作，你能推导出5层、6层汉诺塔的最少操作步数吗？

学生自由发言，师生共同总结：看来几层汉诺塔的最少操作步数就是上一层最少操作步数加1再加上上一层的最少操作步数，具体见表8-1。

表8-1　汉诺塔分析表

层数	步数	步数	规律	首环位置
1	1	1	2^1-1	C柱（目标）
2	3	3	2^2-1	B柱（中间）
3	3+1+3=7	7	2^3-1	C柱（目标）
4	7+1+7=15	15	2^4-1	B柱（中间）
5	15+1+15=31	31	2^5-1	C柱（目标）
……	……	……	……	……
N	……	……	2^n-1	……
通关秘诀	单数首走目标柱（单数直走），双数首走中间柱（双数绕道）			

（二）推广应用

师：在玩汉诺塔的过程中，哪个环节让你印象最深刻呢？当我们遇到比较复杂的问题时，不妨从简单入手，试着发现规律，之后通过猜测、推理、验证，也许就能找出解决复杂问题的方法。

在游戏中，师生遵循递归的思路，由结果推过程。首先是最简单的情况，就是只有1层汉诺塔。毫无疑问，只需将A处的圆环挪到C即可。然后再是2层汉诺塔的情况：就是先将A处的第一个圆环移动到B，再将底圆环移动到C，最后将第一个圆环移动到C即可。再推广分析出递归思路：将移n个圆环问题简化为将（n–1）个圆环挪到B；再将第n个圆环挪到C；再经过一系列操作，将（n–1）个圆环挪到C。一系列操作又是什么？此时不需要仔细分析这一系列操作的步骤，只需关注实现的功能即可。将（n–1）个圆环挪到B，这个步骤是不是有些眼熟？没错，就和问题开始将A处的圆环挪到C一模一样，这个操作就是将原本的递归思路再调用一次。

通过上述分析简化了问题，让问题规模越来越小，当问题小到一定程度时，可以直接得出它的解，从而得到原来问题的解，即采用“大事化小，小事化了”的基本思想。

趣智交融的数学课堂激发了学生的兴趣，让学生感受学习的有趣，在思维的碰撞中，体会知识内在的智趣，由“乐学”走向“智学”，使学习数学外在的“趣”与获得知识内在的“智”紧密相融，形成一种学生愿学、乐学、会学的良好氛围，真正做到减负、提质、增效。

（作者：福建教育学院附属翔安第一小学 陈毓雅）

趣智“预设”呈精彩，“精准”定教显张力

“趣智课堂”的实施，要求教师先深入钻研教材，厘清知识发生和发展的脉络，并以学生喜闻乐见的方式呈现，体现数学之“趣”，让学生的学习之旅变得愉快，学习成果有“智”的呈现。预设和生成是有效教学不可或缺的两个方面，学生“智”的生成很多时候是预设的精彩。笔者就综合实践活动课“月历中的奥秘”为例，谈谈如何通过预设来践行“趣智课堂”的教学策略。

一、精趣入手，精彩课堂的基石

小学数学课堂预设的意义和价值在于，为孩子们提供一种全新的学习方式和思维模式。通过数学课堂的预设，孩子们能够培养自己的逻辑思维和分析能力，掌握数学的基本概念和技能。此外，数学课堂也能够帮助孩子们在学习过程中感受成功的喜悦和成就感。这些都将对孩子们的终身成长产生积极的影响，为他们未来的学习和职业发展打下基础。

例1：“月历中的奥秘”一课的引入环节。

师：创设情境，观察上个月月历，有五个星期天，本月则只有四个，为什么？

生1：这太不公平了，为什么会这样呢？

生2：月历上的数怎么会有这么多的规律？

生3：我发现30是7的4倍多2天，所以周一至周日，每个月至少有4次，有一

些有5次。

生4：有孩子说，在一个月中，周一的日期，后一个比前一个多7。

师：按惯例，分小组研究规律，然后讨论。

对于这些由大家一起寻找并提出的问题，寻找到答案，发现这个规律的孩子自然会急切地想告诉大家，而没有找到结果的孩子也会急于想知道到底这是为什么，自然也会期盼同学为自己揭开谜底，这样，每一个孩子都是非常投入的。看着孩子们满脸通红的样子，看着他们急切地想向大家分享自己的收获的心情，我突然感受到，讨论不应该是教师告诉孩子"现在大家讨论一下"这么简单，讨论其实就应该基于孩子自身的愿望，只有他们自己想交流，乐意和同学们探讨，才能出现有效的讨论。没有需要的学习、被动的学习，实在是我们数学教学应该避免和应该克服的。

二、精准施问：智已生，精彩课堂的燃料

问题是数学的心脏。数学课堂中，提出问题是基础，教师的精准施问，是帮助学生开展探究的路标。教学中教师要深入钻研教材，为学生搭设拓展思维的空间，使学生能从不同的角度进行分析，设计有辨析的问题，也就是说，提供探究的问题应当处于学生认知的最近发展区，让学生"跳一跳能够摘到果子"，使学生具备探究这个问题的能力，突破机械化的理解，让学生思维活起来。

例2：星期规律。根据"年、月、日"的知识我们知道，一个月最多有31天，最少有28天。因此，星期的规律有不少，在探索的时候，教师精准施问非常重要。

师：一个月最多有几个星期天？最少有几个星期天？

生：一个月最多有5个星期天，最少有4个星期天，不可能有3个星期天。这是因为一个月至少28天，而$28=4\times7$，至少有4个星期天。

生2：若该月的29日、30日、31日（或1日、2日、3日）出现星期天，那么这个月就有5个星期天。

生3：若该月的29日、30日、31日（或1日、2日、3日）没有出现星期天，那么这个月就有4个星期天。

生4：根据每周7天的规律，如果知道6月3日是星期天，那么，我们可以推

测若干天后是星期几。比如，6月27日，根据（27−3）÷7=3……3，可以推测6月27日是星期三。

师：同学们对月历中的数字的规律进行了研究，发现了其中的很多秘密。其实，除了他们发现的之外，月历中的数字还藏着一些其他的秘密。这些秘密到底是什么呢？有兴趣的同学课后可以再去研究。

生：呈现“节气”的调查报告。

师：接下来，我们来看看第二小组的研究成果。

第二小组代表介绍“节气”的有关知识。

在本课教学中，将“一个月最多有几个星期天，最少有几个星期天”这一富有挑战性的问题作为教学的核心问题切入，引导学生动手实践、自主探索，从而使学生明确探索的目的。这样，引导学生在探索中建构知识，使知识层层推进，不断地“引人入胜”，最后得出正确的结论。在这个过程中，探究活动因有挑战性的问题而变得曲折有效。

三、自主探究：趣智融，精彩课堂的核心

小学数学课堂自主探究的意义和价值在于激发学生的学习兴趣和主动性。通过自主探究，学生可以自主思考和解决问题，培养创新思维和解决实际问题的能力；自主探究也可以促进学生的自我发现和自我学习，培养他们的独立思考能力，激发学习动力。此外，自主探究还可以培养学生的合作与沟通能力，通过与同学们合作解决问题，促进互动与交流。这些都将对学生的学习成绩和终身学习能力产生积极的影响。

例3：月历中的数字规律。在探寻月历中的数字规律中，学生自主探究是趣智融合呈现精彩的地方。

学生分小组探究月历的奥秘，然后小组汇报。

生1：我们小组在研究中发现，月历中的数字有非常多的秘密，从大的方面来说，主要有数字规律和星期规律两种。下面我代表小组向大家汇报一下。

数字规律：以2012年6月的月历为例（如图8−5所示），我们可以发现有以下一些规律。

（1）每一个横排，相邻两个数相差1。

（2）每一个竖排，相邻两个数相差7。

（3）↘相邻两个数相差8。（如图8–5所示）

（4）↙相邻两个数相差6。（如图8–5所示）

（5）每一列上的数字除以7后余数相同。

（6）更奇怪的是，每个数上下的两个数和其左右的两个数相加的和相等。（如图8–5所示的8和22、14和16）

日	一	二	三	四	五	六
					1	2
3	4	5	6	7	8	9
10	11	12	13	14	15	16
17	18	19	20	21	22	23
24	25	26	27	28	29	30

图8–5　2012年6月的月历

表8–2　2012年6月月历上的数字除以7后对比表

第一列		第二列		第三列		第四列		第五列		第六列		第七列	
数字	÷7余数	数字	÷7余数	数字	÷7余数	数字	÷7余数	数字	÷7余数	数字	÷7余数	数字	÷7余数
										1	1	2	2
3	3	4	4	5	5	6	6	7	0	8	1	9	2
10	3	11	4	12	5	13	6	14	0	15	1	16	2
17	3	18	4	19	5	20	6	21	0	22	1	23	2
24	3	25	4	26	5	27	6	28	0	29	1	30	2

在这节综合实践活动课的教学中，教师给予学生应有的时间与空间，让学生自己去自由地思考，这样开放式问题下的自由，让学生产生了多种实用而创新的方法，激活了学生创新的欲望，使得问题最终迎刃而解；学生在这样的过程中，享受到参与的乐趣和思索的快乐，并获得成功的体验。一次成功的创新，将激励学生对未知执着地探求，敢于进入创新立异的新天地，才有了如此真实而精彩的课堂。

四、捕捉生成：智闪现，精彩课堂的火花

课堂的生成是无处不在的。小学数学课堂教师和学生捕捉学习的生成，其意义和价值在于挖掘学生的潜能和发展空间，激发他们的创造力和想象力。通过捕捉生成，学生可以根据已有的知识和技能，创造出新的想法和方法，拓展自己的思维和能力。此外，捕捉生成能够促进学生的强化学习，通过对错误答案和想法的分析，帮助学生深入理解和掌握知识点。同时，捕捉生成也是一种涵养学生主观能动性的方式，增强他们的自信和勇气，从而更加热爱学习。

例4：在活动中探索思路的时候，有这样的情境。

生：其实我觉得我们可以去调查市场上有多少种月历，年初我在商店中就看到挂历、台历、卡历这几种，为什么会出现好几种月历？大家比较喜欢怎样的月历？可以对这种情况开展调查，再把调查的结果告诉大家。

师：同学们想到的问题可真多呀，大家的想法都挺好的，要想把自己的想法变成最后丰硕的成果，首先需要制订比较严密的计划。

小学数学课堂的预设和生成相互关联，共同构成了丰富和有效的学习体验。预设为课堂提供了指导框架和学习目标，帮助学生建立起扎实的基础。而生成则是在预设框架下，鼓励学生发散思维、创造性思维和解决问题的能力。预设为生成提供了支持和引导的基础，而生成则通过激发学生的创造力、灵感和探索欲望，深化学生对知识的理解和应用。从“趣智数学”教学的角度出发，关注预设与生成，是事项由“趣”转“智”的渠道，这样的教学方式可以培养学生的逻辑思维、批判性思维和创新能力，充分发挥他们的潜能，使学习更加具有意义和价值。

（作者：厦门市新翔小学　郭静）

第九章 整理与复习

“四重”策略，提升学生素养

如何让复习课上得充满新鲜感和活力，展示“趣”实现“智”？笔者认为，“趣智”整理复习课要以学生的发展为本，引导学生自主整理，亲自经历知识体系梳理和建构的过程，才能使学生在复习中获得深刻的领悟和运用知识的方法。这样的复习课才能高效，才能由“趣”生“智”。

一、重整体梳理，引发学生系统整理之“智”

教师应以课程体系的全面视角看待复习课，引导学生对所学知识进行综合整理和深度探究。通过创设“趣”点，帮助学生对复习内容的知识点进行系统学习、迁移运用，在这样“趣”的复习过程中厘清知识脉络，梳理建构成知识网络，引发系统整理之“智”。

（一）以问题为“趣”，导引学生梳理知识

对复习的知识点进行精心设计，可以一个或者是几个相关知识点的问题为引，帮助学生在问题中进行知识梳理。

如教学“圆的整理与复习”时，“学过哪些平面图形？”这个问题帮助学生对已有知识进行回顾。“你认为哪种图形最特别？”这个问题鼓励学生比较所学知识。“看到字母r，你能想到关于圆的什么知识？”学生看到字母r时，脑海中会浮现出半径、画圆时圆规两脚间的距离及圆内无数条半径，在同圆或等圆中，半径的长度是相等的。此外，还可能联想到直径、圆的周长及面积等相关知识，将圆的知识点联系在一起。“研究圆的面积时是怎样推导的？其他平面图形是否还能被用来进行推导？”在学生积极参与讨论后，教师利用课件动态演示圆转化为平行四边形、梯形和三角形的过程，将圆的知识和平面图形的知识进行一个内在的勾连，促进学生的发散思维，引导学生在头脑中建构出平面图形知识间的纵横知识网络。

（二）以分类讨论为“趣”，导引学生串点连线

复习要有意识地引导学生将零散的知识和方法进行分类和罗列，确定合适的顺序进行排列，再进一步地提炼归纳，使之能清晰地发现知识与方法的本质和规律。

如教学“三位数乘两位数的整理与复习”时，可出示以下题目：602×41、300×29、520×18、306×20、340×40、531×29。分类讨论：从6个算式中至少找出能直接口算出结果的算式，同时思考是如何计算的。通过讨论分类，复习了口算的思路。接着对剩下的三道算式602×41、520×18、531×29进行二次讨论：“剩下的三道算式，谁的乘积最大？谁的最小？”这次讨论复习三位数乘两位数的估算。之后对1号算式602×41和3号算式531×29进行第三次讨论：主要对比精确值和近似值，以确定哪一个值更大。学生在这次讨论后明白了笔算和估算的不同之处和联系。最后将目光聚焦到2号算式520×18，最后讨论：你能利用这个算式中的五个数字，编写一道乘积比它小的三位数乘两位数的算式吗？这样创造了学生参与的问题场景，引发了一系列的讨论活动，使学生的大脑皮层始终保持在最活跃的状态，联系、类比、假设、验证等思维活动被有效地串联起来，自然将三位数乘两位数零散的、碎片化的知识点巧妙地整合，还引导学生从多个角度发现问题，去把握计算教学的数学本质。

（三）以绘制表格为“趣”，导引学生总结归纳

复习课教学中，教师引导学生将具有内在联系的知识点进行分析对比，逐渐疏通，使之串联起来，以列成表格的形式再现出来，实现复习“一点”就能掌握“一片”，延伸“一片”的目的。如教学“长方体和正方体的整理与复习”时，单元知识的内容特别多，可以通过绘制一个表格来梳理所学知识点，包括长方体和正方体的特征、表面积、体积、容积和常用计量单位等。其中，长方体和正方体的表面积、体积、容积梳理情况表见表9–1。

表9-1 表面积、体积、容积梳理表

知识点	表面积	体积	容积
意义	长方体或正方体6个面的总和	物体所占空间的大小	容器所能容纳物体体积的大小
计算方法	$S_{长}=2ab+2ah+2bh$ $=2(ab+ah+bh)$ $S_{正}=6a^2$	$V_{长}=abh$ $V_{正}=a^3$ $V=Sh$	同“体积” （从里面量）
常用计量单位	cm^2 dm^2 m^2	cm^3 dm^3 m^3	cm^3 dm^3 m^3 mL L
单位间进率	$1\ dm^2=100\ cm^2$ $1\ m^2=100\ dm^2$	$1\ dm^3=1000\ cm^3$ $1\ m^3=1000\ dm^3$	1 L=1000 mL $1\ cm^3=1$ mL $1\ dm^3=1$ L

这样的表格可以非常清晰地呈现知识点的结构，帮助学生通过对比来整理长方体和正方体单元的知识，并使之有系统性。

（四）以思维导图为“趣”，导引学生结构化思维

复习课也可有意识地指导学生对已学知识进行整合和扩展，以帮助学生进行结构化的思维训练。对于低学段的学生，可以适当引导他们用树状的简单思维导图形式来绘制，以形成简单的知识网络体系。而对于中高学段的学生，可以引导他们根据复习内容的特点，采用大括号、图表等层级稍复杂的思维导图形式来绘制。通过绘制思维导图，使学生能够把握单元知识间的内在联系和区别，从而实现认知的结构化。

二、重分析易错，促进学生反思悟道之“智”

学生在课堂活动中的状态，包括他们的学习兴趣，积极性，注意力，学习方式和思维方式，合作能力与质量，发表的意见、建议、观点，提出的问题与争论乃至错误的回答等，无论是以言语，还是以行为、情绪方式的表达，都是教学过程中的生成性资源。这就是说要把错误看成教学资源，让学生学会分析错误，在纠错、反思中感悟道理，领悟方法，发展思维，培养能力，实现创新，从而促进学生的全面发展，形成反思悟道之“智”。如教学“数的运算的整理与复习”时，要求学生提前整理错题。课上要求学生以小组为单位整理他们收集到的错题，分类和记录后进行讨论，分析错误产生的原因，并提出解决方案，以填补自己在计算上的这个漏洞。

错题剖析：①48 × 9.9=48 × 10+48 × 0.1=480+4.8=484.8，100.1 × 48=100 × 48−0.1 × 48=4800−4.8=4795.2。这两个错误的产生是因为在应用乘法分配律进行拆项时，没有注意到前后得数不变的规律，导致了原式的大小改变，从而产生了错误。解决方案：加强对乘法分配律的理解，并进行简便运算题训练，以提高应用乘法分配律的能力。②12.5 × 8.8=12.5 × 8 × 0.8=100 × 0.8=80。这个错误的案例混淆了乘法结合律和乘法分配律，是数感较差的表现，无法理解将8.8拆分为8+0.8或8 × 1.1。解决方案：加强辨析对比练习，并利用生活中的具体情境让学生理解运算性质。③1.25 × 8 ÷ 1.25 × 8=10 ÷ 10=1，0.32+0.68 × 5=1 × 5=5。学生简单地以为凑整就能达到简算的目的，没有仔细审题、考虑运算法则。解决方案：强调运算时应该遵守运算定律和法则，并多练习一些类似的“陷阱题”。

教学中这样富有挑战性的“看病治病”的任务，激发了学生解决问题的积极性，加深学生对知识的理解，有效锻炼了学生的数学思维，提高了学生的数学思考能力。

三、重层次复习，激发学生思维建构之“智”

为了避免学生对知识表面化、形式化的理解，加深学生对已学知识的理解，技能的形成，数学思想的掌握，数学经验的积累，使学习的能力有所提升，思维得以拓展，习题设计要有层次性。练习设计不仅要关注学生巩固基础知识和基本技能，还要确保数学思维在复习题中得到提升。为了学生的思维能贯通，需要对复习题进行分析、归类和精选，并进行广泛的变式练习来训练学生的思维，达到思维建构之“智”。

如教学人教版六年级下册“平面图形的周长和面积的复习”时，向学生展示一张长方形纸，并提出以下几个问题：①你想了解长方形的什么知识？②如何在这个长方形上剪取出一个面积最大的正方形？这个正方形与长方形之间有什么关系？③在这个正方形里剪下一个最大的圆，这个圆形和正方形之间有什么关系？学生通过实践操作，不仅巩固了长方形的测量方法，还复习了长方形、正方形和圆的周长、面积公式的推导、计算。同时，学生能有效地理解和应用长方形、正方形和圆的周长、面积之间的联系，从而达到知识内化。这一过程也有助于培养学生的辩证唯物主义思想，即事物之间存在相互关联的理念。

四、重综合应用，提升学生实践运用之“智”

数学各个知识点之间有着千丝万缕的联系，因此，习题设计要有思维价值，更要体现综合性，要追求旧中出新，给学生设置新的学习起点，这样才有利于学生对所学知识融会贯通、举一反三、触类旁通，提升学生实践运用之“智”。如教学“除数是两位数的除法的整理与复习”时，出示：456÷41，一是让学生估算和笔算。二是在小组内利用口算、估算、笔算以及商不变性质设计一个与本单元内容相关的数学问题；三是出示一组习题让学生选择哪个问题不能用456÷41进行计算，题目如下：

（1）六一儿童节，星星超市卖出A牛奶456瓶，是卖出娃B牛奶的31倍，星星超市卖出多少瓶B牛奶？

（2）小明从家跑到学校，用41秒跑了456米。请计算出他平均每秒跑多少米。

（3）李阿姨买了41米布，一共花了456元，每米布多少钱？

（4）一个长方形的周长是456米，宽是41米，长是多少米？

学生在进行计算、出题、选择等活动中，有机融合了动手操作、合作交流、辨析运用等学习过程，学生乐于参与、广开思路。这样具有针对性、综合性、开放性的设计，有利于提升学生的思维能力，学生的综合学习能力也会日渐丰厚。

总之，“趣智”整理复习教学，需要教师站在整个课程体系的视角下，指导学生根据本单元的复习知识点在教材、课程内容中的地位，进行系统的梳理，并且根据复习知识内容的特点创设趣点，引导学生主动将本单元的数学知识与其他整体的数学知识进行融会贯通，点拨学生在创新意识和发散思维意识增强的基础上，能够更好地掌握数学的逻辑性，转“趣”成“智”。

（作者：厦门实验中学　张荣美）

“五趣”教学，提高复习效能

复习课是小学数学课堂中不可或缺的课型，要求学生在复习课中查漏补缺，自主建构知识网络，能够整理、对比、分析、反思，进一步发展应用意识和创新意识。而“趣智”教学是利用生活中的数学、有趣的数学现象，激发学生的求知欲望，构建充满趣味的学习环境，进而提高学习效率。

一、知趣学习，学习单式整理复习

学习单是在不同时机，对不同学习任务进行设计的一种辅助工具，能促进学生的自主学习，让学生积极主动地融入数学学习中。《义务教育数学课程标准（2022年版）》指出，学生的学习应是一个主动的过程……动手实践、自主探索、合作交流等是学习数学的重要方式。学生借助学习单在动手操作和自主探究的过程中去复习，掌握基础的数学知识和基本技能。学习单，让数学教学从教师的教转向了学生的学。

如教学五年级下册“长方体和正方体”时，根据学情、课标、教材，制订一份单元复习单。活动任务一，搭建一个长方体或正方体的框架，学生在动手搭建的过程中，重新感悟、梳理长方体或正方体棱、面、顶点的特点。活动任务二，通过重新搭建不同大小的长方体，感悟改变长方体的长、宽、高，长方体的大小也会发生变化，并且相对应的面也会发生变化。在重新搭建的过程中，感悟到立体图形本身的变与不变。活动任务三，旨在让学生在测量、计算的过程中，重新理解容积和体积的概念，去辨析容积和体积的相同与不同点。活动任务四，通过再次搭建一组棱长和一样的长方体和正方体，再次感知多个立体图形中的变与不变。在搭建前先提问学生：“棱长和一样的长方体和正方体，它们的体积和表面积一样吗？”通过再搭的过程，学生的难点能够得到突破。在三次搭建长方体、正方体框架的过程中，辨析知识、理解知识。“长方体和正方体”复习单如表9-2所示：

表9–2 “长方体和正方体”复习单

班级：______ 姓名：______ 座号：______

<table>
<tr><td colspan="2">学习目标：
1. 知道长方体、正方体的特征，了解图形的展开图，探索并掌握这些图形的体积和表面积的计算公式。
2. 经历动手操作的学习过程，进一步形成量感、空间观念和几何直观。
3. 感受数学图形与实际生活的联系，体会数学知识在日常生活中的应用，提高学习数学的兴趣。</td></tr>
<tr><td>学习活动</td><td>过程性评价标准</td></tr>
<tr><td>活动一：择1组细木条，做一个长方体框架
①4根5 cm的细木条，5根4 cm的细木条，5根6 cm的细木条。
②12根6 cm的细木条。
③6根3 cm的细木条，6根4 cm的细木条。
④4根2 cm的细木条，3根4 cm的细木条，5根5 cm的细木条。
10个三通接件、10个二通接件
1. 你选择哪组？说明理由。
2. 在搭建长方体框架的过程中，你有什么发现？</td><td>1. 我能根据长方体棱的特征，搭建长方体框架。
2. 我能掌握长方体、正方体棱的特征。
我能得______☆</td></tr>
<tr><td>活动二：任意挑选细木棒，拼成不同的长方体
1. 在搭建不同的长方体框架的过程中，你发现了什么？
2. 选取一个长方体框架，利用硬纸板围成长方体，你发现了什么？</td><td>1. 我能明确长方体、正方体的大小和棱有关。
2. 我能掌握长方体、正方体的特征。
3. 我能辨认长方体、正方体的展开图。
我能得______☆</td></tr>
<tr><td>活动三：计算长方体的体积、表面积和棱长
1. 选择你搭建的长方体框架，计算它的体积、表面积和棱长。
2. 选择你搭建的长方体框架，计算它的容积。
3. 你是如何辨别长方体的体积和容积的？</td><td>1. 我会计算图形的体积和表面积。
2. 我会计算容积。
3. 我能区分物体的体积和容积。
我能得______☆</td></tr>
<tr><td>活动四：搭建一组棱长和一样的长方体和正方体
1. 计算长方体和正方体的体积。
2. 计算长方体和正方体的表面积。
3. 说说你的发现。</td><td>我能用简练的语言说出我的发现。</td></tr>
</table>

学生自评如表9-3所示：

表9-3　学生自评表

学生自评	
同学们，这节课的学习结束了，根据上面的评分标准，每个标准1☆，通过本节课的学习，你收获了多少☆呢？	我能得______☆

当然，学习单还可以设置“我的补充”“我的疑惑”，对单元的学习单进行提升，将单元不理解的内容进行完善总结。

二、乐趣探究，导图式整理复习

思维导图是一种表达放射性思维图形的工具，运用方法简单且具有极佳的教学效果。它既能在绘图过程中激发学生的复习兴趣，又能注重学生的自主梳理和知识结构的建构。

导图式整理复习策略，分两个阶段进行。一是课前，制订单元主题，学生绘制思维导图。二是课上，课上分为说图、评图、改图三个步骤，学生解说自己的思维导图，说出绘制时的想法，以及这些知识的关联、补充点；课堂生生互动，及时给予更多同学机会，进行评图，评析这幅思维导图的优缺点，以及需要补充的地方；最后进行改图，集思广益，绘制一幅完整、系统的单元知识思维导图。

如绘制五年级下册“分数的意义和性质”的思维导图。将支干分为意义、性质、分类、约分、通分。绘制思维导图不光是知识点的整理，更重要的还有方法的归纳，如通分、约分的方法。学生通过再现、整理、修改，让知识重新洗牌，分类重组。

思维导图在整理与复习课的教学中，给学生提供新的学习方式，有助于学生提升学习兴趣，提升知识整理的能力，改善创新、批判、质疑的思维品质，感受数学整理与复习的魅力。

三、理趣思考，问题串式整理复习

《义务教育数学课程标准（2022年版）》指出，要引导学生在真实情境中发现问题和提出数学问题，利用观察、猜测、实验……方法分析和解决问题。

问题串是以教学目标为核心，结合学生的实际情况和具体的教学内容所设计的一系列具有逻辑结构的问题。以问题串为主的复习课，设置的问题要具有启发性、系统性、层次性。

以人教版五年级下册“折线统计图”为例，设置如下九个问题：

（1）根据这两条信息（表9–4、表9–5），你会怎么提问题？

表9–4　明朗数学不同单元的成绩

明朗的成绩	第一单元	第二单元	第三单元	第四单元
	89.5	91	85	95

表9–5　明朗不同学科的成绩

明朗的成绩	语文	数学	英语	科学
	92	93	85	98

（2）假如你是明朗，你理想中的数学成绩是怎样的？请在折线统计图上表示。

（3）观察这些同学的折线统计图，你有什么想法？

（4）折线统计图的变化趋势除了上升、下降，还会有其他情况吗？

（5）看图9–1，你对明朗的成绩做出怎样的评价？

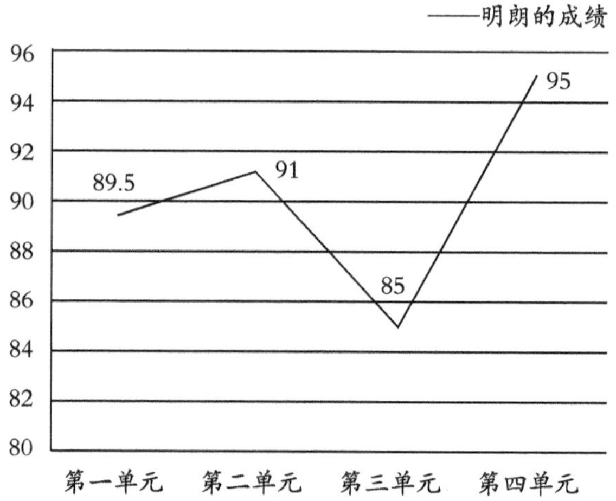

图9–1　明朗数学不同单元的成绩

（6）很多同学说明朗第三单元的数学成绩不理想，但他说第三单元他可是班里考得最好的。你想知道其中的原因吗？

（7）图9–2可能反映什么情况？说明你的理由。

（8）如果这幅折线统计图（图9–2）表示甲、乙两地全年各月平均气温统计图，你知道甲地和乙地分别是哪里吗？

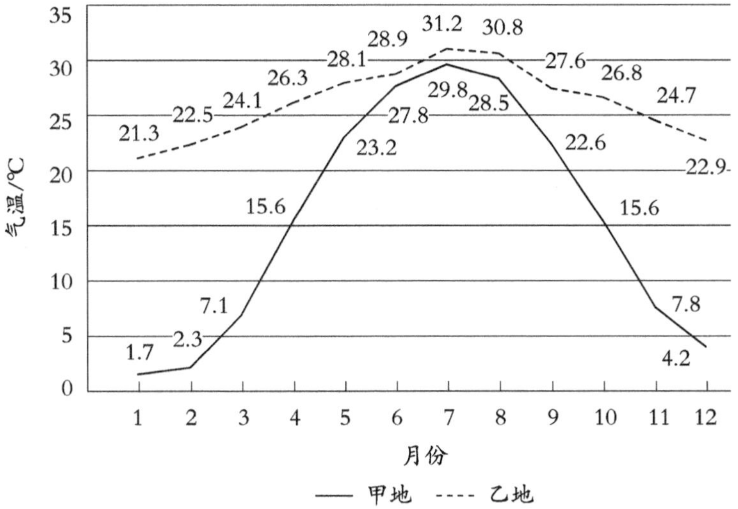

图9–2　甲、乙两地全年各月平均气温统计图

（9）有一种水果的生长期是五个月，最适宜的生长温度是15摄氏度到25摄氏度，这种水果适合在哪个地方种植？说明理由。

整节课将九个问题设计成具有递进逻辑关系的问题串，让学生体会到统计图的特点，体会到整理与复习课的好玩和有趣，以及知识理解上的深度与厚度。

对于问题串整理复习的策略，不仅可以通过教师提问题，也可以让学生自主提问题。如教学人教版五年级下册"长方体和正方体"，选取长方体鱼缸作为贯穿全单元的母体，在不增加任何条件时进行提问并解答。如有学生提出："这个鱼缸的棱长和是多少？""做这个无盖鱼缸需要多大的玻璃？""鱼缸的占地面积是多少？""鱼缸的侧面积是多少？""鱼缸能盛多少水？"只增加一个问题进行提问，"鱼缸中的水高3厘米，求水的体积。""鱼缸中的水高3厘米，求鱼缸还可装水的体积。""水高3厘米，求水与玻璃接触的面积。""水高3厘米，求玻璃内壁与水未接触的面积。""加水60升，求水面上升的高度。""加水60升，求水面距离玻璃缸口的距离。"旨在让学生在复杂的生活情境中能够提出并解决问题。不论是学生的提问还是教师的提问，都是为了调动学生的兴趣，提升学生学习的能力。

四、智趣实践，主题式整理复习

《义务教育数学课程标准（2022年版）》提出，要注重数学知识与方法的层次性和多样性，适当考虑跨学科主题学习。如教学人教版五年级下册“长方体和正方体”，选取“感恩节为父母准备礼物”的生活情境，将生活情境划分为五个任务，如图9–3所示：礼物盒的制作、礼物盒的包装、礼物盒的装饰、礼物有多大、礼物的邮寄，让学生逐一解决生活中的问题，将数学活动贯穿于整个单元的整理与复习中，充分体现单元复习的整体性、趣味性、生活性。构建数学与综合实践的主题相勾连的整理与复习课，来打破学科间以及跨学科的整合，打破学科间的界限，进行大单元的整理复习的设计，实现了真正的复习。

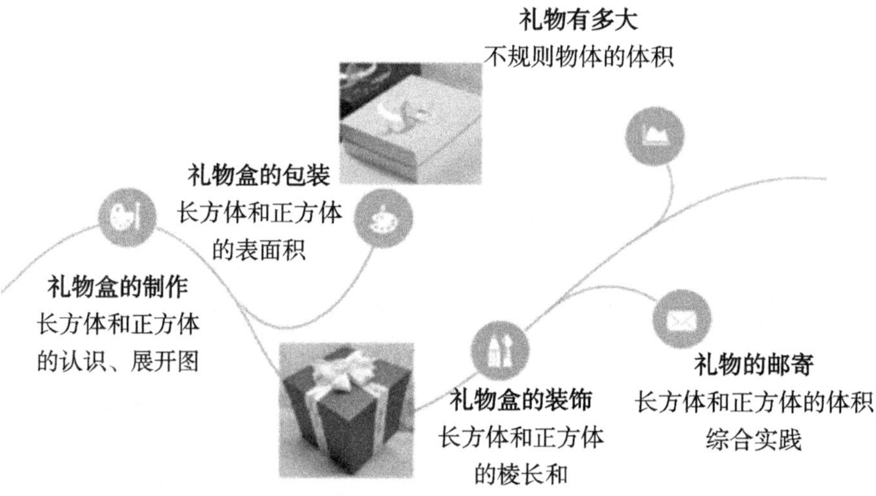

图9–3　感恩节为父母准备礼物，我们需要做些什么？

五、慧趣竞赛，游戏式整理复习

小组游戏竞赛法是将学生感兴趣的游戏与富有挑战性的竞赛有效结合在一起，既能对单元知识进行梳理，培养学生的学习能力与兴趣，又能有效地调动学生的积极性。课堂上可以设置四个环节，基本测试题、小组必答题、合作探究题以及抢答题。如教学“因数与倍数”时，设置如“36的因数有哪些？”“6的倍数有哪些？”“30和36的公因数有哪些？”等基础题。小组必答题按照由易到难分为四个梯度，针对不同层次的学生设计不同难度的习题。合作探究题可设置故事情境题，如利用和的奇偶性解决故事中的数学问题。学生乐意接受这样的数学活动，提高了学生对复习的兴趣。

在整理与复习教学中，教师应注重引导、适当渗透，引发学生自主地复习。将复习与“趣智”融为一体，用趣味代替无味，用智趣引领思考，解决复习难题，提高学生复习效率。

（作者：厦门市同安区官浔小学　黄凯悦）

“整合”习题，促进思维跃升

发展型复习课是以发展学生能力，如空间观念、思维能力、分析解决问题能力等为目的的复习课。发展型复习课是对学生已学思维方法的再认识和提高强化，在掌握要求、练习的设计上要注意各种能力层次的搭配，让学生有选择的余地，使各类学生都能自由地发展。美国心理学家、教育学家布鲁纳说：“学习的最好刺激，乃是对所学材料的兴趣。”关于圆的有关知识的整理和复习，笔者精心设计，努力践行“趣智数学”的教学主张。整节课借用一根铁丝让学生想象，或折，或弯，或转，润物细无声般地梳理了圆的有关知识，撬动学生思维，让学生思维跳跃式前进。合理利用教学材料，培养学生数学思维方式，通过学生自主比画、对比、想象、思考、辨析等活动过程，教给学生的是思考的过程和学习的方法，锤炼了学生的数学品格，提高了学生解决问题的能力。

一、无痕导入，兴趣源于注意

“只要给我一个支点，我就能撬起地球。”课前交流时，出示阿基米德说的这句话，学生觉得这话说得很霸气，明白了只要时机、方法选择得好，就可以取得难以想象的效果；同时也感受到了知识的力量和科学的威力。笔者指出，现在这句话被一些年轻人赋予新的意义，是指只要给我一次机会，我会创造一个奇迹。带着这份油然而生的学习激情，学生很容易从地球联想到自己学过的平面图形圆。笔者出示一根铁丝，幽默风趣地说：“老师给你们带来了一根杠杆，看看你们能创造什么奇迹？”兴趣源于关注，注意是产生兴趣的开始和保证，而觉察是兴趣发生的逻辑起点。学生对那根铁丝感兴趣，他的认知倾向就转化成求知欲，从而成为其持续学习的动力。

二、比画想象，发展空间观念

问题的提出往往能引发学生的思考，而学生愿意主动思考就有了探究学习的乐趣。从“你能用一根铁丝得到一个圆吗？”让学生比画、想象可以把这根铁丝直接弯曲成一个圆，这根铁丝的长度就是这个圆的周长；也能以铁丝的一端为圆心，旋转一周成为一个圆，这根铁丝就是圆的半径；还可以绕着铁丝的中心点旋转一周，这根铁丝就是这个圆的直径。再到用一根铁丝或折或曲或转，想象得到半圆、扇形、圆环。特别是让学生猜一猜——“能不能用这根铁丝得到圆环呢？”学生刚开始都觉得不可能，都想把铁丝折成两段。笔者温馨提醒大家可以在脑子里把铁丝转一转、折一折，鼓励学生“想象有时候比眼见的更有趣”。笔者更是耐心等待，成就学生安静地思考、充分地交流和有理地表达。

生1：如图9-4所示，以铁丝的任意一点为圆心，只要不是以中心点为圆心旋转一周，铁丝两端都能形成一个圆，这样就有两个圆，就是一个圆环。

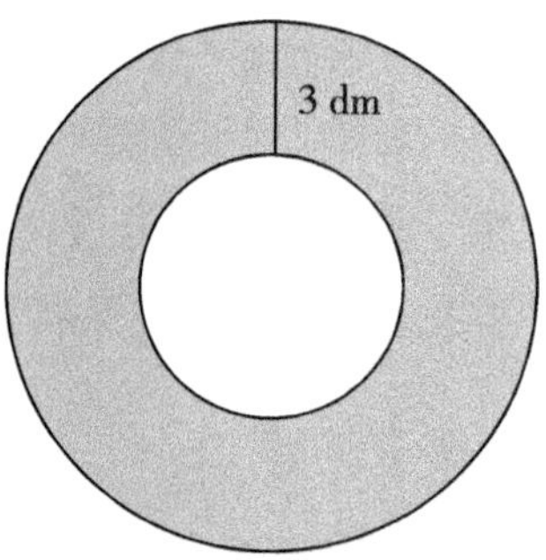

图9-4 圆环

生2：可以把铁丝折成“L”形。以折点为圆心旋转一周，两端都能得到一个圆，这就是一个圆环。

想象可比眼见的更奇妙。要不然，学生们对圆环的理解就是大圆里面去掉一个小圆，学生在比画、想象运动轨迹的过程中发展了空间想象能力。

三、对比理解，灵活思维方式

让学生观察、发现、总结，就会提升他们的解题能力。（笔者将用铁丝在空中旋转一周，让学生猜一猜“铁丝扫过的面积是什么图形”）学生猜出后，把形成圆环的动态过程生动形象地显示在屏幕上，哦！原来铁丝的长度就是圆环的环宽。一般圆环的题目老师都会让学生解决面积问题，可笔者不一般。出示环宽是有理由的，要让学生求大圆和小圆的周长差，而且不仅仅是让学生得到答案，还要看看谁的方法更巧妙！学生解法如下：

解法一：假设小圆直径为2分米。

$3.14\times2\times(2+3)-2\times3.14\times2=2\times3.14\times3=18.84$（分米）

解法二：假设小圆直径为r分米。

$3.14\times2\times(r+3)-2\times3.14\times r=2\times3.14\times3=18.84$（分米）

解法三：$2\pi\times3$。

让学生观察、比较、思考后，总结出了“两个环形的周长差=2π×环宽”。学以致用，其乐无穷。那知道圆环大周长和小周长的差在生活中有什么用处呢？笔者适时出示田径赛场跑道的站位，自由过渡到下一个环节，出示笔者参加马拉松的照片，适时渗透思想教育，鼓励学生多运动：锻炼令我们精力充沛，帮助我们更好地工作。运动不仅带来健康，更蕴含许多哲理和精神内涵。

四、开放设计，提升核心素养

学生的学习，是一个不断形成的激发学习需要和动机的过程。笔者将抽象的、严谨的数学知识融入生活实际中，调动了学生的好奇心，使学生情绪高昂、智力振奋。“那能不能用这根铁丝折成一个正方形？”学生跃跃欲试，大声喊：“能！”“肯定能！”笔者再次点拨学习方法，鼓励学生注意倾听、学会思考。“不经大脑就轻易回答可不好啊！到底行不行？”“老师要给这张照片做个正方形相框，在头脑里用上这根铁丝，结合圆的有关知识，看看能不能折出一个面积是8平方分米的正方形。可以在本子上画一画，待会儿请你们来展示！”

一静下心来，学生觉得“上当了”“好难”。“挑战不可能，你就是牛人。”笔者鼓励性的语言，让学生“动”了起来，汇报如下：

生1：先画一个半径为2分米的圆，然后画任意一条直径，再过圆心画一条直径与前条直径垂直，依次连接它们分别交于圆上的四个点，则得到的正方形面积为8平方分米。

生2：画两个斜边为4分米，斜边上的高为2分米的直角三角形，斜边重合就能得到一个面积是8平方分米的正方形。

……

下课铃声响了，学生们意犹未尽。“温故而知新”这句话不只出现在黑板上那么简单。如果把学生们掌握的知识比作小圆，老师掌握的知识看作一个稍大一点的圆，那么圆的外面就是我们所未知的世界。这样的复习课，就是让学生在牢固地掌握旧知的基础上去挑战更多未知的世界。一节课，不可能包罗万象，关于圆的知识还有待于学生们回去继续整理。

整节课，学生兴趣盎然。最理想的学习就是这样，让学生忘了自己是在学习。学生在经历数学思想的熏陶后去感受和理解数学，对知识的理解会超越机械化的水平，达到领悟的程度，让课堂洋溢着情趣，充盈着理趣。

（作者：厦门市翔安区教师进修学校附属小学　吴嫦云）

下篇

基于“趣智课堂”的教学设计

第十章　数与代数

类比建模，融算理与算法

——“多位数乘一位数的笔算乘法”教学设计

【教学内容】

小学数学人教版三年级上册P60。

【趣智思考】

类比建模是用已知的事物或知识来类比学习陌生的知识，主要通过知识内容、知识结构、研究方法的相似，让学生通过类比已有的数学知识、研究方法、研究策略，主动对新知识进行探究，最终采用规范的数学语言，去抽象地、概况地表征所研究对象的主要特征、关系，从而形成一种数学结构。因此，从学生已知出发，让学生经历关联、建构、融合的过程，才能促进对知识的整体认识。“乘法”内容编排如下：第一阶段是表内乘法，它是乘除法学习的基础；第二阶段是整数乘法，需要分解成多步表内乘法计算；第三阶段是基于整数乘法的变式运用，可以运用转化思想打通关联，方法与形式都类似。可见，整数乘法具有承上启下的作用，一旦学生掌握了它的精髓，小数乘法、分数乘法也将触类旁通。“多位数乘一位数的计算”是笔算乘法的起始课，具体内容见表10–1：

表10–1　多位数乘一位数的计算分析表

单元模块	课时顺序	内容	例题
口算乘法	1	整十、整百数乘一位数的口算	20×3
	2	两位数乘一位数的口算	12×3
笔算乘法	3	两、三位数乘一位数（不进位）	12×3
	4	两、三位数乘一位数（一次进位）	16×3
	5	两、三位数乘一位数（连续进位）	24×9
	6	一个因数中间或末尾有零的乘法	604×8 280×3
	7	综合运用乘法解决问题（估算）	—
	8	综合运用乘法解决问题（“归一”问题）	—
	9	综合运用乘法解决问题（“归总”问题）	—
	10	整理与复习	—

学生之前已经学会了借助加法、表格、点子图等多种表征形式口算两、三位数乘一位数的乘法，并且知道了把两位数拆成整十数和个位数分别与一位数相乘的方法最方便。本单元的第3、4课时是重点解决乘法竖式计算的方法，是本单元的核心内容，第5、6课时是重点形成乘法竖式计算的技能和技巧，第7～9课时是运用乘法解决实际问题。基于以上分析，笔者认为可以通过内容整合帮助学生建构“乘法竖式模型”。因为第3、4课时的不进位、一次进位乘法竖式结构相似，方法一样，一起教学更能打通口算方法与竖式的关联，更能沟通乘法竖式的算理与算法，更能理解乘法竖式的运算顺序，所以将其整合为一个课时并拓展到多位数乘一位数。因为教材没有再安排四、五位数等多位数乘一位数的乘法，但它们的算理和算法是相通的。拓展延伸，一脉相承，更能促进“乘法竖式模型”的建构。

【教学目标】

1. 体会多位数乘一位数的笔算乘法的意义，在理解乘法竖式的算理的基础上掌握算法。

2. 在学生自主探索和说理交流的过程中，建构乘法竖式计算的模型，发展学生的运算能力。

3. 体会数学与生活之间的联系，感悟数学学习的阶梯性与必要性，激发学生探究的兴趣。

【教学重难点】

1. 掌握多位数乘一位数的笔算乘法的算法，构建乘法竖式计算的模型。

2. 理解多位数乘一位数的笔算乘法的算理。

【教学过程】

（一）组织前测，分析学情

1. 学生完成下列前测练习

（1）12×4=？你会计算吗？（请在相应选项上打“√”）

A. 会　　　　B. 不会

（2）如果会，你会用什么方法来算？请把你的方法写下来。

2. 教师收集数据后进行分析

设计意图：课程内容的呈现要充分尊重学生的年龄特征和认知规律，因此，通过“前测”获取数据，可以有效地分析出班级学生的知识水平，并基于此调整本节课的教学活动。

（二）沟通关联，类比明理

1. 经验唤醒，方法多样

出示要求，收集信息：12×3，你会计算吗？把你的计算过程呈现在学习单上，如图10-1所示。

$$\begin{array}{r} 1\ 2 \\ \times\quad 3 \\ \hline 3\ 6 \end{array}$$

2×3=6
10×3=30
30＋6=36

×	10	2
3	30	6

30+6=36

图10-1　12×3学习单

2. 组织汇报，猜想发现

（1）组织汇报。

生1：第一种方法，3乘个位上的2，2×3=6，3乘十位上的1，3×10=30，所以是36。

生2：第二种方法是2×3=6，10×3=30，30+6=36。

生3：第三种方法是，画一个表格，把12拆成10和2，10×3=30，2×3=6，30+6=36。

（2）理解算理：你能在竖式中找到这三步吗？30+6=36这一步去哪儿了？

（3）重列竖式，再次展示。

$$\begin{array}{r} 12 \\ \times\ \ 3 \\ \hline 6 \\ +\ 30 \\ \hline 36 \end{array} \qquad \begin{array}{r} 10 \\ \times\ \ 3 \\ \hline 30 \end{array} \qquad \begin{array}{r} 2 \\ \times\ \ 3 \\ \hline 6 \end{array} \qquad \begin{array}{r} 30 \\ +\ \ 6 \\ \hline 36 \end{array}$$

设计意图：乘法竖式的展开形式对于学生来说是陌生的，但在理解竖式每一步的含义时，又需借助竖式的展开形式与口算方法进行沟通联系。因此，利用课堂自然生成的资源，让学生在对比中思考：竖式中的30+6=36这一步去哪儿了？从而引导学生写出乘法竖式的展开形式，进而理解乘法竖式每一步的含义。

3. 对比关联，沟通算理、算法

自主探究，完成学习单。

（1）圈一圈：在点子图中分别圈出竖式中的6、30、36。

（2）连一连：竖式中的6、30、36分别是怎么得到的？与其他方法连一连。

（3）说一说：与同桌说一说12×3的计算过程。

汇报交流，勾连各方法之间的联系，形成如图10-2的反馈：

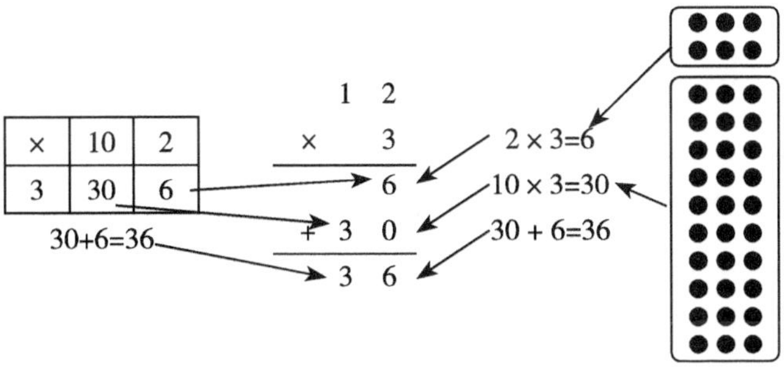

图10-2　勾连各方法之间的联系的反馈图

设计意图：对于竖式计算的学习，绝大多数学生更关注计算方法和结果，没有真正地理解算理，这也会导致他们对于运算的学习流于表面，最终影响深层数学思维的发展。因此，要把重点放在理解算理上。首先，在圈一圈、连一连中，主动将多种方法形成关联，数形结合，直观鲜明，学生不仅明白了“6为什么写在个位上”“3为什么写在十位上”“为什么3乘个位上的2后，还要再乘十位上的1”等教学重点问题，又体会到这些方法看起来好像不同，但仔细思考，其中的道理其实是一样的，最终内化对算理的理解：无论是哪种方法，都能找到口算方法中的三步，都是用一位数分别去乘两位数的个位和十位，再把所得的积相加，即“先分后和”。

4. 优化算法，理解内涵

（1）对比展开式和标准式。

（2）优化算法：两种不同的形式都可以解决问题，你更喜欢哪一种？

设计意图：在交流中，学生知道了展开形式比标准形式多了一个加法运算的过程，由于有位值制，所以可以把两步合成一步，变成了标准式。学生亲身经历了从乘法竖式的标准式到展开式，又回到标准式的过程，感受到乘法竖式标准式是简化、优化后的算法。在两次沟通关联中，实现了类比明理，即理解了竖式的内涵。

5. 融会贯通，类比建模

（1）导语：在辨析中，我们认识了多位数乘一位数的笔算乘法，愿不愿意接受挑战？

（2）练习：12×6。

$$\begin{array}{r} 1\ 2 \\ \times\ \ _{1}\ 6 \\ \hline 7\ 2 \end{array} \qquad \begin{array}{r} 1\ 2 \\ \times\ \ _{1}\ 6 \\ \hline \cancel{6}\ 2 \\ 7\ \ \ \end{array}$$

（3）评析：这个“7”是怎么来的？你能结合点子图圈一圈、说一说吗？

（让学生在点子图中圈一圈、画一画，并说一说竖式中的“7”是怎么来的。）

设计意图：基于前测的结果，发现学生完成13×4（进位）的正确率与12×4（不进位）几乎一样高，说明学生的现实起点适合跨步走。在圈一圈中深刻理解6个十加上进位上来的1个十得7个十。突破了进位“1”的学习，增进了对算理的深刻理解。

（4）算法小结：观察12×3和12×5的算法，说一说多位数乘一位数的笔算乘法该如何计算。

（三）泛化类型，丰富外延

完成课后练习：在方框中填上合适的数。

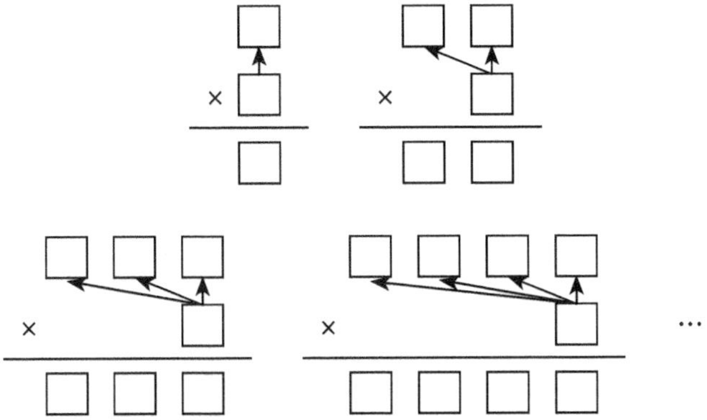

设计意图：教材没有安排四、五位数等多位数乘一位数的乘法，而学生有能力将两、三位数乘一位数的竖式计算方法迁移到多位数乘一位数。可以利用“迁移类比”，在此基础上进行优化、归纳，形成一般方法，帮助学生建立数学模型。

（四）总结全课，升华智慧

师：本节课同学们认识了乘法的竖式计算，谁来分享一下你的收获？

设计意图：通过学生对整节课知识的回顾，梳理本课所学的知识，帮助学生搭建知识框架，同时也培养他们的表达及归纳整理能力。

（作者：厦门市翔安区教师进修学校附属小学　吴渝淞）

数形结合，多元表征，探寻本质

——“小数的意义”教学设计

【教学内容】

小学数学人教版四年级下册P32～33。

【趣智思考】

1. 小数的意义的精准定位：一是小数就是十进分数，理解小数和分数的联系。小数是分母为10、100、1000……的一类特殊分数。二是小数是整数1不断细分的结果，是十进制计数法的延续。理解小数和整数的联系。三是小数的细分是为了表示得更精确。追求精确需要产生更小的度量单位，由此产生更小的计数单位，从而完善学生对“数概念”的认知结构。教学时借助学生熟悉的“元、角、分”的生活原型建立联系，利用几何直观模型建立小数与十进分数的联系，直观认识小数的计数单位0.1、0.01、0.001……体会小数的意义。通过变换不同的模型，使学生体会只要符合平均分成10、100、1000……份，其中的1份或几份都可以用小数表示。借助数轴，沟通整数、小数和分数，体会小数的无限性，利用学习的小数意义来解释生活中的小数。

2. 概念教学设计趣智交融：通过“运动获得红包”吸引学生的兴趣和注意力，接着数形结合，利用涂色在正方形里表示0.1元，让学生明白整数1十等分后每一份就是0.1，0.1也是十分之一，初步建立整数与小数、小数与分数之间的联系。理解小数的意义是本节课的重难点，从每日运动红包延伸到一周红包，让学生猜测不完全露出的正方形涂色部分表示的红包钱数，再次激起学生探究的欲望。接着让学生思考如何用小数表示出涂色部分，通过学生的观察、操作、抽象、概括、对比分析概念的本质，对话思辨两位小数的意义。利用知识的迁移学习三位小数，合情推理出四位小数以及更多位小数所表示的意义，学生的极限思维及合情推理能力得到发展。同时让概念表征更加多元，从正方形—正方体—数轴，最终得出小数的意义，小数与分数、整数的联系，拓展数轴上的知识。最后设计猜身高、百米飞人比赛成绩活动，让学生充分感受到学习小数的价值——为了精细化表达，感受有用的数学，体验数学的魅力。

【教学目标】

1. 借助生活化模型和几何模型理解0.1、0.01、0.001的意义。
2. 借助直观图沟通整数与小数、分数与小数之间的关系。
3. 经历探索小数意义的过程，培养学生的迁移、类推能力，发展数感。

【教学重难点】

1. 理解小数的意义，体会数概念本质的一致性。
2. 建立小数的数学模型，形成系统的十进制思想。

【教学过程】

（一）创设情境，唤醒数学现实，初步感知

1. 创设红包情境，激发学习兴趣

打开计步软件，步行第一天获得运动红包，打开红包出现0.1元。

师：这是一个什么数？0.1元是多少钱？（0.1是一个小数，0.1元是1角）

设计意图：创设生活中学生熟悉的红包情境，激发学生的学习兴趣。

2. 借助正方形模型，感知小数意义

（1）感知：如图10–3所示，用正方形表示1元，0.1元可以怎么表示？0.1元可以用哪个分数表示？

（2）引申：出示2份用哪个小数表示？0.2表示几分之几？

（3）举例：在这个正方形里，空白部分可以用哪个小数表示？

（4）提炼：你还能说出类似的小数吗？里面有几个0.1？

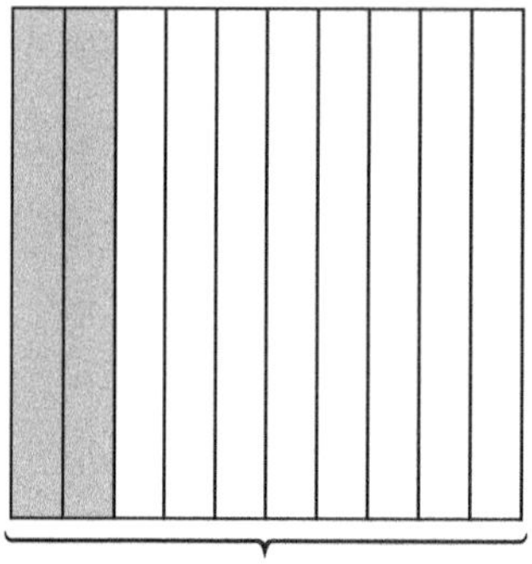

图10-3　表示1元的正方形

小结：这些小数小数点后面只有一位，这样的小数就叫作一位小数。一位小数表示什么？

设计意图：通过直观的面积模型，用1来表示正方形，1就是整数的计数单位，将整数“1”平均分成10份，得到了 $\frac{1}{10}$，用小数表示即为0.1，直观感受到一位小数就是“1”的细分，再通过用分数和小数表示阴影部分，说出含有几个0.1，理解小数的意义。

（二）经历活动，思辨小数意义，建构模型

1. 体验真实生活，创造两位小数

（1）猜想：如图10-4所示，猜猜涂色部分表示多少元。

图10-4　猜涂色部分价值

师：连续走路7天，获得一个一周红包奖励，猜猜这个红包会是多少钱。

将红包钱数转化成正方形涂色部分，藏在信封后面，只露出一部分，猜猜是多少。

交流：

① 涂色部分是7列，所以表示0.7。

② 不一定是0.7，因为有一部分被遮住了。

③ 这个数一定在0.6到0.7之间。

（2）推测：完全露出来，如图10-5，现在你认为是多少？发现大家猜的都在谁和谁之间？

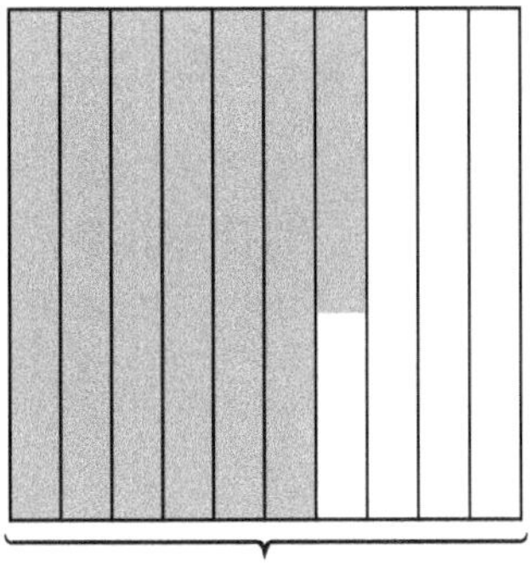

图10-5　猜涂色部分价值区间

设计意图：出示被遮住的正方形，让学生回答表示多少，学生会说出两种情况，当把图展现出来时，不急着让学生去研究到底是多少，而是先猜可能是多少，建立区间意识。第三步再让学生合作交流，在图中表示出来，借助图直观地理解两位小数的含义以及计数单位之间的进率。

（3）思路探寻：你能用小数表示出涂色部分吗？（独立思考、动手操作、小组交流、展示汇报）你是怎么想的？把谁平均分？平均分成几份？

小组交流：两种方法（把0.1平均分成10份，1份是0.01；把1平均分成100份，1份是0.01）

引导观察：两种不同分法，分得的1小格都表示什么？增加1小格后可以用哪个小数表示？再增加1小格呢？（0.67、0.68）

设计意图：首先让学生有一个独立思考、尝试、创造、发现的过程，然后通过对比分析，理解小数的概念本质，再进行对话思辨，追问概念本质。让学生在“做”和“思考”的过程中积淀，由可视的“形”认识抽象的“数”。

（4）读数：会读两位小数吗？介绍小数读法。学生读一读黑板上的两位小数。

小结：还能说出其他这样的小数吗？两位小数表示什么？

设计意图：在列举小数例子的过程中，初步体会小数计数单位的作用，通过自主探究的形式，培养学生多角度思考问题的意识。

2. 迁移探究方法，理解三位小数

（1）迁移推理三位小数的意义：三位小数是怎么产生的？三位小数表示什么？

（2）体验生活中的三位小数：出示购物小票，商品的净含量0.898 kg，说说0.898表示多少。

（3）拓展探究多位小数的意义：四位小数呢？还能想到什么？（四位小数表示万分之几……）

3. 聚焦新旧联系，建构小数模型

（揭示课题并板书）

讨论交流：小数和分数之间有什么联系呢？

设计意图：前面有了学习一位小数、两位小数的经验，现在可以利用知识的迁移学习三位小数，合情推理出四位小数以及更多位小数所表示的意义，学生的极限思维及合情推理能力得到发展。

（三）丰富表征，抽象数学概念，感受精分

1. 平面正方形→立体正方体

（出示三个正方体，学生判断后贴在黑板上）

当正方形变成正方体，你还能想到几位小数和几分之几吗？

2. 以课堂评价，促意义深化

（学生独立完成后班内交流）

如图10-6所示，下面每个图形都表示整数“1”，把涂色部分用小数表示出来。

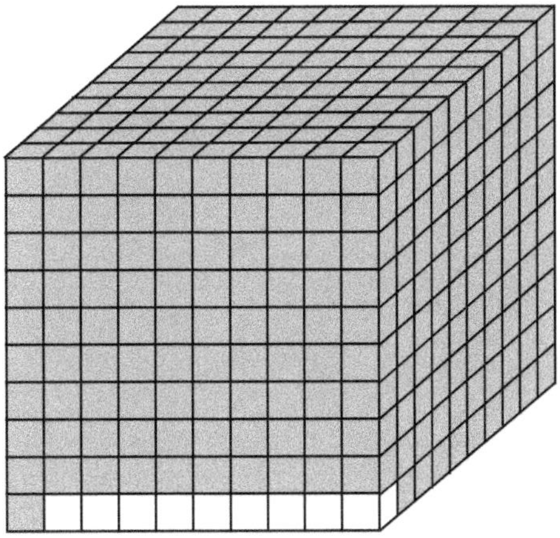

小数（　　）

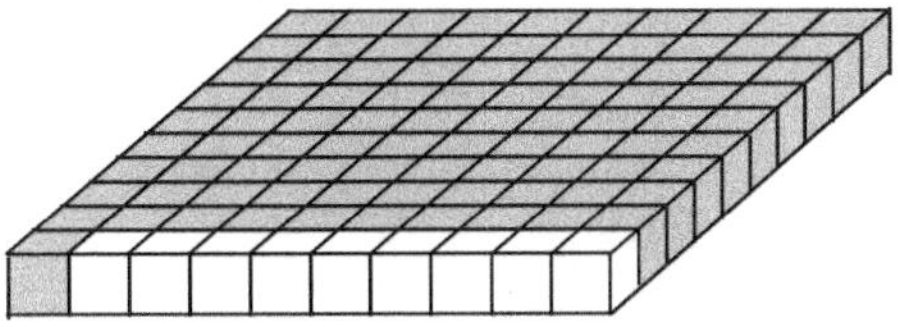

小数（　　）

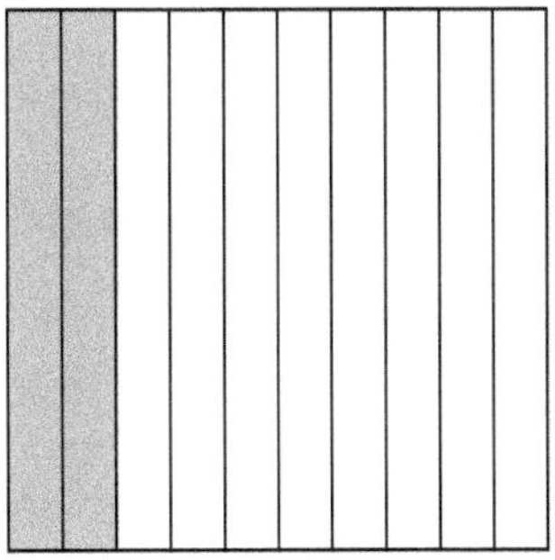

小数（　　）

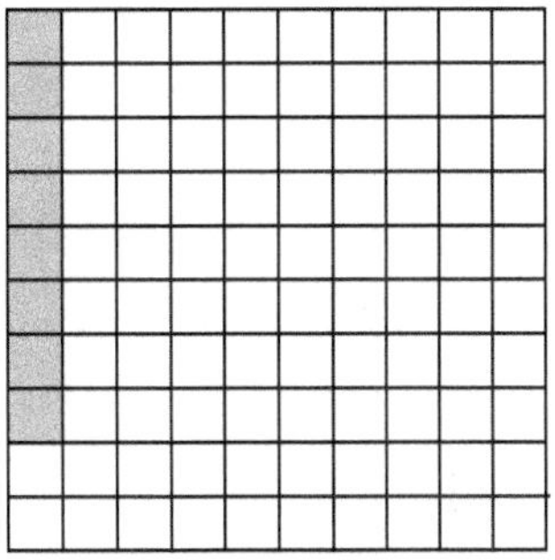

小数（　　）

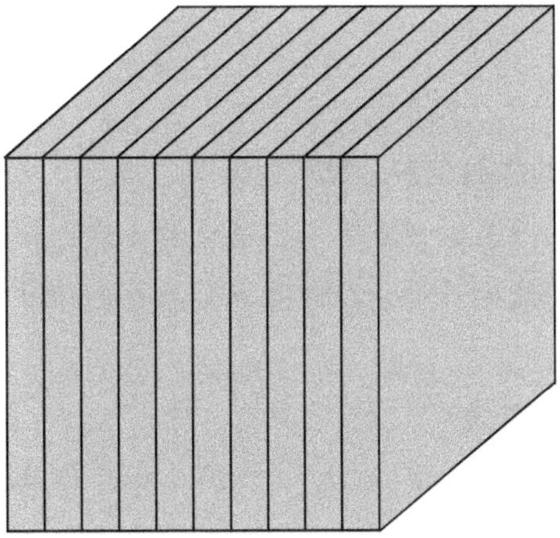

小数（　　）

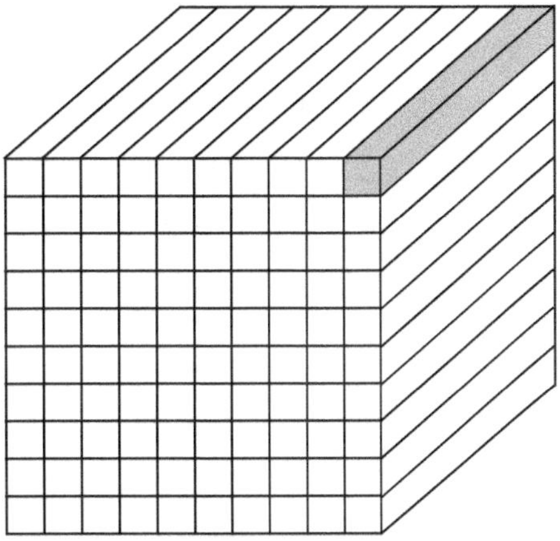

小数（　　）

图10-6　用小数表示涂色部分

3. 由图形直观，到代数抽象

（1）长方形—线段—数轴

师：0.8变形了（如图10－7所示），它变成什么？你能在数轴上找到0.8吗？你还能找到别的小数吗？

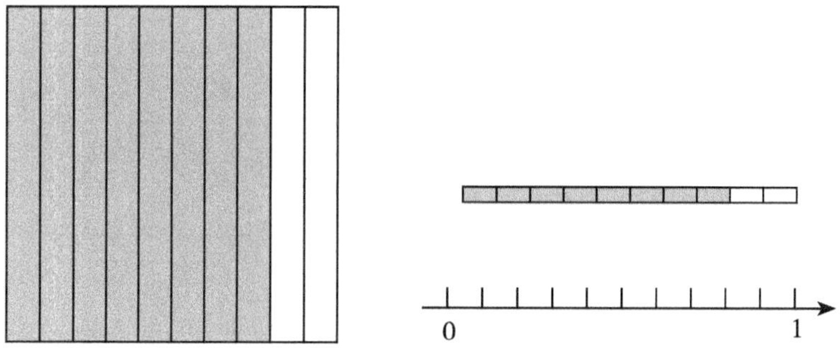

图10－7　在数轴上找0.8

设计意图：多种不同的表征形式，让概念表征更加多元，不断深化学生的数学知识结构，提升数学思维品质，发展数学核心素养。

（2）延长数轴，符号表征拓展小数想象空间

师：数轴看作0到1米，小明的身高是1.4米，能找到吗？（指出1.4所在的点）

（3）数轴上找数

师：猜8844.43米是谁的身高。能在数轴上找到吗？（让学生体会数轴可以无限延长）

4. 借生活场景，悟小数精分

（出示百米飞人比赛视频，感受小数的位数越多，数越精确）

设计意图：从生活的角度，以学生的身高、百米飞人比赛成绩为例，让学生从中感受小数能让生活中的事情从模糊走向精确，让学生充分感受到学习小数的价值——为了精细化表达。

（四）总结梳理，融通数的认识，形成系统

师：这节课我们通过不断10等分，找到了0.1、0.01、0.001……（指着板书）往右看有什么发现？从右往左看呢？这就是神奇的十进制，它建立起了整数和小数之间的联系。

设计意图：联系学生建立的“小数”的数学模型关联旧知，从“化1为10”

到“满10进1”厘清逻辑，从中找到整数和小数进率的共性，进一步完善十进制模型，形成系统的十进制思想。

（作者：厦门市海沧区鳌冠学校　廖秀月）

学本背景下的“趣智”教学

——“认识几分之一”教学设计

【教学内容】

小学数学人教版三年级上册P90。

【趣智思考】

“趣智”课堂就是在师生交往互动过程中，以教师的“教”服务于学生的“学”为出发点，通过有效提问、有效操作、有效建构等方式，遵循学生学习规律，确定教师教学策略；聚焦学生素养，确定目标导向。引领学生围绕学习主题，经历数学知识的形成过程，并体验解决数学问题的过程、感悟数学基本思想，积累教学基本活动经验，体验数学学习的成功和乐趣，培养终生发展的关键能力和必备品质，达到有效教学的目的。

【教学目标】

1. 结合具体情境，通过直观操作，初步理解分数的意义，体会学习分数的必要性；知道分数的产生过程及各部分名称，能正确地读写分数。

2. 通过操作、观察、分析、比较，培养学生的观察分析能力、动手操作能力及口头表达能力，发展思维，培养探究意识和创新意识。

3. 经历认识分数的过程，体验创造的快乐，让学生感受探索数学的快乐，进一步产生对数学的好奇心和兴趣。

【教学重难点】

重点：理解几分之一的含义，初步建立起分数的概念，能正确读写几分之一。

难点：能够借助具体的实例说一说分数的意义。

【教材分析】

“认识几分之一”是在学生已经掌握一些平均分知识的基础上进行教学的，从整数到分数是数的概念的一次扩展，数系的一次扩充，更是学生认识数的一次质的飞跃。无论在意义上，还是在读写方法上，分数和整数都有很大的差异。本课是“认识几分之一”，是认识几分之几以及一切分数问题的基础，是整个单元的起始课，也是本单元教学内容的“核心”，对学生以后的学习起着至关重要的作用。为此，创建了“创设情境—确定问题—主体体验—建构网络”的教学模式，让学生立足现实的生活场景，自主生成真实的数学问题，依靠学习主体已有的生活和知识经验，主动参与交往互动，积极自主探究，解决数学问题，通过网络建构提升能力、落实素养。

【学情分析】

分数对学生来说是陌生的，分数的学习与原有的整数学习经验完全相悖，这样就给对分数的认识带来些许障碍，但在生活中学生有分东西的经验，对平均分已有一定的认识。全面、深刻理解“平均分”，为进一步探讨整体的几分之一做好了准备，为学生把对分数的认识由感性认识上升到理性认识的层面做好了准备。

【教学准备】

比萨图、分数图、正方形、长方形、圆形纸片。

【教学过程】

（一）情境激趣，导入新知

师：周末，熊大和熊二决定去公园游玩，瞧，它们带了些什么好吃的零食？

师：它们要怎么分这些食物才公平呢？具体说说怎么平均分。

师：这张比萨每人分到多少？可以用什么数表示？有谁知道吗？

生：0.5张，$\frac{1}{2}$张……

师：同学们知道的可真多！那到底是不是这样呢？今天我们就来研究这个问题。（板书：认识几分之一）

设计意图：《全日制义务教育数学课程标准（实验稿）》指出：数学教学活动必须建立在学生的认知发展水平和已有的知识经验基础之上。同时又指出“动手实践、自主探索与合作交流同样是学习数学的重要方式”。学生现已得出的结果是基于整数平均分的经验，学生在情境中感悟到要想分得公平合理，必须“平均分”，“1张比萨怎样平均分”的解决办法就是每人半张，分数就在学生感觉到现有的数不够用的情况下自然地产生。“让学生在做数学中感悟数学”，更能帮助学生牢固地掌握分数的本质特征——平均分。

（二）自主学习，探究新知

1. 初悟概念：认识二分之一

（1）分一分

师：我们要怎么分这个比萨呢？谁来帮我们折一折？（学生对折）

师：你们同意吗？（老师把圆形学具贴在黑板上，用粉笔画折痕）

师：像这样把一张比萨平均分成2份，每份是这个比萨的一半，也就是它的二分之一。写作：$\frac{1}{2}$。（板书：$\frac{1}{2}$）

（2）写一写

先写一横，表示平均分。分成2份就在横线下面写2，取其中的1份就在横线上写1。

（3）说一说

同桌结合刚才分比萨的过程，互相说说$\frac{1}{2}$是什么意思。

板书：把一张比萨平均分成2份，每份是它的二分之一。

师：这半张是这张比萨的$\frac{1}{2}$，那另外这半张呢？

（4）找一找

将比萨看作一个圆形，在圆形里可以找到二分之一，在其他图形里也能找到二分之一吗？（分别出示三角形、长方形）引导学生完整表述：把一个图形平均分成2份，每份就是它的 $\frac{1}{2}$。

（5）辨一辨

师：你能找出这些图形的二分之一吗？（出示一个没有平均分的图形）。

设计意图： 通过分一分、写一写、说一说、找一找、辨一辨等教学活动，先充分感知比萨的一半，唤起学生对平均分的记忆，认识到圆的一半就是把圆平均分成2份，其中的任意一份都是圆的一半；再体会分数产生的必要性，一半不够一份了，不能用以前学习的数来表示，这时需要一种新的数，体会分数产生的必要性；最后层层递进，促进对分数本质的内化，由比萨的 $\frac{1}{2}$ 到三角形、长方形等图形的 $\frac{1}{2}$，把“$\frac{1}{2}$”的概念统一到“把一个整体平均分成2份，每一份就是整体的 $\frac{1}{2}$”。

2. 二次建构：认识几分之一

（出示学习单，先做再评正）

学生说一题，教师贴一个。最后一题展示多种涂色。

师：在其他地方还能找到长方形的 $\frac{1}{5}$ 吗？为什么？

完整表述：只要把长方形平均分成5份，任意的一份都可以用五分之一表示。

3. 揭示本质：创造几分之一

（1）动手操作，创造分数

出示活动要求：把手中的图形先折一折，再涂颜色，写上你涂的这一份表示几分之一。（学生动手折纸，自己上去贴）

（2）观察比较，揭示本质

将目光聚焦到几个圆，引导学生观察发现。（从黑板上分别找三个圆片的 $\frac{1}{2}$、$\frac{1}{4}$、$\frac{1}{8}$）。

小结：虽然都只涂一份，但它们平均分的份数不一样，因此所表示的几分之一就不一样。

（老师从黑板上找出两个大小不同的长方形，但分的是同样份数的）

师：我们再看看这两个长方形，你又能发现什么？

小结：只要把长方形纸平均分成4份，每份都是它的 $\frac{1}{4}$ ，跟它的大小、形状和分的方法无关。

设计意图：在认识几分之一时，借助折一折、涂一涂圆形、大小不同的长方形，来创造分数的动手实践活动，思考“为什么折法不同，得到的每份都是它的几分之一呢？”，从直观到抽象，再次加深对分数的认识。学生在观察、对比、思考、发现中，掌握了分数的本质内涵。

（3）看书自学

明确概念及各部分名称。

（三）巩固提升，检测升华

（1）如图10-8所示，填上适当的分数。

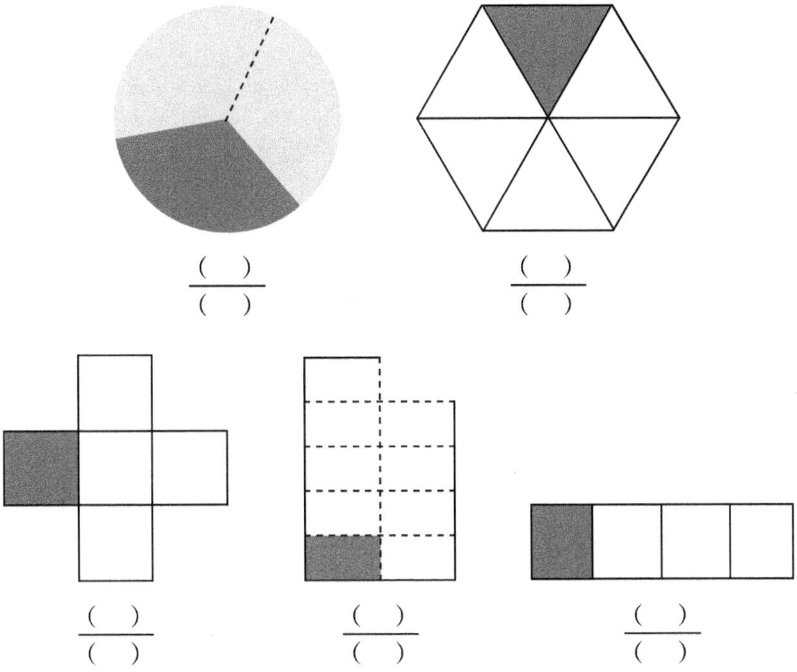

图10-8　填写分数

（2）小明说："我吃了 $\frac{1}{4}$ 个蛋糕。"小红说："我也吃了 $\frac{1}{4}$ 个蛋糕。"他俩吃的蛋糕一样多吗？

（3）如图10–9所示，根据露出部分占整根小棒的分数，猜猜哪一根小棒比较长，说说你的理由。

图10–9　猜小棒长短

（四）回顾反思，归纳拓展

师：通过分比萨、分图形，先用文字叙述分的过程，再用数字符号来表示分的结果。你们印象最深的是什么呢？

（五）拓展延伸，建构网络

如图10–10所示，猜猜 $\frac{1}{2}$ 可能在哪里。

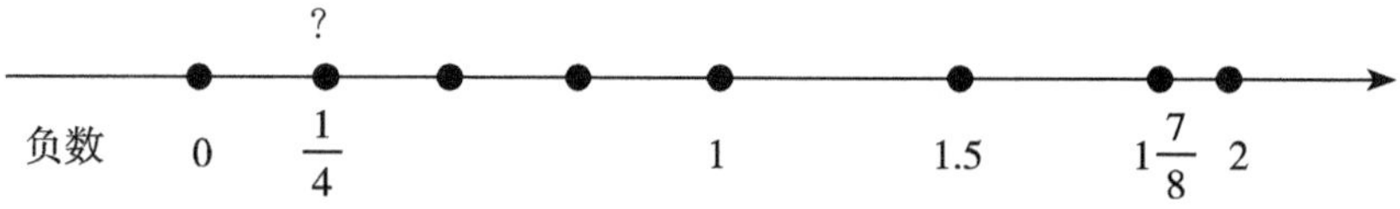

图10–10　猜数在数轴上的位置

师：随着我们深入学习，今后在数轴上除了能找到整数，还可以找到分数和小数，甚至我们还会找到比0更小的数。这些都等着同学们去探究学习。

设计意图： 认识分数是从认识分数单位开始的，几分之一是理解分数单位与分数、分数与分数、分数与整数间的联系的关键。课堂快结束时，通过数轴，将学到的整数、分数知识进行拓展延伸，为未来的小数、负数学习提供数学活动经验。

（作者：厦门市湖里第二实验小学　许燕萍）

逸"趣"横生，共"复"美好

——"数与运算复习课"教学设计

【教学内容】

小学数学人教版六年级下册P75～76。

【趣智思考】

小学阶段"数与运算"的内容相互关联，由浅入深，层层递进，构成相对系统的知识结构。复习也并非简单的知识罗列与重复，应注重对比与提升。

将构建"趣智课堂"与教学内容完美契合，主要包括以下四方面措施。

一是教学设计环环相扣，趣味横生，让学生自发地投入学习中。

二是根据复习目标，以贴近生活实际的数学问题来取代教材中的复习题，形成轻松活泼的课堂氛围，引发新的思考，给学生新的感受，进而巩固知识。

三是引导学生对知识做纵向、横向联合的归类、整理，将零碎的知识系统梳理，把无序的知识变为有序、系统的知识，以体现知识的系统性。

四是提供一些拓展题、变式题，引导学生通过不同途径思考问题、探究问题、解答问题，培养学生的思维能力与解答问题的能力，发展学生的核心素养。

【教学目标】

1. 理解和掌握四则运算的意义和计算方法，熟练地掌握四则运算定律和性质。

2. 在复习过程中，通过经历四则运算法则的归纳过程，体验迁移归纳的学习方法，培养学生的数感，提高运算能力。

3. 感悟数学运算之间的内在联系，感受数学的优化思想，培养学生观察、发现和应用知识的能力，进一步发展数感。

【教学重难点】

1. 掌握四则运算法则，经历四则混合运算的简算过程。

2. 能比较整数、小数、分数计算方法的异同点，能够根据运算对象的特征选择合适的运算策略。

【教材分析】

“数与运算复习课”是学生学完小学阶段“数与运算”的内容之后，进行一次系统、全面的回顾与整理，使原来分散学习的知识得以梳理，点串成线，由线构网，从而帮助学生完善头脑中的数学认知结构，进一步沟通知识之间的联系，巩固基础知识和基本技能，深入感悟数学的基本思想，在探索过程中进一步积累基本的活动经验。同时也有利于提高学生综合运用所学知识分析问题和解决问题的能力，建立模型思想，培养应用和创新意识。

【教学过程】

（一）情境导入，趣引回顾

（1）出示四幅情境图，学生提出数学问题并加以解决。

（2） 揭题：在解决问题中使用了哪些运算？这节课我们一起来复习数的运算。

设计意图：通过具体情境解决实际问题，激发复习兴趣，同时揭示本节课要复习的内容。

（二）师生互动，碰撞智慧

1. 归纳整理四则运算

（1）复习、整理四则运算的意义。（思考：四则运算指哪些运算？它们的意义各是什么？）

（2）组织学生交流汇报，根据学生的汇报，出示课件如表10-2。

表10-2　四则运算的意义

意义	整数	小数	分数
加法意义	把两个数合成一个数的运算	与整数加法的意义相同	与整数加法的意义相同
减法意义	已知两个数的和与其中的一个加数，求另一个加数的运算	与整数减法的意义相同	与整数减法的意义相同
乘法意义	求几个相同加数的和的简便运算	小数乘整数与整数乘法的意义相同；一个数乘小数，就是求这个数的十分之几、百分之几……是多少	分数乘整数与整数乘法的意义相同；一个数乘分数，就是求这个数的几分之几是多少
除法意义	已知两个因数的积与其中的一个因数，求另一个因数的运算	与整数除法的意义相同	与整数除法的意义相同

设计意图：引导学生回顾学过的运算及其含义，放手让学生在小组中讨论、交流与对话，实现了学生对四则运算意义的自主梳理与建构、自我内省与评价，并为下一步复习四则运算之间的关系奠定基础。

（3）复习四则运算之间的关系

① 根据加、减法的意义，说一说加、减法之间有什么关系。

根据学生回答板书：加法　互为逆运算　减法

② 根据乘法的意义补充：乘法　互为逆运算　除法

设计意图：引导学生体会每种运算各部分之间的关系，加深对四则运算的认识。

（4）复习四则运算的计算算理、法则

理解：加、减、乘、除的计算方法是什么？为什么这样算？

强调小结：整数、小数加、减法的计算方法——相同数位对齐，从个位算起；计数单位相同的相加减，小数点对齐就是相同数位对齐，而分数的加、减要先通分成分数单位相同的分数。

设计意图：通过反思、消化加、减法算理之间的联系，巩固和加深对算理的理解与记忆，弥补知识缺漏，使学生所学的零碎知识系统化、条理化、清晰化，形成完善的知识结构图。

（5）复习四则混合运算的顺序。

强调：四则混合运算的顺序是怎样的？计算时要注意什么？

小结：一级运算——按照顺序，从左向右，依次计算；二级运算——先算乘、除法，再算加、减法；有括号时，先算括号里面的，再算括号外面的。计算时要细心，注意验算。

设计意图：鼓励学生交流四则混合运算的顺序，这是小学阶段正确运算的基础，也是上初中后进一步学习代数式运算的知识基础。

2. 回顾整理运算定律

（1）回顾并整理运算定律

学过哪些运算定律？举例说明并用字母表示，组织学生填表10–3。

表10–3　运算定律分析表

名称	举例	用字母表示
加法交换律	15+28 = 28+15	$a+b=b+a$
加法结合律	（2+3）+4 = 2+（3+4）	$(a+b)+c=a+(b+c)$
乘法交换律	15 × 28 = 28 × 15	$a\times b=b\times a$
乘法结合律	（3 × 4）× 5 = 3 ×（4 × 5）	$(a\times b)\times c=a\times(b\times c)$
乘法分配律	（2+3）× 12 = 2 × 12+3 × 12	$(a+b)\times c=a\times c+b\times c$

引导学生议一议，知道运算定律对于整数、小数、分数加法和乘法都是适用的。

（2）复习减法和除法的性质

让学生说一说减法和除法的性质并用字母表示：$a-b-c=a-(b+c)$，$a\div b\div c=a\div(b\times c)$。

设计意图：归纳运算定律的特点，沟通知识间的联系和区别，感知运算定律的应用特点。

（三）适时练习，延伸智慧

1. 我会算

（先观察算式再计算，小组交流想法并订正，说一说你是怎样简便计算的，用到了哪些运算定律？）

59×101　　　　$12.7-3.6-5.4$

$24\times(\frac{1}{4}+\frac{5}{6}-\frac{7}{8})$　　　　$5\div\frac{5}{8}\times\frac{7}{4}$

$\frac{8}{9}\times[\frac{3}{4}-(\frac{7}{16}-\frac{1}{4})]$　　　　$12.5\times8\div12.5\times8$

2. 我能想

$\frac{7}{12}-\frac{9}{20}+\frac{11}{30}-\frac{13}{42}+\frac{15}{56}$

3. 我巧算

（给下面的算式填上括号，使等式成立）

（1）$7\times0.9+1.2\div0.3-0.2=48.8$

（2）$7\times0.9+1.2\div0.3-0.2=147$

（3）$7\times0.9+1.2\div0.3-0.2=75$

（4）$7\times0.9+1.2\div0.3-0.2=47.6$

设计意图：练习中放手让学生自主观察、思考、计算。说一说自己是怎么想的，选择了什么样的简便运算方法，有利于提高学生灵活运用运算定律进行简便运算的能力。

（四）总结全课，升华智慧

设计意图：培养学生认真观察、善于思考的良好习惯，合理、灵活地运用简算策略，进一步发展学生的简算意识。

（作者：厦门市翔安区苯英小学　郑露露、陈秋燕）

第十一章　图形与几何

以探究之趣，蕴思维之智

——“梯形的面积”单元整合课教学设计

【教学内容】

小学数学人教版五年级上册P93。

【趣智思考】

1. 基于任务驱动设计学习路径，感受问题解决之趣。本节课由四个任务依次驱动，构建了“前测—交流—总结—猜想—证明—拓展”的学习路径。一是“研究直角梯形的面积”，从学生的前测作品中产生，不少学生已经能独立用自己的经验和方法将直角梯形转化为长方形来计算面积，基于学生立场反映认知起点，唤起学生交流和探究的欲望；二是“证明直角梯形面积公式对一般梯形也适用”，由特殊到一般，让学生猜想后自主进行证明并分享；三是“推导三角形、平行四边形的面积”，利用几何画板动态演示梯形变化过程，以梯形面积为知识结，体会到梯形面积公式也可以计算、推导三角形和平行四边形的面积；四是“计算等高的三种图形的面积”，进一步检验梯形与三角形、平行四边形面积公式的关系。以上四个任务环环相扣，不断利用已知推得未知，使未知变为已知，最终验证了结论。学生经历了“直角梯形— 一般梯形—三角形和平行四边形”的探究思维过程，在获得知识的同时感悟到探索数学结论的方法。学生自主探究、勤于思考、乐于分享，获得“柳暗花明又一村”的喜悦和继续学习的志趣。

2. 聚焦单元内核进行有机整合，发展思维结构之智。“梯形的面积”是人教版五年级上册“多边形的面积”这一单元的内容。该单元中的主要数学思想方法为“转化”，安排了平行四边形转化为长方形，利用双拼法将三角形和梯形转化成平行四边形来推导面积公式的内容，即以长方形为源头，平行四边形为中转，三角形和梯形是流域。在学生已经有了一定的图形转化活动经验的情况下，这节课能否整合进更多思想和素养？本节课首先抓住“转化”这一单元内核，以此为基础，在前测中提取多种将直角梯形转化为长方形求面积的方法案例，在合作交流中研究出直角梯形的面积，发展几何直观；其次让学生猜想这个面积公式对一般梯形也适用并证明，同时使用转化思想并经历数学结论的产生过程，渗透推理意识；最后部分则将梯形的面积公式作为知识中转去推出三角形和平行四边形的面积公式，经历梯形“特殊— 一般—特殊”的动态变化过程，进一步发展几何直观、空间观念和推理意识。

【教学目标】

1. 通过合作交流、动手验证等方法，理解并掌握梯形的面积公式，并能初步用梯形面积公式推导出三角形和平行四边形面积公式，进一步发展几何直观、空间观念和推理意识。

2. 经历分析、验证、操作、观察、比较、抽象等过程，感悟转化思想，获得并深化探究数学结论的方法。

3. 激发探究和交流数学的兴趣，养成质疑问难的精神，感受成功的喜悦和数学学习的魅力。

【教学重难点】

重点：理解并掌握梯形的面积计算公式。

难点：初步理解由梯形面积公式推导三角形和平行四边形面积公式的过程，感悟转化思想。

【教材分析】

教材中从计算梯形车窗的面积入手，引导学生用学过的方法推导出梯形的面积。展示的方法是倍拼法，即用两个完全相同的梯形转化成一个平行四边形来推导面积公式。这一方法在前面三角形面积的学习中已经涉及，所以尝试改变推导形式，在前测中大胆放手让学生自行去计算直角梯形的面积，多种方法都能化归出“（上底+下底）×高÷2”，再让学生去猜想、验证，得到这一公式对一般梯形也适用。最后让梯形进行动态变化，在变与不变中推出三角形和平行四边形的面积公式，进一步增强空间观念、几何直观和推理意识。

【学情分析】

“影响学习的唯一最重要的因素就是学习者已经知道了什么。”在学习梯形面积之前，学生已经有了一定的图形转化活动经验，也认识了梯形的图形特征。这节课除了“转化”数学思想外，为了能进行其他能力和素养的培养，应抓住前测中学生将直角梯形转化为长方形的多种方法展开教学，在推导公式的过程中除了转化思想，进一步深化探索数学结论的方法，在图形的变化中拓展由梯形面积公式推导三角形和平行四边形面积公式，发展推理能力。

【教学过程】

（一）前测驱动，定位思维起点

（1）前测作业：在方格图中画一个你最喜欢的梯形，求出它的面积。把你的想法在图上画一画。（学生课前完成前测作业并上交）

（2）收集信息：重点收集直角梯形的转化作品，如图11-1所示。

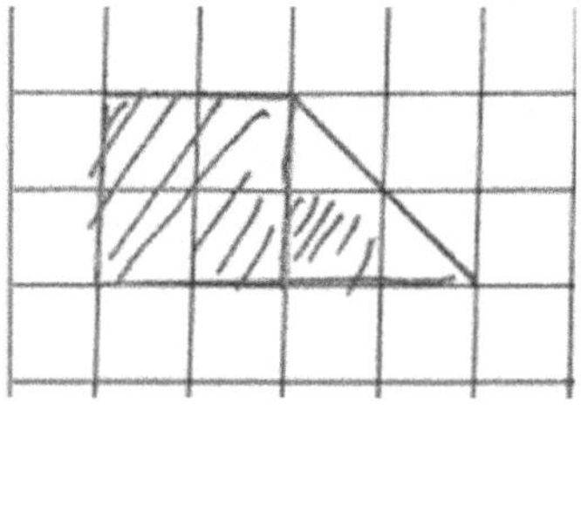

①

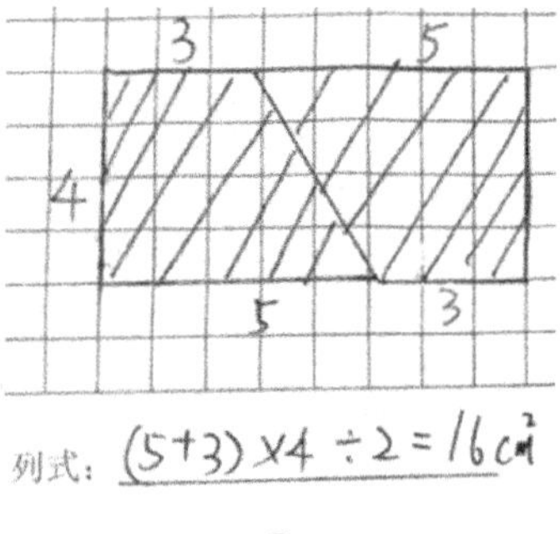

②

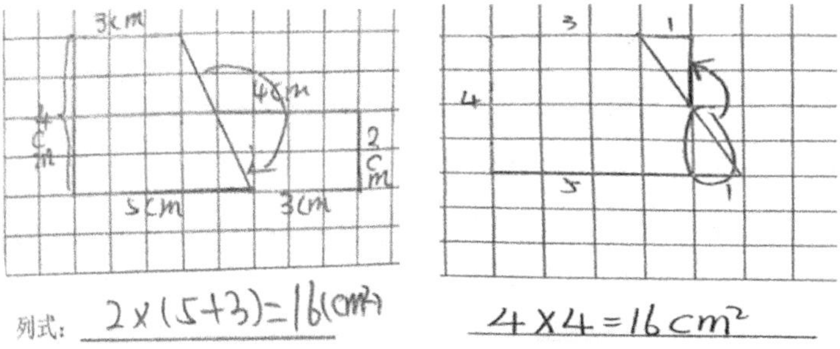

③　　　　　　　　④

图11-1　直角梯形的转化作品

（3）将以上四种转化作品拍照或扫描并打印出来，做成前测展示单。

设计意图： 受前面知识学习的影响，学生已经具有一定的图形转化经验，能独立想方设法把直角梯形转化为长方形求面积。前测作品为课堂教学提供学生知识与认知背景，又激发学生的学习兴趣。

（二）交流碰撞，丰盈思维结构

任务一： 研究直角梯形的面积。

（1）出示前测展示单。

① 独立思考，你能看懂几种转化作品？

② 和同桌说一说，作者是怎么想的？

学生观察四种前测方法，思考这四种方法是怎么计算直角梯形的面积的，列出来的算式有什么含义？

（2）交流分享，在交流和思考中，让学生厘清三种方法转化前后的等量关系和算式的含义，引导学生总结出后三种方法的三个公式：

①（上底+下底）×高÷2。

②（上底+下底）×（高÷2）。

③（上底+下底）÷2×高。

（3）总结三种转化方法的相同点。

师：观察示意图，这三种转化方法有什么共同点？

预设：这三种方法都是把直角梯形转化成了长方形。

师：这三个公式真的不一样吗？

预设：公式是一样的，改变运算顺序都可以变成相同公式，但运算结果不变。

小结：经研究，直角梯形的面积公式可以用“（上底+下底）×高÷2”来计算。

设计意图：本环节通过观察、思考、交流四种典型作品，让学生理解这四种方法是如何将直角梯形转化为长方形并化归出一个公式，积累思维活动经验，发展几何直观和推理意识。同时又为进一步验证对所有梯形适用做好了铺垫。

（三）验证猜想，完善思维成果

任务二：证明一般梯形的面积也适用这个公式。

（1）引导猜想：是不是所有的梯形的面积都可以用这个公式来计算？

（2）动手操作，验证猜想。（出示任务单）

① 我来画：如图11-2所示，上底（　　）cm，下底（　　）cm，高是（　　）cm的梯形。

假设每个小正方形的面积是1 cm^2

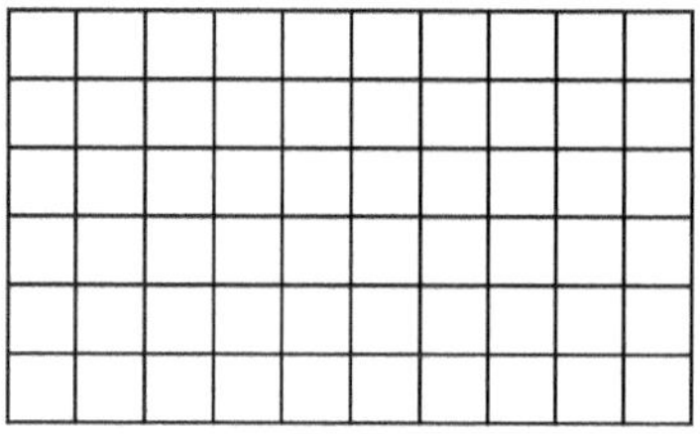

图11-2　梯形的面积我来画

② 我来算：它的面积是______（根据公式写算式）。

③ 我来证：列式________________________（把方格图中的梯形用转化、分割等方法，计算出它的面积）。

④ 我发现两次结果______（填“相等”或“不相等”）。

（3）挑选典型作品（等腰梯形和一般梯形）的验证过程进行展示，并引导学生通过合作交流和思考理解验证过程。

小结：“（上底+下底）×高÷2”这个公式适用于所有梯形。

设计意图：“（上底+下底）×高÷2”可以计算直角梯形的面积，自然引发学生的猜想：这个公式适用于所有的梯形吗？任务单让学生画梯形并通过公式法和割补、转化等方法去求面积，只要两者面积相等即可说明面积公式也同样适用于所有梯形。有猜想就进一步引导学生自行去验证得到结论，深化探索数学结论的方法。

（四）有机整合，拓宽思维广度

任务三：推导平行四边形和三角形的面积。

运用几何画板出示一个梯形，推导三角形、平行四边形的面积公式。（动态演示，拖动上底不断变化，呈现多组数据）根据数据求面积，但只列式不计算。

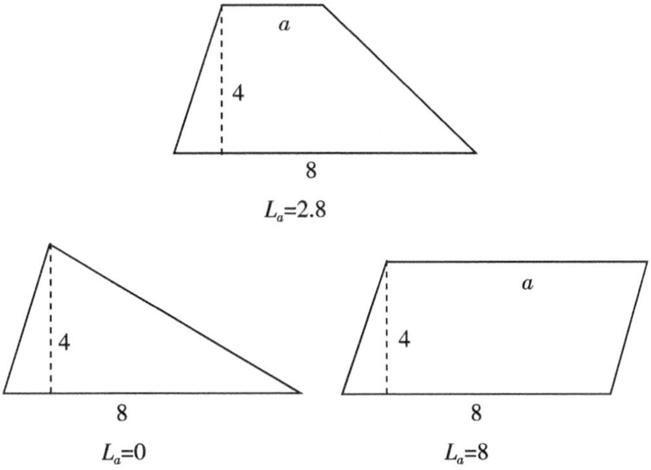

图11-3　拖动上底不断变化，呈现多组数据

设计意图：本环节以梯形的面积公式为知识结，通过直观演示梯形上底的动态变化，让学生明白上底缩短到0就变成了三角形，延长到和下底一样长就变成了平行四边形，强化学生对图形要素与要素之间、图形与图形之间联系的认识，增强几何直观。同时，在运算中推导出三角形和平行四边形的面积公式，进一步发展运算能力和推理意识。

（五）精致练习，延展思维深度

任务四：如图11-4所示，先设法求出这三个图形的面积，再比较它们的面积。你发现了什么？

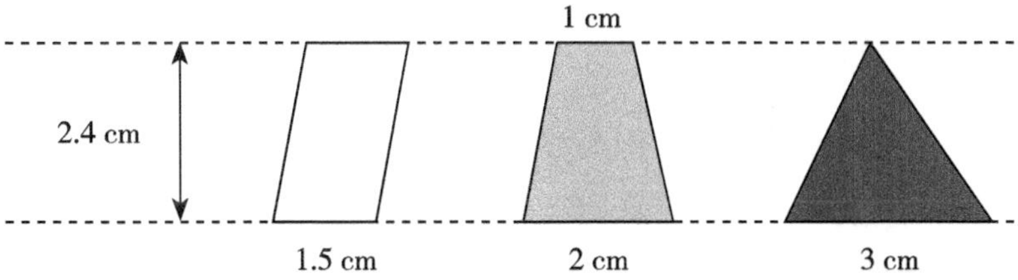

图11-4　三个图形

设计意图：练习环节设置了等高的平行四边形、三角形和梯形的面积计算。通过计算，学生会发现三者面积相等，再启发引导原因是“上底+下底”相等，在巩固三个图形面积公式的同时，拓展面积公式之间的联系。

【板书设计】

梯形的面积

（上底+下底）×高÷2
（上底+下底）×（高÷2）
（上底+下底）÷2×高

$S_{梯}$=（上底+下底）×高÷2

上底延长 → $S_{平}$=底×高

上底缩短 → $S_{三}$=底×高÷2

猜想 ↓ 探究 ↓ 验证

特殊 → 一般 → 特殊

（作者：厦门市翔安区金山小学　王章程）

具身体验，“挖掘”智慧

——“认识公顷和平方千米”教学设计

【教学内容】

小学数学人教版四年级上册P34～35。

【趣智思考】

学生在三年级已经有了面积及常用面积单位m^2、dm^2、cm^2的认识基础，在图形面积的认识方法和直观表象建立上已经积累了丰富的基本活动经验。公顷和km^2是测量土地面积的常用单位，在社会中被广泛采用，但“公顷”“km^2”远离学生的生活，不容易亲身体验，学生在头脑中需要经历一个从模糊到清晰的过程。在学习过程中需要利用学生的活动经验，通过观察、对比、推理、想象等形式，慢慢体会公顷与km^2这两个面积单位大小的感知过程。另外，本课主要在于完善面积单位体系，帮助学生建立土地面积单位公顷和km^2的概念，为学生解决生活中关于土地面积的实际问题提供支持。

华罗庚指出，对数学产生枯燥乏味、神秘难懂的印象，原因之一便是脱离实际。教学中注重联系实际，运用贴近学生生活的事例，使学生体会到所学内容与自己接触到的问题息息相关，可以大大调动学生的学习积极性。因此，笔者选取了大量学生较为熟悉或标志性的场景作为学习素材来创设生活情境，让学生在生活中看到数学，接触数学，从而提高学生的学习兴趣。“学习任何知识的最佳途径是自己去发现。因为这种发现理解最深，也最容易掌握其中内在的规律、性质和联系。”笔者组织学生探究“1公顷等于多少m^2”时让他们先独立思考并计算，再小组讨论交流，最后进行说理，从而加深他们对“1公顷等于10000平方米”的理解。学生只有经过自主探究、验证、总结，才能深刻理解知识，牢固掌握知识，才能灵活地、创造性地将知识运用于实际，体现数学的价值，激发学生的智慧。

【教学目标】

1. 了解测量土地时常用的面积单位公顷和平方千米，知道并理解公顷、平方千米与平方米之间的进率，会进行简单的单位换算。

2. 经历观察、想象、计算、交流等数学活动过程，丰富直观经验，初步建立1公顷和1平方千米的表象，发展空间观念，激发数学思考。

3. 体会数学与生活的联系，培养热爱数学的情感。

【教学重难点】

1. 了解公顷、平方千米与平方米之间的进率，会进行简单的单位换算。

2. 建立1公顷和1平方千米的表象。

【教学过程】

（一）复习导入，启迪智慧

1. 以问激趣，唤醒经验

教师通过提问引导学生回顾之前学过的面积单位及进率。

2. 检测旧知，加深经验

（1）这块橡皮擦正面的面积大约是6（　　）。

（2）课桌面的面积大约是25（　　）。

（3）教室地面的面积大约是50（　　）。

3. 制造冲突，引出新知

（1）出示：我们学校的面积大约是8.5（　　）。

（2）引导学生发现在计算和测量大面积时，往往需要用到更大的面积单位。

设计意图： 通过复习铺垫，唤起学生对面积单位的认知经验，包括了解规定、感知大小、应用度量。接着以一个新的问题激起学生学习更大的面积单位的需求，新知的引出源于学生的认知冲突，这样能够有效激发学生学习的欲望，启迪学生的智慧。

（二）探究新知，发掘智慧

1. 认识公顷

（1）了解1公顷的规定

① 出示规定：边长是100米的正方形，它的面积是1公顷。

② 介绍字母表示法：公顷经常用英文字母hm^2来表示，读作公顷。

（2）探索公顷和平方米的进率

① 小组讨论：1公顷等于多少平方米？为什么？

② 学生汇报：1公顷等于10000 m^2，正方形的面积是$100\times100=10000\ m^2$。

（3）感知1公顷的大小

① 想象：在脑海中想象一个边长是100米的正方形在实际生活中应该有多大。

② 出示北斗卫星截取的地图画面，圈出边长100米的正方形，让学生感受1公顷在实际生活中的大小（如图11–5所示）。

图11-5　感受1公顷在实际生活中的大小

③ 在度量和推理中感知1公顷的大小。

A. 如图11-6所示，课前带学生到操场围成一个边长是10米的正方形，感受100平方米的大小。

图11-6　学生到操场围成边长是10米的正方形

B. 思考：需要多少个我们这样围的100平方米的正方形才能铺满1公顷？

C. 课件动态演示。

④ 在估测中感知1公顷的大小。

A. 估一估：1公顷约有几个小学部操场的面积那么大？

B. 站一站：1平方米能站（　　）人。估一估：1公顷大约能站（　　）人。

（4）应用公顷度量

① 导语：生活中还有哪些地方适合用公顷进行度量呢？

② 出示：卫星地图，展示新圩学校附近的新圩中心小学。

组织学生以原来圈起来的1公顷为标准估一估新圩中心小学的占地面积，并交流方法，即要估一个地方有几公顷，就要看看这个地方有几个这样的1公顷。

③ 出示：天安门广场的占地面积约440000平方米，合（　　）公顷。

引导学生回顾单位换算的方法，并通过对比，发现用"公顷"作单位更简洁。

④ 组织学生边看边读，通过身边熟悉的场景感受公顷的大小。（图11-7）

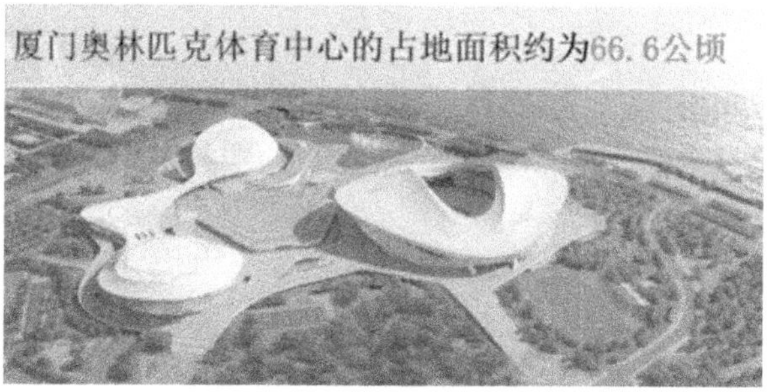

图11-7　感受1公顷

设计意图：本环节设计的目的在于唤起学生的学习经验和方法意识，从而引导学生利用前面学习建构1 m^2、1 dm^2、1 cm^2等面积单位的经验，来建构1公顷这一面积单位。课前让学生亲自测量、亲身体验，再通过实景想象和测量累加感知1公顷的大小。通过估一估“1公顷约有几个操场那么大”“1公顷大约能站多少人”等活动，不仅能帮助学生在数理层面上将“公顷”与“m^2”联系起来，还能让学生在直观层面上更好地形成1公顷的表象。以1公顷为标准估算身边一些地方的占地面积，进一步提高学生的量感。在了解一些以公顷作面积单位的地方时，让学生感受合适的面积单位带来的简洁美，从中渗透德育，提高民族自豪感。

2. 认识平方千米

（1）导语

如果用公顷来度量翔安区、中国的占地面积合适吗？

（2）自学平方千米的规定和进率并组织汇报

① 边长是1 km的正方形，它的面积是1 km^2。还知道1 km^2=1000000 m^2，1 km^2=100公顷。

② 因为1 km^2就是边长是1 km的正方形的面积，正方形的面积是边长×边长，1000×1000=1000000，所以1 km^2=1000000 m^2。

③因为1公顷=10000 m^2，1 km^2=1000000 m^2，1000000 m^2里面有100个10000 m^2，也就是有100个1公顷，所以1 km^2=100公顷。

（3）感受1平方千米的大小

展示学校周边的地图画面，并圈出边长1000米的正方形，让学生体会1平方千米在实际中的大小。通过推理发现1平方千米里面有100个1公顷，对比感知1平方千米的大小。

学习单

姓名：________

计量比较大的土地面积，常用“平方千米”（km^2）作单位。

1平方千米有多大呢？

边长是1千米的正方形，它的面积是1平方千米。

1平方千米等于多少公顷？等于多少平方米？

因为1 km=1000 m

$1000\times1000=1000000\ m^2$

所以$1\ km^2=1000000\ m^2$

1平方千米=1000000平方米=100公顷

如下图所示，因为1公顷=10000平方米，所以1平方千米=100公顷。

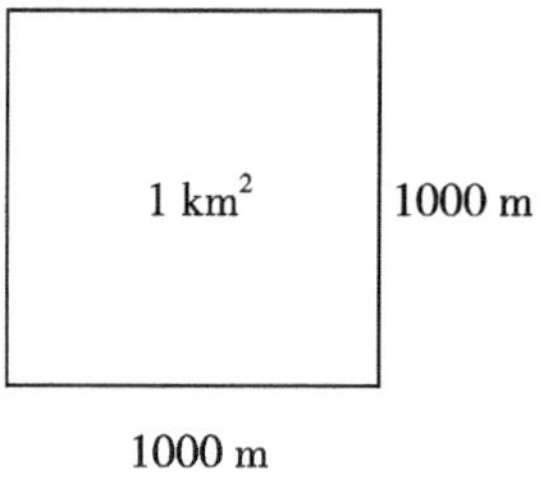

自学提纲：

1. 边长是（　）的正方形，它的面积是1平方千米。

2. 1平方千米=（　）平方米；1平方千米=（　）公顷。

（4）应用平方千米度量

① 出示：翔安区、厦门市、福建省以及中国的领土面积。

② 小结：读万卷书不如行万里路，有机会一定去看看祖国的大好河山！

设计意图：本环节放手让学生自学$1\ km^2$的规定及km^2和公顷、m^2之间的换算关系，让小老师汇报，生生互动交流，既加深了学生对km^2这一面积单位的感知和理解，又培养了学生的自学探究能力。通过1公顷与$1\ km^2$的对比，以及展示翔安区、厦门市、福建省以及中国的领土面积，进一步加深学生对平方千米的直观感受。

3. 构建体系，链接智慧

（1）回顾：到目前为止，我们学习了几个面积单位了？

（2）引导学生发现只有平方米和公顷之间的进率是10000，让学生猜测原因。

（3）播放微课视频：解开困惑的同时梳理知识，形成面积体系。

设计意图：通过微课梳理知识，构建面积单位的体系，并让学生理解“为什么只有平方米和公顷之间的进率是10000”。学习不只要知其然，还要知其所以然，才能更深刻。

（三）练习巩固，提升智慧

数学小阅读。（把不合适的单位改正过来）

4月26日，四（1）班开展了一次研学活动。他们先在面积约为0.5平方分米的操场集合，乘坐巴士，行驶了43平方千米后，来到面积约5平方厘米的厦门园林植物园进行参观。班长将面积约为120平方米的门票发给每一个同学，在老师的带领下，同学们开展了各种研究。

设计意图：练习环节，学生在轻松有趣的数学小阅读中感受不合适的单位带来的滑稽现象，并将不合适的单位改正过来，有助于培养学生的量感。

（四）总结全课，升华智慧

（略）

【板书设计】

公顷和平方千米

了解规定　边长是100米的正方形，它的面积是1公顷

感知大小　$1\ hm^2=10000\ m^2$

应用度量　边长是1千米的正方形，它的面积是1平方千米。

$1\ km^2=1000000\ m^2=100\ hm^2$

平方厘米 100 平方分米 100 平方米 10000 公顷 100 平方千米

cm^2　dm^2　m^2　hm^2　km^2

100　100

公亩

（作者：厦门市翔安区教师进修学校附属小学　陈燕玉）

聚焦量感，灵动课堂

——“体积和体积单位”教学设计

【教学内容】

小学数学人教版五年级下册P27～28。

【趣智思考】

“量感”是《义务教育数学课程标准（2022年版）》增加的一种数学核心素养，其地位及重要性可见一斑。它主要是指对事物的可测量属性及大小关系的直观感知。“体积和体积单位”这一节课刚好能够很好地培养学生这一核心素养，发展学生的空间观念。因此，在进行教学设计时，我围绕《义务教育数学课程标准（2022年版）》，以“聚焦量感，让课堂动起来”为主题进行思考：

一是“体积和体积单位”是概念课，尤其是“体积”“空间”等概念对于学生来说是“陌生中带点熟悉，又抽象，又形象”。陌生是因为学生第一次接触这一概念，熟悉却是源于学生原有的生活经验——物体的大小，所以，要让学生更好地理解“体积”这一概念，就得激活学生的生活经验，再配以生动形象的动画帮助学生理解概念，以此来增加数学课堂的“趣”。

二是“体积和体积单位”也是实践课，如何让学生更好地感悟体积单位就变得尤为重要。在以往的教学中，我怕麻烦，常常用课件或者图片演示，不便培养学生的空间想象能力，使得学生对体积单位的感知过于抽象，更遑论培养学生的量感了。此次我提供了丰富的素材（如1 m^3的纸箱、课件、直尺等教具，1立方分米的正方体学具、1 cm^3的骰子、1颗棱长为1.5 cm的骰子、1块橡皮、1个三阶魔方、4盒248 mL的菊花茶饮料等学具），丰富学生度量物体体积的操作经验，更有利于学生内化新知，丰富学生的“量感”体验，以此来提高学生的“智”。

【教学目标】

1. 以长度、面积为认知基础，理解体积的概念并认识常用的体积单位——m^3、dm^3、cm^3。

2. 通过“找一找”“比一比”等活动，建立体积单位的表象。

3. 经历想象、估计、验证、矫正、再估计估测物体体积的过程，培养学生的空间观念和推理意识，发展量感。

【教学重难点】

重点：形成体积的概念和理解、感悟常用的体积单位。

难点：理解、感悟常用的体积单位。

【教学过程】

（一）创设情境，厘清体积概念

1. 视频导入，激发兴趣

播放视频，引导学生理解体积概念：思考什么是物体的体积。

2. 联系实际，了解概念

出示橡皮、A4纸、小水滴图片，让学生说一说体积分别指的是什么。

3. 对比思考，厘清概念

设计意图： 对于体积的定义，学生很难概括得出，因此教学时直接通过视频，引导学生得出“体积”这一新的数学名词。再通过学生比较熟悉的“橡皮和小水滴”的大小，将难点放在让学生理解物体“占空间”的含义上。

（二）建构单位，初步培养获“量感”

1. 巧设疑问，引发思考

如图11-8所示，课件出示2个长方体，并提问：这两个长方体，谁的体积大？有什么办法比较？

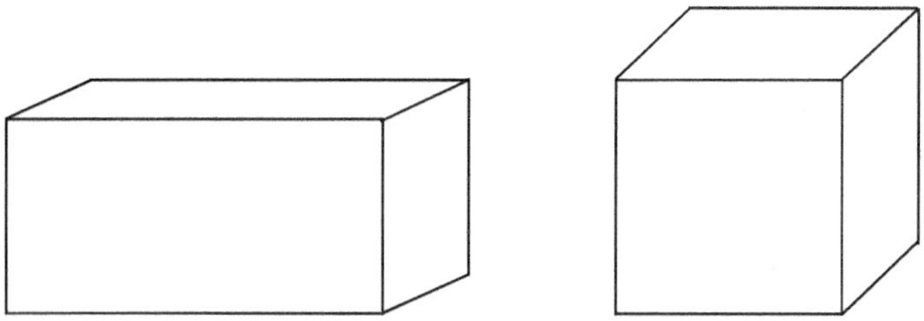

图11-8　比谁的体积大

2. 联系旧知，引出新知

（1）画一条3 dm的线段，先让学生猜测长度，后给出一个标准（1 dm）线段，确定线段长度。

（2）画一个6 dm^2的长方形，先让学生猜测面积大小，后给出标准（1 dm^2小正方形），确定长方形的面积大小。

设计意图：通过复习长度和面积单位并以此为度量基础，使学生很容易想到用正方体来度量体积，并借助合情推理，推出了常用的体积单位。设计“猜想—验证”“定标准—数标准”等活动，让学生感悟度量体积也需具备这样的活动特性，发展空间观念。

3. 自主学习，体验“量感”

（1）认识体积单位（学生自主完成学习单）

① 常用的体积单位有（　　）、（　　）、（　　），分别写成（　　）、（　　）、（　　）。

② 棱长是（　　）的正方体，体积是1 cm^3。棱长是（　　）的正方体，体积是1 dm^3。棱长是1 m的正方体，体积是（　　）。

设计意图：给学生充分的时间思考和交流，经历知识的探究过程，在活动中挖掘学生的学习潜能，培养学生自主学习的习惯。

（2）感知1 cm^3、1 dm^3、1 m^3的大小

① 找一找：从学具盒中找出体积是1 cm^3、1 dm^3和1 m^3的物体。（材料准备：1 cm^3的红白两色的小正方体学具各若干块、1个标准的1 dm^3的蓝色正方体学具箱、1颗棱长为1.5 cm的骰子、1块橡皮、1个三阶魔方、4盒248 mL的菊花茶饮料）

② 练习：如图11-9所示，下面的几何体的体积是多少立方厘米？

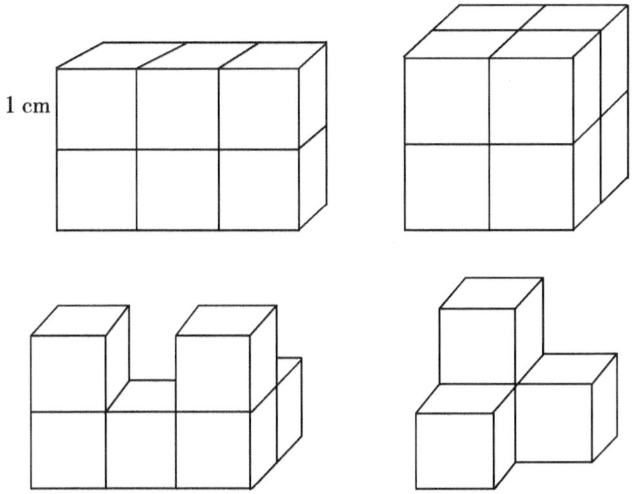

图11-9　几何体

设计意图： 建立体积单位的表象是本节课的重点，也是建立量感的基础。因此教师设计了在学具盒中寻找1 cm^3、1 dm^3、1 m^3的活动，让学生经历猜想—验证的过程，不断建构、调整对标准体积单位大小的直观感受。

（三）动手测量，丰富“量感”体验

1. 动手操作，加强动手能力

小组活动要求：利用学具分别估一估1块橡皮、1盒248 mL的菊花茶饮料的体积。

设计意图： 通过提供丰富的测量素材，让学生动手测量，丰富学生度量物体体积的操作经验，更有利于学生内化新知。

2. 展示交流，丰富“量感”体验

交流1：估测橡皮的体积。

学生用1 cm^3的小正方体进行估测。

估测结果：用8个1 cm^3的正方体可以搭成1块橡皮的形状，所以1块橡皮的体积是8 cm^3。

小结： 度量体积时，我们可以用1 cm^3的小正方体拼搭，由n个1 cm^3的小正方体组成就是n cm^3。

设计意图： 通过估测1块橡皮的体积，使学生明白体积就是体积单位的累加，为估测菊花茶饮料的体积做铺垫。

交流2：1盒菊花茶饮料的体积。

估测结果：用1 cm^3的小正方体进行估测；用1 dm^3的小正方体进行估测，都得出1盒菊花茶饮料的体积大约是250 cm^3。

小结：同一物体可以用不同单位来度量。

设计意图：通过不同方法的测量，使学生初步感悟体积单位之间的联系，更有利于丰富学生的"量感"体验。

（四）应用拓展，提升"量感"能力

（1）如图11-10所示，给物体选择合适的数和单位。

集装箱的体积约是（　　）　　纸巾盒的体积约是（　　）　　文具盒的体积约是（　　）

2　　50　　200　　立方厘米　　立方分米　　立方米

图11-10　给物体选择合适的数和单位

设计意图：精心设计练习，疑中加疑，学生不仅要选择合适的数，还要选择合适的体积单位，以此检验学生是否建立对正确的单位体积大小的表象，提升学生的"量感"能力。

（2）辨析纠正。请读一读小马虎写的这篇日记。

2020年12月5日　星期六　晴

今天我们搬新家了，新房子有128 m。我们请了一辆大货车来帮忙，车厢约有20 cm^2。爸爸买了一台19 m^3的液晶电视。为了庆祝搬新家，我们中午一起吃汤圆，每个汤圆有1 dm^3。感谢爸爸妈妈，让我有一个幸福的家！

设计意图：通过改错练习，加深学生对长度、面积和体积单位的认识。

（五）联系整体，拓展“量感”能力

1. 交流

谈谈这节课学到了什么。

2. 质疑

从长度单位、面积单位，再到体积单位，都是先定一个标准，再数一数有几个这样的标准，你还知道哪些单位也是这样度量的吗？

设计意图：先通过学生自主小结，培养学生的创新思维，再共同总结方法，发现长度、面积、体积、质量、时间等单位间的联系，联系“度量世界”这一整体，拓展学生的“量感”能力。

（作者：厦门市乌石浦小学　郑婷）

巧转化，思度量

——“三角形的面积”教学设计

【教学内容】

小学数学人教版五年级上册P89～90。

【趣智思考】

1.“智”在把握中心思想、发展核心素养。通过对比人教版、苏教版以及北师大版的教材，度量多边形的面积在教材编排上都是以转化为基本思想，利用转化思想沟通图形之间的关系，探究度量图形大小的方法。转化思想是重要的数学思想之一，它能够将复杂的信息简单化，串联起学科内容之间的关联性，促进知识与方法的迁移，使学生逐步养成讲道理、有条理的思维品质，并形成理性精神，进而促使核心素养落地生根。因此应把握思想方法的应用，结合具体问题，有意识地培养学生利用转化思想解决问题的数学思维能力。“三角形的面积”一课就是利用学生的学习经验，将三角形转化为平行四边形来度量它的大小。需要注意的是单一的转化方法不足以让学生感受图形内在的本质联系和数学方法的多样性，因此，应在学生不断尝试转化中，引导学生把握转化的核心问题：新旧图形面积是否发生了变化？面积之间是什么关系？新旧图形要素之间具体是怎样的对应关系？怎样由已知图形的面积公式导出未知图形的面积公式？通过这些问题的讨论和交流，帮助学生理解转化的数学思想方法，理解数学知识的本质联系，才能发展核心素养。

2.“趣”在建构生活化数学，感知度量本质。多边形的面积作为图形与几何领域度量教学中公式度量的核心内容，是发展学生度量意识、直观想象、空间观念与推理意识的重要学习载体，建构数学知识与生活的联系显得至关重要。“三角形的面积”在人教版的教材编排中是将度量三角形的面积与红领巾的大小相结合，教师应充分利用这样的生活问题情境，帮助学生充分感知数学与生活的密切联系，体会数学学习的价值。在学习生活化的过程中，学生能够将知识变成看得见、摸得着的问题来探究，从中感知三角形面积的度量本质，这也为后续学习其他图形的面积积累经验。

【教学目标】

1. 理解并掌握三角形面积的计算公式，能正确地计算三角形的面积，解决实际问题。

2. 经历动手操作、观察、对比等活动过程，丰富学生数学学习的活动经验，培养学生的分析推理能力。

3. 感悟数学知识之间的内在联系和逻辑之美，激发对数学学习的积极情感。

【教学重难点】

重点：理解并掌握三角形面积的计算公式，会正确计算三角形的面积。

难点：理解三角形面积的转化以及公式的推导过程。

【教学过程】

（一）回顾知识，迁移方法

（1）复习长方形、正方形以及平行四边形的面积公式。

（2）复习推导长方形、正方形面积公式的经验：数格子。

（3）如图11-11所示，复习平行四边形面积公式的推导过程。

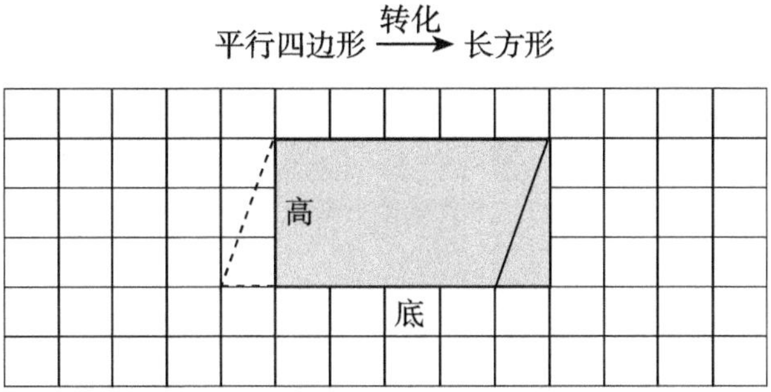

图11-11　推导平行四边形面积图解

设计意图：通过复习已经学过的图形面积公式以及平行四边形的面积公式推导过程，唤醒学生利用转化思想学习图形面积的活动经验，帮助学生找到学习本课的方向引领，温故而知新。

（二）探究新知，拓展思维

1. 建构生活情境，激发思考

（1）出示问题：生产一条红领巾，需要用多大的布料呢？

（2）讨论交流，提炼问题本质，思考三角形的面积计算方法。

2. 迁移学习方法，尝试转化

（1）利用已有知识经验，如图11-12所示，用数格子、割补法探究三角形的面积计算方法。

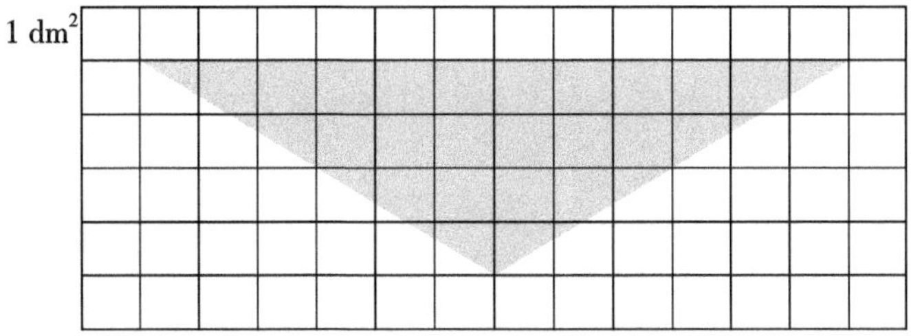

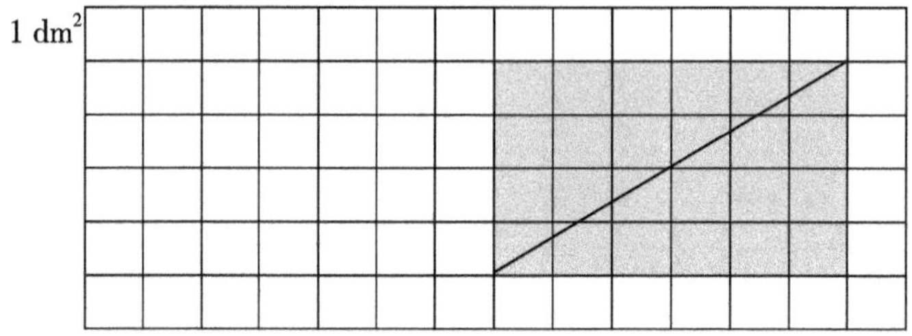

图11-12　用数格子、割补法探究面积

（2）丰富问题类型，进一步探究其他的计算方法，感知图形转化方法的多样。

① 出示三角形：如图11-13所示，这种三角形，怎样求它的面积呢？

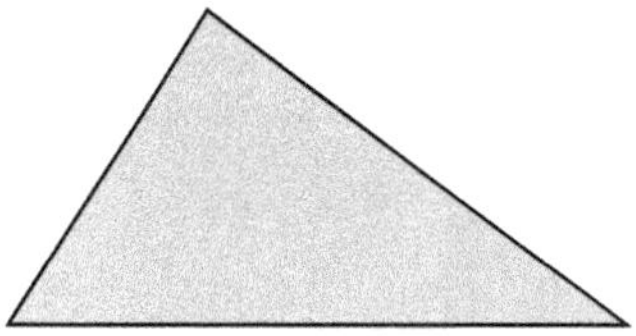

图11-13　三角形

② 小组活动：利用学具寻找将三角形转化为已经学过的图形的其他方法。学具有：锐角三角形、直角三角形、钝角三角形，每种三角形2个（大小一致）。

活动要求：观察、对比拼摆好的平行四边形与原来的三角形；同桌两人为一小组进行交流，合作完成学习单，尝试写出转化的方法和新旧图形的联系。

探究三角形的面积的计算方法

我们将三角形转化成了____________________。

我们是这样做的：__________________________

______________________________________。

观察拼成的图形和原来的三角形，我们发现__________

______________________________________。

设计意图：学生根据已有的知识经验，能够较快地利用“数格子”“割补法”计算三角形的面积。顺应学生的思维，能够初步引导学生感知计算三角形的面积的本质，即：三角形所占平面的大小中有多少个单位面积。还能迁移学习计算平行四边形的面积的方法，将三角形转化成学过的图形。但割补法在一些三角形的转化中并不明显，用一个不同类型的三角形可以激发学生进一步探究，寻找其他的转化方法。在小组活动中实现转化思想深入课堂，还能积累有效的活动经验，更清楚地体现了转化前后新旧图形的内在联系，发展学生的量感和推理意识。

③分享探究结果，上台拼摆，发现两个同样的三角形可以拼成平行四边形。学生认识“倍拼法”，观察发现：三角形的面积=拼成的平行四边形的面积÷2。

④从特殊到一般，小组再次合作，验证锐角、直角、钝角三角形都可以用“倍拼法”转化为平行四边形。

设计意图：方法的展示和提炼是课堂活动的重要环节。通过生生互动，学生更能理解“倍拼法”，从中可以得到思维的拓展。需要强调的是：两个直角三角形拼摆出的是长方形或正方形，也属于平行四边形。利用二次拼摆来验证所有的三角形都可以使用“倍拼法”转化为平行四边形的过程，发展了学生的空间观念和模型意识。

3. 类比图形联系，推理分析

（1）观察、对比，利用动图展示，发现拼成的平行四边形与原来的三角形之间的关系：平行四边形的底相当于三角形的底，平行四边形的高相当于三角形的高。

（2）推导公式：平行四边形的面积=底×高，所以三角形的面积=底×高÷2。

设计意图：对比、推理能够更好地帮助学生在学习中主动建构三角形面积计算的模型。通过分析转化前后图形间的内在联系，可以真正理解三角形的面积计算方法的由来和其中的道理，强化对三角形计算方法的记忆。

4. 感知多样转化，思辨结合

（1）如图11–14所示，根据学生拓展多种利用“割补法”将三角形转化成学过的图形的方法。

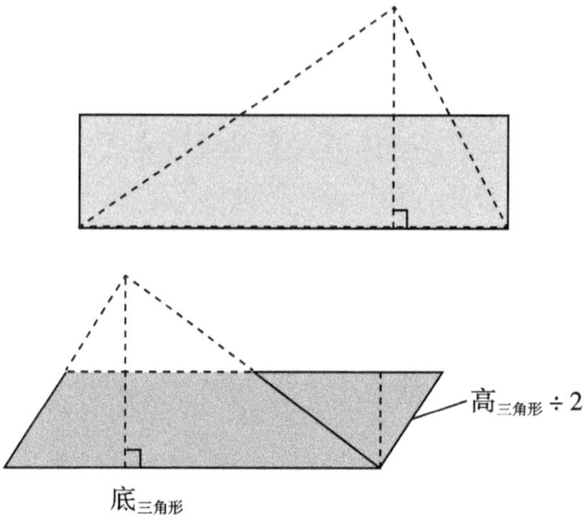

图11-14　利用“割补法”将三角形转化

（2）介绍数学史：我国古代著名数学家刘徽用“出入相补”原理计算平面图形的面积。

设计意图：深度体会不同的转化方法，让学生感受学习方法的多样性。了解运用好转化的方法才能为后续学习其他图形的面积提供思维经验的迁移点。数学史的了解可以丰富学生的内涵，“出入相补”原理的本质也与现在所提到的“割补法”相同，学生可以感受到数学古今的相通之处。

（三）解决问题，深化应用

1. 回归生活问题，应用方法

（1）出示红领巾的有关数据，独立计算红领巾的面积。

（2）解决问题。

如图11-15所示，你认识下面这些道路交通警示标志吗？一块标志牌的面积大约是多少平方分米？

图11-15　道路交通警示标志

设计意图：通过解决生活化的数学问题，有效地巩固了学生对三角形面积计算方法的应用，同时也能让学生体会到学习三角形面积计算方法的用途所在。

2. 把握本质特征，举一反三

（1）如图11-16所示，这个三角形的面积算对了吗？你能求出这个三角形以12厘米为底所对应的高有多长吗？

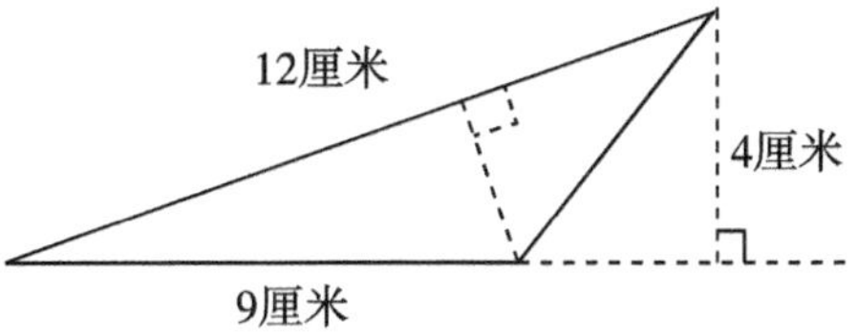

$S=ah\div2$

$=9\times4\div2$

$=18$（cm^2）

图11-16　计算三角形面积

（2）如图11-17所示，大长方形的长均是40 cm，宽均是30 cm，有（　　）个图形的涂色部分面积是600 cm^2。

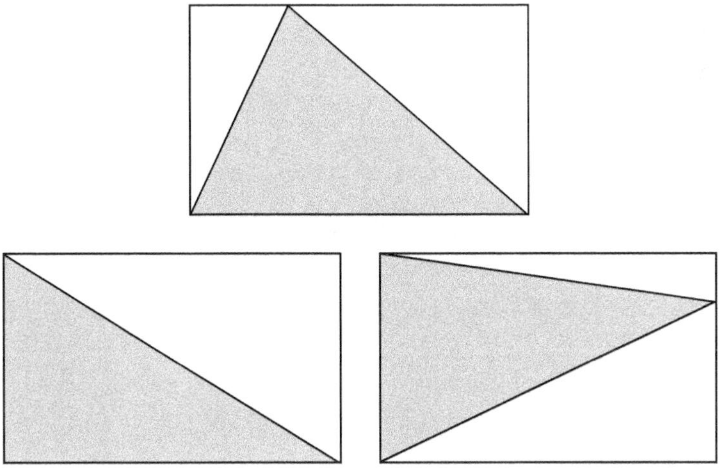

图11-17　求涂色部分面积

如图11-18所示，你能画出与这三个图形涂色部分面积相等的三角形吗？请画在下面空白的长方形中。

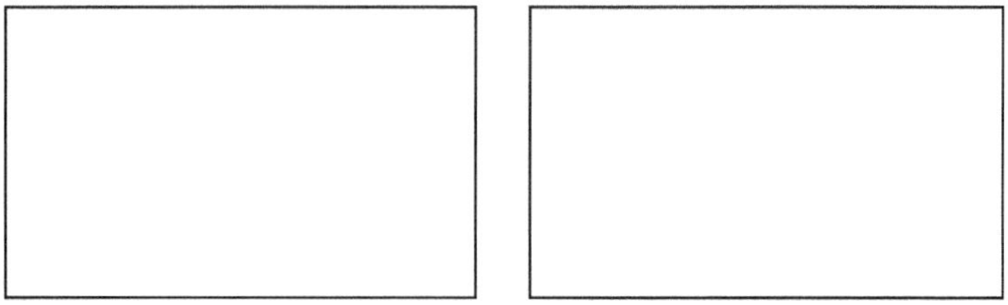

图11-18　空白的长方形

设计意图：只有明晰图形的本质特征，才能正确计算三角形的面积，感悟三角形面积与图形特征的内在关联。这两道练习可以加深对计算三角形的面积需要用对应的底和高的理解，深化对等底等高的三角形面积相等的思考。

（四）总结全课，巩固提升

师：通过本节课的学习，你有什么收获呢？

设计意图：谈谈自己的收获，回顾课堂所学的知识，可以帮助学生厘清思路，归纳整理所学的知识，提高了学生的说理和归纳能力。

（作者：厦门市集美区后溪小学　陈琪）

趣智交融，引复习走向深处

——“平面图形的面积整理与复习”教学设计

【教学内容】

小学数学人教版六年级下册P86。

【趣智思考】

小学数学“趣智课堂”主要有两条主线，因“趣”而进入“智”的思考，因“智”而体会学习的乐趣。平面图形的面积，教学内容散落在不同年级的不同单元。复习时着重引导学生回忆、整理复习这些平面图形的面积计算公式、推导过程，并以长方形和梯形作为图形生长点，探索图形面积间的互相转化，建立图形面积间的联系，构建合理的知识链，促进学生将平面图形知识结构化，使复习呈现清晰的知识脉络，进而达到更深层次的理解与运用。教师引导学生在“温故”中发现图形间互相转化之“趣”，思考图形间互相转化之“智”。如此，由趣长智，转智成趣，在趣智交融的复习中，培养学生数学思维，领悟思想方法，提升数学核心素养。

【教学目标】

1. 复习回顾平面图形面积计算公式以及推导过程，建立知识间的联系，发现面积间的内在联系。

2. 经历整理知识的过程，提高归纳、总结、概括的能力，梳理知识系统，形成知识网络。

3. 培养数学意识，渗透转化的数学思想。

【教学重难点】

1. 整理平面图形面积公式以及推导过程，并完善形成知识结构。

2. 利用知识间的内在联系解决问题。

【教学过程】

（一）小小魔术，趣引回顾

1. 魔术趣引长方形

师：我会变魔术，把这根线变成一个图形，你们信吗？（生众说纷纭，答案不一）

课件动态展示这条线围成了长方形的过程。（生恍然大悟，我们也会变）

2. 全面回顾所有图形

师：说说你会变什么图形。（正方形、平行四边形、三角形、梯形、圆形……）

（课件上动态演示围成这些图形的过程）

师：这节课，我们就来复习这些平面图形的面积。（板书课题）

设计意图： 一个小小的魔术——一根线变成一个图形，让学生体会到"数学好玩"，在好玩中回忆旧知，把不同年级所学过的所有平面图形全部罗列出来，激起学生"趣"的回顾，深深吸引了学生的高度专注，为进入"智"的复习做好铺垫。

（二）整理交流，激趣引智

1. 回顾整理图形知识

师：这些图形已经自觉排列到这个整理表了，请同学们仔细回忆这些图形面积公式的推导过程，完成以下知识整理表并在小组里交流，见表11–1。

表11–1　知识整理表

图形（标出字母）	面积公式的推导过程	图例	公式
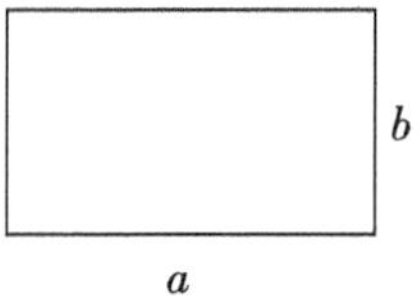	用单位面积（1平方厘米）的正方形摆一摆，用数方格的方法推导	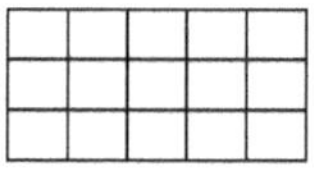	长方形面积＝长×宽，$S=a\times b$
	正方形是特殊的（　　）形，是长和宽都（　　）的长方形，它的面积公式推导过程和（　　）形相同		
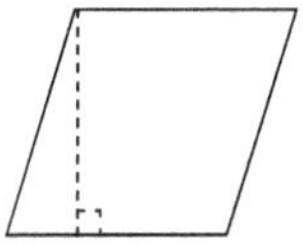	将平行四边形转化成（　　）形来计算面积，沿着平行四边形的（　　）剪开，将左边的图形平移到右边拼成（　　）		
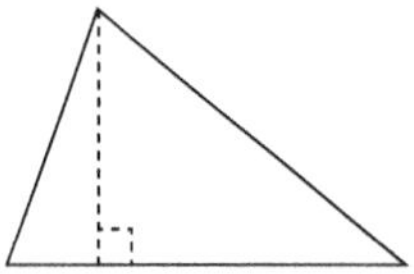	用两个（　　）的三角形拼成和它等底等高的平行四边形，也就是把三角形转化成（　　）形进行计算，三角形的面积是这个平行四边形面积的（　　）		
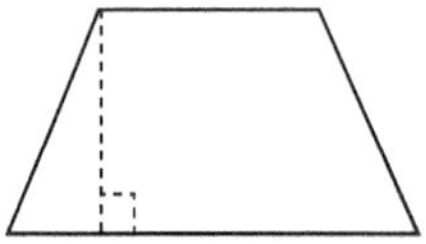	把两个（　　）的梯形通过旋转、平移、拼组转化成平行四边形。这个平行四边形的底等于梯形的（　　），高与梯形的（　　）相等。梯形的面积是拼成的平行四边形面积的（　　）。		
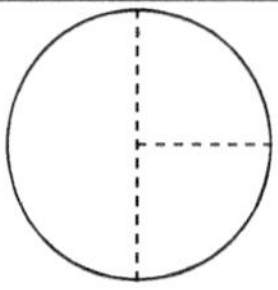	把圆平均分成若干偶数份，剪开后拼成一个近似的（　　）形。也就是把圆形转化成近似（　　）形来计算面积		

2. 展示交流，梳理知识

（请生上台展示图形知识整理，其他同学补充）

设计意图：因为有“趣”，全方位唤起学生回忆相关旧知，在合作中完成条理化、系统化的知识整理，构成层次分明、结构清晰的“知识梳理图”，从而初步建立图形间的内在联系。以“趣”激发学生进入“智”的思考，为旧知的复习与深度学习奠定坚实的基石。

（三）构建网络，智中生趣

1. 合作探究，初步构建（小组合作）

师：根据六个平面图形的面积计算公式以及推理过程，梳理平面图形之间的关系并完成以下要求：

（1）根据图形之间的关系，摆贴在卡纸上。

（2）画上箭头，形成知识结构图。

2. 汇报说理，展示交流

三名学生展示的内容如图11–19所示。

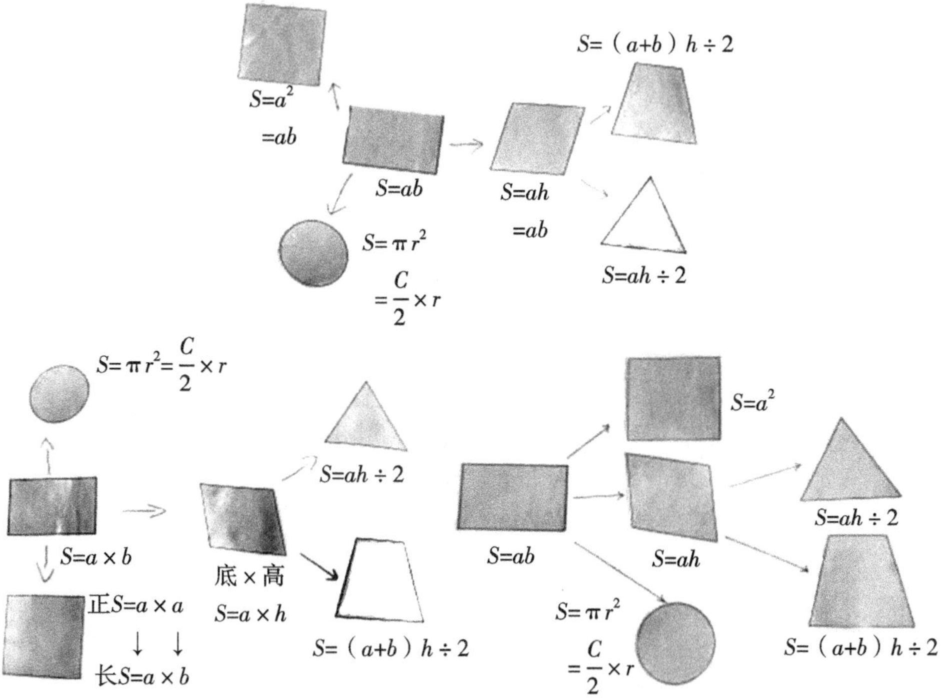

图11–19 三名学生作品

3. 欣赏“知识树”，“智”中生“趣”

师：很多同学的知识结构图都是以长方形为基础图形，把整个知识结构图整理成如下的形式，如图11-20所示。

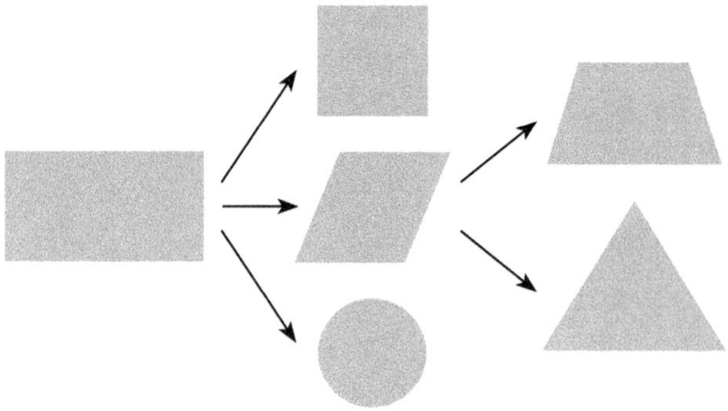

图11-20　图形梳理

师：我们可以把这个图转个方向（课件演示，学生惊喜地喊：像一棵树！）。

师：是的，我们称它为“知识树”，如图11-21所示，这棵树从下往上看，你有什么感想？

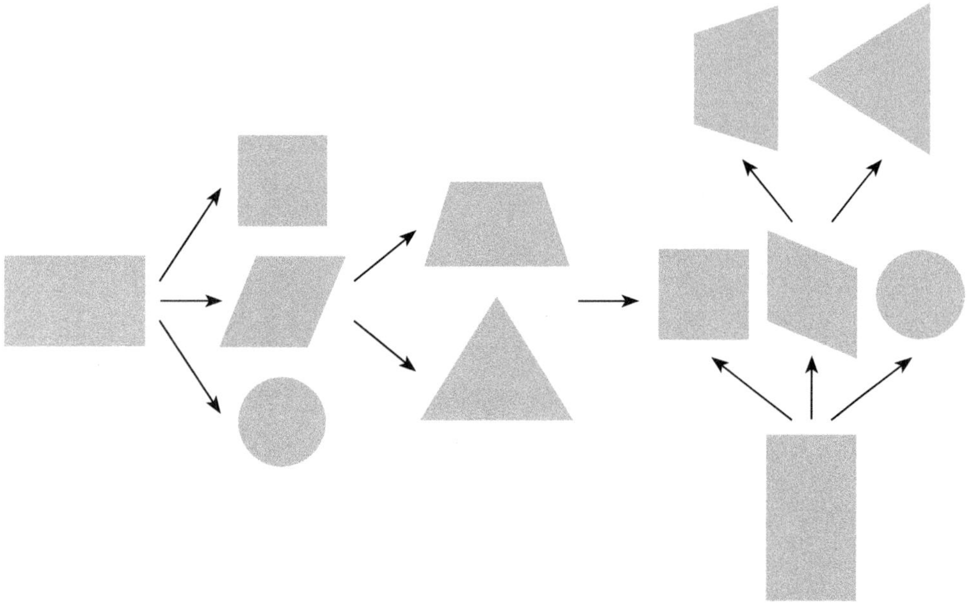

图11-21　“知识树”

（生各抒己见：长方形是树根，是所有图形的基础，知识向上生长……）

师：如果从上往下观察呢？

生：所有的图形最后转化成长方形……

4. 师生小结

未来我们还会学到更多的图形，同学们的知识树会生长得枝繁叶茂……

设计意图： 通过知识的整理，学生深化图形的内在联系后，会在动手、动脑和表达中形成清晰的知识结构。此时，教师不失时机地加油鼓劲，将知识结构图逆时针旋转90°，学生惊喜地发现“知识树”，情不自禁地“欣赏”这棵神奇的“知识树”，并分析了其以长方形为生长点，向上生长，往下转化的树型秘密，如图11-22所示。此处设计，引智生趣，趣智交融，达到“以理促联”的境界，激发了学生对旧知识新呈现的学习热情，升级了对知识的整理构建，使数学的“趣”和“智”得到了升华。

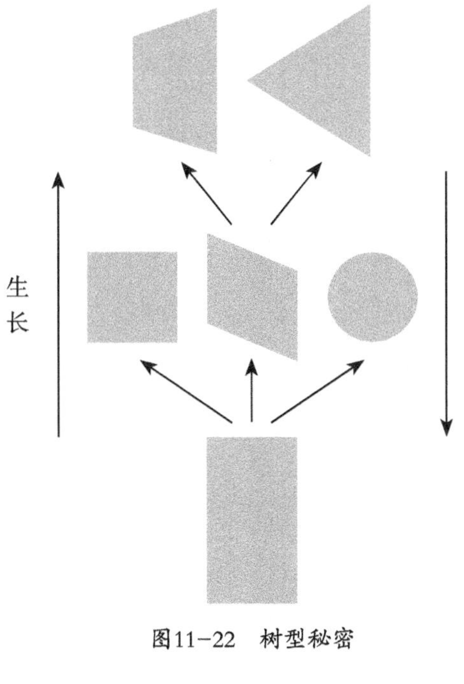

图11-22　树型秘密

（四）多维挖掘，趣智交融

1. 另寻生长点，建构新联系

师：同学们，刚才我们把长方形作为这些图形的生长点，形成了一棵神奇

的"知识树"，那么这些图形中，还有哪些图形也可以作为生长点，形成新的知识结构图呢？（生各抒己见）

（1）寻找梯形和三角形之间的联系

生1：可以把梯形作为基础图形，推出所有图形的面积公式。（上台演示并描述）

如图11-23所示，借助多媒体中的几何画板，通过可视化演示，学生清晰地看到B点沿着BA向左移动，这时梯形的上底变短，直至A，B点重合，即$AB=0$，也就是梯形的上底变成了0，梯形也变成了三角形。

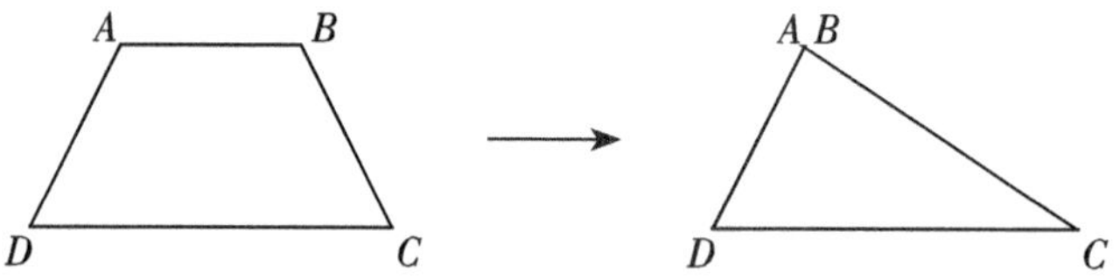

$S_{梯}=(a+b)h\div 2$

↓

$S_{梯}=(a+0)h\div 2$

$S_{三角}=ah\div 2$

图11-23　几何画板演绎梯形化三角形图

（2）寻找梯形和平行四边形之间的联系

师：还有哪些图形可以用梯形的面积公式来求呢？（生小组讨论汇报）

生2：如图11-24所示，可以把梯形上底的B点沿AB向右移动，直至和下底一样长，即$AB=CD$，这时图形变成了平行四边形。

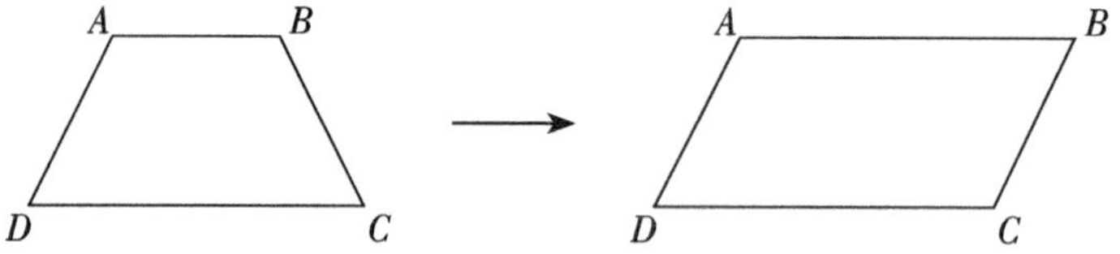

$S_{梯}=(a+b)h\div 2$

↓

$S_{梯}=(a+a)h\div 2$

$S_{梯}=2ah\div 2$

$S_{平}=ah$

图11-24　几何画板演绎梯形化平行四边形图

（3）寻找梯形和长方形之间的联系

生3：如图11-25所示，把梯形上底的A点、B点分别沿AB向左边和右边移动，直至和下底一样长，并把四个角的角度调为直角，这时梯形变成了长方形。

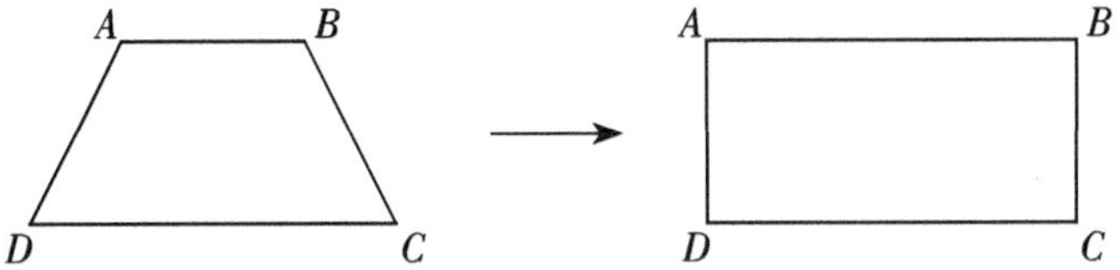

$S_{梯}=(a+b)h\div2$

$\downarrow\quad\downarrow$

$S_{梯}=(a+a)b\div2$

$S_{梯}=2ab\div2$

$S_{长}=ab$

图11-25　几何画板演绎梯形化长方形图

（4）寻找梯形和正方形之间的联系

生4：如图11-26所示，用梯形的面积计算公式也能求出正方形的面积。

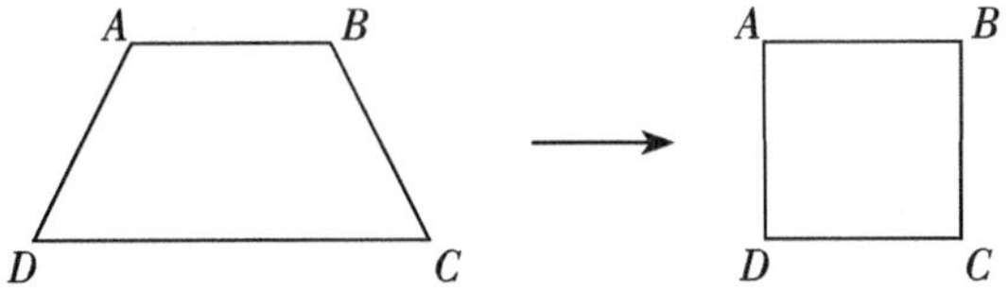

$S_{梯}=(a+b)h\div2$

$\downarrow\quad\downarrow$

$S_{梯}=(a+a)a\div2$

$S_{梯}=2a\times a\div2$

$S_{正}=a^2$

图11-26　几何画板演绎梯形化正方形图

（5）寻找梯形和圆之间的联系

生5：圆也能用梯形的面积公式算出来吗？

生6：如图11-27所示，可以找一个中间的图形进行二次转化，演示如下：

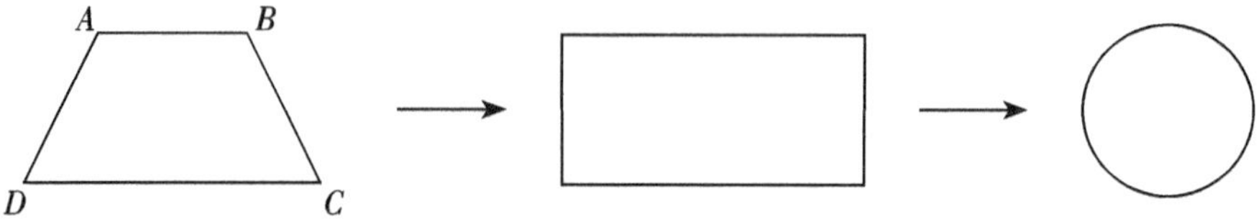

$$S_{梯}=(\ a\ +\ b\ )h\div 2$$

$$\downarrow\quad\downarrow\quad\downarrow$$

$$S_{梯}=(\pi r+\pi r)r\div 2$$

$$S_{梯}=2\pi r\times r\div 2$$

$$S_{圆}=\pi r^2$$

图11-27　几何画板演绎梯形化长方形，再化圆图

2. 另建结构图，欣赏“知识花”

（1）学生分小组继续讨论，得出以梯形为基础图形形成的知识结构图（课件同时出示图11-28）。

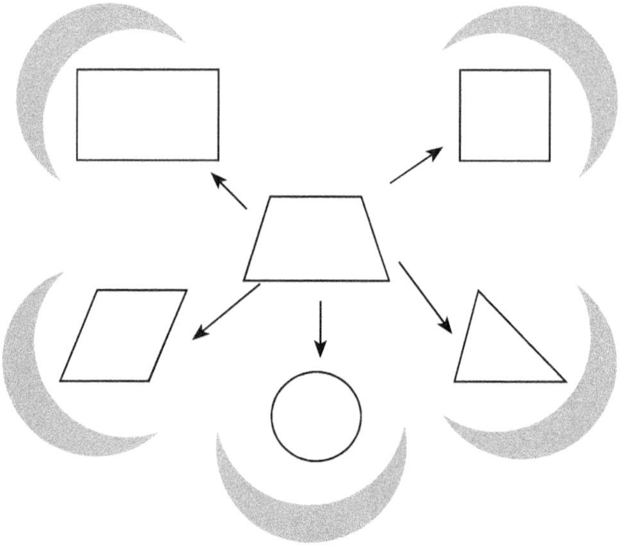

图11-28　以梯形为基础图形形成的知识结构图

（2）这时无需老师提示，学生惊喜地喊起来：知识花！知识花！

（3）小结延伸：根据这些图形，同学们还可以继续寻找以一个图形作为生长点，形成新的知识结构图，帮助自己理解这些图形的面积计算公式和推导过程。

设计意图：《义务教育数学课程标准（2022年版）》中指出：观察与描述是发展空间观念的基础，而想象与再现则是更高层次的空间观念的表现。课中，教师引导学生用探究的眼光观察图形，以多维的视角思考问题，以梯形为生长点，借助信息技术直观地进行图形变化的可视化操作，对这些平面图形再发现、再分析，从而将旧知识用新想法、新思维重新构建。在“智”的思考中，欣赏美丽的“知识花”，感受到数学的“趣”。此时在趣智交融相互促进的复习中，让学生体会数学之趣，数学之智，数学之美。

（五）迁移应用，趣智共生

（1）如图11-29所示，下面四个图形的面积相等，另外三个图形的底分别是多少？（单位：厘米）

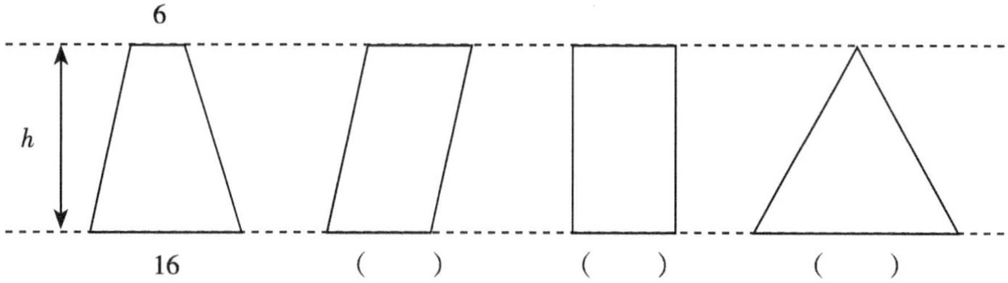

图11-29　根据面积和高求底

（2）判断题：等底等高的三角形，面积相等，形状也一定相同。请举例说明理由。

生指出等底等高，有可能形状不同。如图11-30所示。

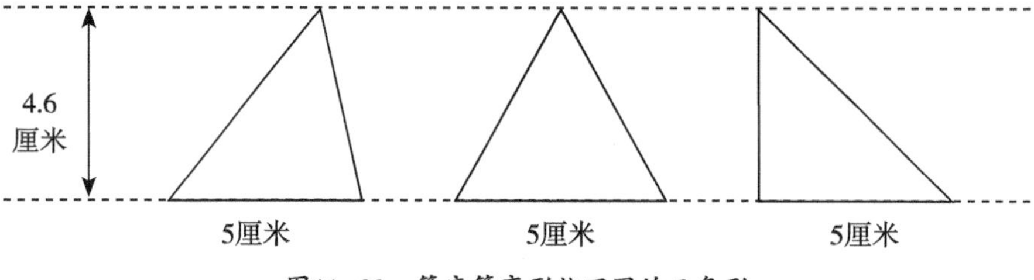

图11-30　等底等高形状不同的三角形

师：当这样两个面积相等的三角形重叠在一起时，你能找到几组面积相等的图形？

生讨论后上台演示和分享：除了两个三角形的面积相等外，还有一组三角形面积也相等。如图11–31所示。

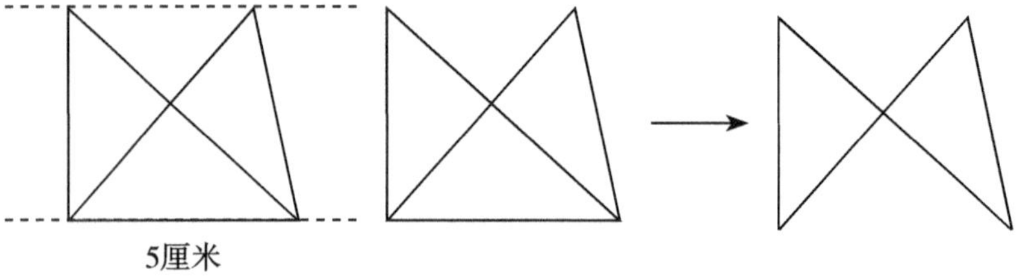

图11–31　找面积相等的图形

师：这个图形在数学上称为美丽的“蝴蝶图形”。

（3）算一算：如图11–32所示，你能求出右边阴影部分的面积吗？

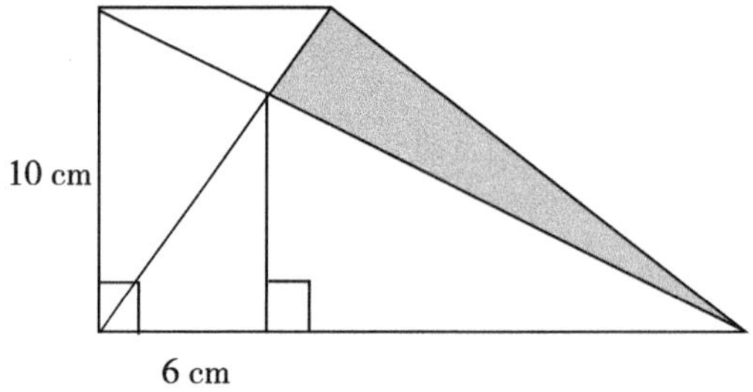

图11–32　求阴影部分的面积

设计意图：“迁移与应用”是数学学习重要的方式，“迁移”是经验的扩展与提升，“应用”是将内化的知识外显、操作的过程，是学生学习成果的体现。通过三道不同的练习：题1对图形之间的联系认知更加清晰、稳定、灵活，对转化思想方法的感悟更加深刻；题2通过正反例子的验证与分析，对三角形的概念有了更加清晰的理解，高阶思维能力得到提升；题3进一步巩固平面图形之间的知识联系，同时了解欣赏了霍纳的欧氏平面几何的蝴蝶模型，拓展了学生学习的深度和广度。三道练习环环相扣，层层进阶，学生在迁移与应用中真正感受数学趣与智的相辅相成，层层叠进，把复习推向更深处。

（六）回顾收获，全课总结

师：这节课我们复习了什么内容？这些图形可以形成哪些知识的联系？

设计意图： 通过学生对整节课知识的回顾，梳理本课所学的知识，既锻炼了学生的口头表达能力，又培养了学生的归纳整理能力。

（作者：厦门市湖里实验小学　郭春华）

第十二章 统计与概率

经历收集整理过程，发展学生数据意识

——"数据收集和整理"教学设计

【教学内容】

小学数学人教版二年级下册P2。

【趣智思考】

1. 在解决问题的过程中经历统计的完整过程，让学生感受统计的价值。例题的选择重在贴近生活，便于学生去理解，并且在细节上更注重科学性、严谨性和趣味性。如投票决定班牌选用哪种颜色合适，原则是少数服从多数；一个班的选择并不能代表全校学生的观点，理解并想一想有没有更合适的方法去解决这个问题；第二课时教学内容的画"正"字相对于其他统计数据的方法更简洁明了。结合具体的生活情境，会让学生更容易理解。

2. 统计数据的背后蕴含着丰富的信息，只有经过分析读懂这些信息，才能实现统计的最终目的。学生在经历了统计的全部过程之后，在最后的数据分析环节，由于学生年龄较小，部分学生的表达会很牵强、片面，甚至会发现跟数据完全无关的内容。因此，教师要设计合适的问题，引导学生去观察、整理、分析数据，获得数据中所蕴含的信息，经过思考后再去得到自己的观点，使学生体会到数据的力量。

【教学目标】

1. 经历简单的数据收集和整理的过程，学会用调查法来收集数据，初步了解统计表。

2. 通过对数据进行简单的分析，初步体会运用数据进行表达与交流的作用，感受数据中蕴含的信息，体会统计在决策、预测中的作用。

3. 经历统计的过程，积累基本的统计经验，培养初步的数据分析观念。

【教学重难点】

1. 学习用调查法收集数据，初步了解统计表。

2. 经历用调查法收集整理数据的过程。

【教材分析】

本单元是学生在一年级学习了“分类与整理”后，正式开始接触统计，主要学习一些简单的统计图表知识，初步经历数据的收集、整理、描述和分析的全部过程，学会用简单的方法收集和整理数据，掌握统计数据的记录方法。本部分知识是对以前非正式的统计表整理和呈现数据知识的延伸，也是学生学习建立正式统计表表象的重要环节，更是今后学习统计知识的铺垫。教科书依托学生熟悉的情境，如定做班牌、投票选人参加讲故事比赛等活动，以收集数据、记录数据和呈现数据为主，引导学生学习调查的方法并初步了解统计表，同时对数据进行简单的分析，从而使学生经历统计的全过程。本课时主要学习用调查法收集数据，初步了解统计表，注重对数据的简单分析，体现数据分析的现实意义，让学生更好地体会到统计的价值，并培养学生的统计意识。

【学情分析】

在一年级下册“分类与整理”这一单元，学生已经接触过与统计相关的内容。在日常生活中，学生也已经积累了较多的生活经验，所以本单元对于学生来说比较容易，填写统计表时不会感到太困难。关键在于引导学生学会收集信息、整理数据，根据统计表解决问题，能对数据作出简单的分析。

【教学过程】

（一）谈话激趣，引入新课

（1）师：同学们，你们喜欢现在的班牌吗？

学情预设：如果学生说喜欢，就让学生说说喜欢它的什么；如果学生说不喜欢，就让学生说说为什么不喜欢。

（2）师：看来同学们对班牌的颜色还是有要求的。新学期，二（1）班准备制作班牌，要从四种颜色中选择大多数同学最喜欢的一种作为班牌的底色，如图12-1所示。（课件出示以下四种颜色）

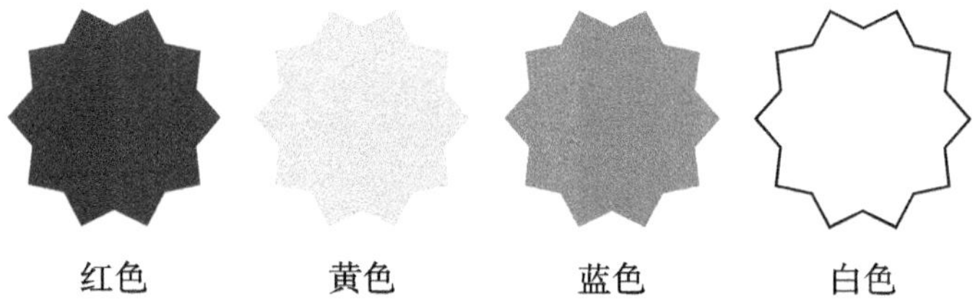

图12-1　选择一种颜色作为班牌的底色

（3）师：怎么知道哪种颜色是大多数同学最喜欢的呢？你们说的调查就是收集数据常用的方法。要知道最喜欢每种颜色的学生人数，首先要进行数据的收集。（板书课题）

设计意图：从学生喜欢的班牌颜色及颜色的确定谈起，让学生感受到收集数据的重要性和调查统计的必要性，感受生活与数据收集的密切联系。

（4）师：看来同学们喜欢的颜色不全相同，按每个人喜欢的颜色定做班牌可以吗？定做哪种颜色呢？学生展开讨论后，引导学生认识到：要少数服从多数，以大多数同学最喜欢的颜色作为班牌的底色比较好。

设计意图：让学生明确班牌的颜色不是以个人的观点来选择的，它需要整合大家的意见，最合理的方案是选择大部分同学都喜欢的颜色。到底是什么颜色呢？这就需要确定四种颜色中哪种颜色是大多数学生最喜欢的，引出用统计解决问题的方法，既体现了统计的必要性，也体现了统计的作用与价值，同时引出下一个研讨内容。

（二）亲历统计过程，体会收集数据的形式和方法

1. 讨论收集数据的方法

师：这四种颜色，你最喜欢哪种颜色？要想知道最喜欢哪种颜色的同学最多，可以用什么方法？（学生自由发言）

学情预设：学生会选择多种收集数据的方法，例如“举手”“数一数”“站到一起”等。教师可根据实际情况，从中选择学生喜欢且易于操作的统计方法。

设计意图：让学生充分地想、说。可以引导学生多说几种方式，使其体会到调查方式的多样化。在认同这些方法后想一想，哪种方法又快又准确？让学生明白，在数据少时用举手的方式收集数据比较方便。

2. 收集并记录数据

出示规则：每个人只能选一种颜色。教师分别说颜色，最喜欢这种颜色的同学就举手。

统计过程中，教师参与第一种颜色的数据统计，其他颜色的统计，让学生充当教师的角色，其余学生充当验证官，并完整表述整个过程。（板书：红色　黄色　蓝色　白色）

学情预设：会有部分学生重复举手，导致最后结果混乱。同时也会有学生发现问题，改善情况。

教师对相应情况进行提示，发挥学生的主动性，理解“每人只举一次手”的意义所在。

设计意图：通过交流，师生互动，完善调查计划，再严格按照计划进行，使学生充分意识到统计调查的严谨性。

3. 认识简单的统计表，整理数据

师：我们通过举手调查的方式，知道了最喜欢每种颜色的人数，为了让大家看得更清楚，可以用一个表格的形式来呈现结果。（课件出示完整板书）

教师边引导学生发现数据的特点，边板书颜色、人数，并画出表格。同时课件出示完整的表格，见表12–1。

表12–1　统计结果

颜色	红色	黄色	蓝色	白色
人数	5	4	26	3

师：同学们，刚才我们将统计结果用表格的形式展示出来了，这种表格就是简单的统计表。仔细观察统计表，你得到了哪些信息？（出示课件）

师：全班有多少人？你是怎么知道的？

学情预设：要想知道全班有多少人，应该把最喜欢这四种颜色的人数全部合起来。

观察表12–1中的数据，你能得到什么信息？

（1）全班共有（　　）人。最喜欢（　　）色的人数最多。

（2）这个班制作班牌，选择（　　）色最合适。

（3）如果你们班制作班牌，结果会是怎样的？试着调查一下。

师：最喜欢什么颜色的人数最多？真是会思考的孩子！你们能解决下一个问题吗？

学情预设：这个班制作班牌，选择什么颜色最合适？

（三）巩固练习

1. 完成教科书P3“做一做”

（1）师：要完成这张表格，你准备怎么做？

学情预设：引导学生找出一些容易操作的方法，如举手报名、汇报填写等。说出统计的过程：收集整理数据，填写表格，进行分析。

（2）根据收集的数据，学生独立在教科书上将表格填写完整。

（3）小组讨论并分析表格。

（4）师：你还能提出什么问题？

2. 完成教科书P4“练习一”第1题

（1）用举手的方法调查，师生合作完成统计表。

（2）根据填写完的统计表中的信息，学生独立回答问题。

（四）课堂总结

师生共同小结：在统计时要先收集数据，收集数据有举手、起立等多种方式，但无论选择哪种方式都要做到不重复、不遗漏。收集完数据后要对数据进行整理，将整理好的数据记录下来，填入表格，形成统计表。通过分析统计表，我们就可以得到想要的信息。

（作者：厦门市翔安区第二实验小学　李乾坤）

注重数据意识培养，真实情境趣智体验

——“平均数”教学设计

【教学内容】

小学数学人教版四年级下册P90。

【趣智思考】

“平均数”属于“统计与概率”的知识领域，是在学生已经了解平均分、除法运算知识以及经历了数据的收集、整理、分析等过程的基础上进行教学的。平均数作为一个统计量的学习过程，是学生在小学阶段第一次也是唯一一次利用其进行数据分析的经历。因此，平均数统计量的教学是数据意识初步形成的关键课。小学生看待问题时很难发掘问题的本质，因此基于学生的实际认知与经验，结合教学内容，笔者通过创设具有趣味性、目的性及生活化的真实问题情境，引导学生对学习内容进行思考，以此提高课堂教学的效率，培养学生的数据分析观念。本节课有如下几个特点。

1. 真实数据感知统计意义，感悟数在身边之趣。课前导入，教师让学生角色扮演，请同学们当评委为这幅《最后的家园》作品打分，让学生说说自己的想法，并将数据填入表格中，自动生成条形统计图。学生经历数据的收集统计过程，真实体验数据的产生，感知统计的意义，感悟数学就在身边的乐趣。

2. 真情说理，理解平均数意义，实现有理有据之智。课中教师提供四个评委的评分表，让学生议一议哪个分数代表这幅画的水平，放手让学生大胆阐述自己的想法，让学生自己辩论并说理，得到求出平均数的方法，并且理解平均数代表一组数据的整体水平，理解平均数的意义，展示课堂上有条不紊的大智慧。

3. 真正体验理解平均数特征，把握变与不变之本。抛出问题：如果老师也参加《最后的家园》作品的评分，平均分会发生怎样的改变？老师评的8分和平均分8分有什么不同？平均分在什么范围内？让学生结合数据进行讨论交流，让学生在真正体验数据的变化过程后，把握知识本质，构建属于自己的数学知识体系。

4. 准确信息，理解抽样统计，融合学以致用之通。课后练习中出示了铁路部门对免票儿童身高标准进行了三次调整，通过调整规定的分析，让学生联系生活与数学知识解释调整的原因。让学生在准确的信息中，理解抽样统计，利用所学知识解决问题，发展数据分析观念，提升数据意识，融合数学学以致用之通。

【教学目标】

1. 结合具体情境，在观察、操作、讨论等活动中初步感受平均数是代表一组数据整体水平的统计量，体会"代表性""虚拟性"和"敏感性"。

2. 运用平均数解决、解释现实现象，积累处理数据的经验，发展数据分析能力。

3. 联系生活理解平均数，体验应用价值，提升解决问题的能力。

【教学重难点】

1. 理解平均数的意义，掌握求平均数的方法。

2. 体会平均数的特征，感悟平均数的统计意义。

【教学过程】

（一）真实数据感知统计意义

1. 导入

这是一幅"2023年厦门市中小学生环境健康杯绘画比赛"作品，请同学们当评委为这幅《最后的家园》作品打分。打分要求：满分是10分，且是整数分，请把分数写在单子上。

2. 收集数据

收集4个学生代表的打分，现场填入表格中，并自动生成条形统计图。

设计意图：数学教学要面向全体学生，贴近学生的生活实际，使学生掌握恰当的学习方法。因此，教学中教师可以用学生实际生活中的素材导入，组织生活化的实践活动，让学生直观感知数就在身边。学生对数学的兴趣首先源于对学习材料的兴趣。课始，鉴于数学与生活的密切联系，通过创设具体的情境，让学生进行角色扮演，对绘画作品进行评分，让学生经历数据收集统计的过程，真实体验数据的产生，感知统计的意义。课上让学生经历完整的数据收集统计过程，感知统计的意义，感悟数学就在身边。

（二）真情说理，理解平均数意义

（1）出示评分表（见表12–2）和评分条形图（如图12–2所示）：哪个分数最能代表这幅作品的整体水平？为什么？

表12–2 《最后的家园》作品评分表

评委	评委1	评委2	评委3	评委4	老师
分数	9	10	7	5	9

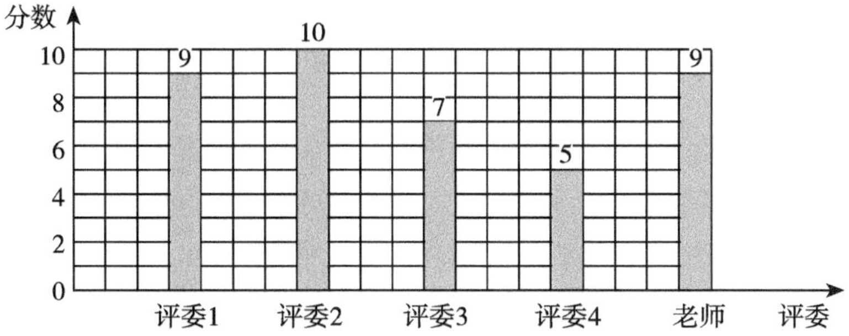

图12–2 《最后的家园》作品评分条形图

（2）引导学生用“先合后分”和“移多补少”求出平均数，理解平均数代表一组数据的整体水平，以及平均数的虚拟性特点。

设计意图：平均数是一个抽象的统计量，其具有虚拟性。学生对于平均数的意义容易停留在算术理解的层面，只记住求总和，再平均分就能求出平均数，然而其意义并没有真正理解，因此，课上留足时间和空间让学生辩论，通过磁贴展示“移多补少”和“求和均分”的过程，并在这一过程中直观地感受平均数是怎样刻画一组数据的集中趋势的，有助于他们达成对平均数统计意义的深度理解。

（三）真正体验，理解平均数特征

个别数据改变对平均数的影响。出示评分表（见表12–3）和评分条形图（如图12–3所示）。

表12–3 《最后的家园》作品评分表（无教师评分）

评委	评委1	评委2	评委3	评委4	老师
分数	9	10	7	5	?

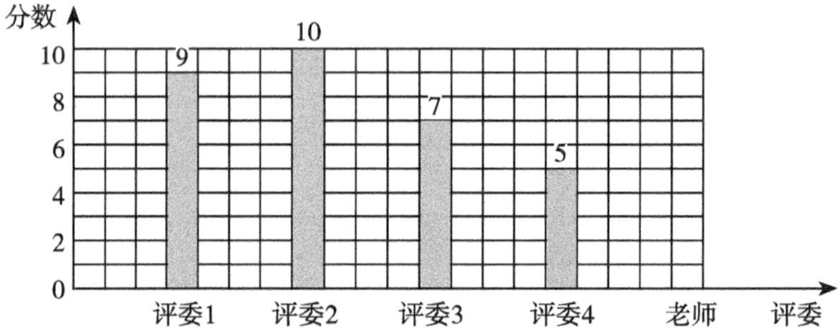

图12–3 《最后的家园》作品评分条形图（无教师评分）

提问1：如果老师也加入评分，平均分发生怎样的改变？请分析说明。

提问2：无论老师评的分数是多少，平均数的数值总是在什么范围内？

提问3：若老师评8分，那么老师评的8分和平均分8分，这两个8表示的意思一样吗？

根据学生的讨论结果，适时用小程序展示平均分不变和变的情况，体验平均数的区间性和敏感性。

设计意图：《义务教育数学课程标准（2022年版）》指出“数学为人们提供了一种理解与解释现实世界的思考方式”，要引导学生学会用数学的思维思考现实世界。因此，教学中，教师要立足数学知识本质开展教学，通过改变问题条件，启发学生思考。平均数的敏感性表现在它反映的是一组数据的整体水平，任意一个数据的变化都会引起平均数的变化。因此，本环节让学生讨论若个别数据改变对平均数的影响，提出如果老师也参加《最后的家园》作品的打分，老师的分数会改变这幅作品的平均分吗？在学生的讨论和软件的作用下，让学生体会一组数据中任意一个数的变化都会引起平均数的变化，从而直观感受平均数的敏感性，帮助他们获得对平均数意义的深度理解。

（四）真确信息，理解抽样统计

（1）铁路部门对免票儿童身高标准进行了三次调整，你读懂了哪些信息？

① 1997年施行的《铁路旅客运输规程》规定：免票儿童的身高为1.1米（含）以下。

② 2010年施行的《铁路旅客运输规程》规定：免票儿童的身高为1.2米（含）以下。

③ 2023年施行的《铁路旅客运输规程》规定：免票儿童的身高为1.2米（含）以下，或者未满6周岁。

（2）根据信息回答问题。

① 免票儿童的身高标准1. 1米是怎样来的？

② 你发现儿童免票标准有什么不同？为什么会有这样的变化？

③ 如果你是铁路部门领导，2035年你会怎样制定免票标准？

设计意图：教育家陶行知说：“行是知之始，知是行之成。”此观点精辟概括了学以致用的重要性。数学来源于实践又反过来为实践服务，故培养学生的数学应用意识尤其重要。有效的统计活动，一要统计的内容具有实际的价值，二要让每个学生都能充分参与。本环节通过真确信息——铁路部门对免票儿童身高标准进行了三次调整，让孩子根据所学知识进行分析，读懂调整的目的，结合现实背景进行讨论。让学生进行思考：如果铁路部门以后要再次调整《铁路旅客运输规程》，要怎样确定免票儿童的身高标准？让学生经历抽样调查的统计过程，使学生更加深刻地领悟了平均数的意义与价值，有力促进数据意识的形成。

（五）总结全课

本节课同学们学习了平均数，谁来分享一下你的收获？

设计意图：引导学生梳理知识点，形成知识体系。通过交流生活中的平均数，感受平均数的应用在生活中随处可见，进一步体会平均数的价值。

（作者：厦门市深田小学　林巧莲）

贴近学生现实谋划，培养数据分析观念

——“条形统计图”教学设计

【教学内容】

小学数学人教版四年级上册第七单元内容。

【趣智思考】

纵观小学阶段“统计与概率”内容的编排，如图12-4所示，不难看出，在第一学段，学生已经初步经历了简单的数据整理过程，能用自己喜欢的方式（文字、画图、简单的统计表等）呈现分类计数的结果。

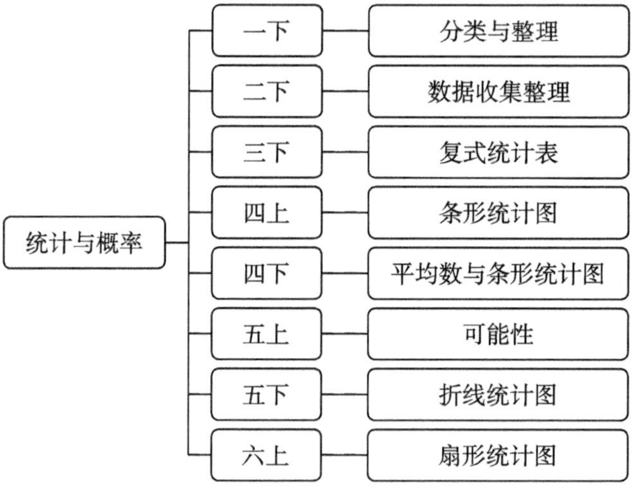

图12-4 统计与概率

本单元在编排时，注意承上启下。承上是注意与已有知识的联系。例如，在编排条形统计图时，注意引导学生与以前学过的统计表、象形统计图等进行对比，说明它们各自的特点和作用，从而加深对条形统计图的认识。启下则体现在两个方面：一是一些知识不再作为正式内容进行教学，如横式条形图、第一格用锯齿形表示的条形图等，教材就在“做一做”或习题中进行介绍；二是为以后的学习做铺垫，如通过有联系的条形统计图的对比，使学生感觉到看两个图对比不是很方便，为以后学习复式条形统计图积累经验。

《义务教育数学课程标准（2022年版）》提出，创设真实情境，引导学生经历简单的数据收集和整理，感悟收集数据的意义和方法，用数学语言表达数据所蕴含的信息，形成初步的数据意识。四年级学生已经有一定的数据收集和数据分析的能力。因此，本节课通过创设真实的情境，让学生经历条形统计图的形成过程，并且通过解读条形统计图，培养学生的数据分析意识。

【教学目标】

1. 学生经历简单的收集、整理、描述和分析数据的过程，初步认识条形统计图，知道1格表示1个单位。

2. 学生在解决实际问题中，经历数据收集、分类整理、描述和分析的过程，能从条形统计图中获取信息，培养初步的数据意识和应用意识。

3. 学生感受统计在生活中的应用，体验数学的价值，渗透统计思想和数形结合思想，培养初步的数据分析观念。

【教学重难点】

重点：经历收集、整理、分析数据的过程，认识条形统计图，会进行简单的数据分析。

难点：通过观察、对比与交流，体会条形统计图的特点和优势。

【教学过程】

（一）情境导学，做好铺垫

用自己喜欢的方式整理数据。

我国颁布“双减”这一政策，想要减轻同学们的课内外作业负担，提倡参加社团活动，课程可以自己选择，教师课前收集数据，出示四（1）班每个学生最喜欢的社团活动数据。

师：现在你能马上知道喜欢每个活动的总人数吗？信息太凌乱了，该怎么办？

生：整理！

（二）合作探学，多维交流

独立思考、动手操作。

要求：请你用自己喜欢的方式对上面的数据进行整理。

学生作品展示。

（教师重点借助象形图来解释、表达数据，通过多媒体手段把象形图映射成条形统计图，引导学生逐步认识条形统计图。）

设计意图：调查的原始数据没有整理，学生不能很快地看出喜欢各社团活动的人数谁多谁少，杂乱无章的数据使学生意识到整理数据和直观有效表示数据的重要性，体会只有数据有序，才能观察和分析数据，发现其中蕴含的数学信息。

（三）对比研学，深化体会

1. 认识条形统计图

教师先用多媒体展示由象形图到条形统计图的过程，一起认识、学习横轴和纵轴：

（1）同桌交流：观察条形统计图（如图12–5所示），你能得到什么信息？（请代表起来发言，教师逐步引导出条形统计图各部分的名称。）

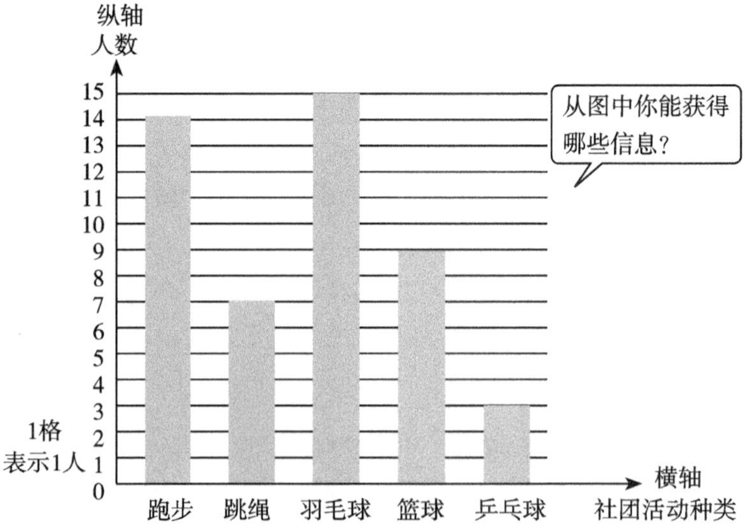

图12–5　条形统计图

设计意图：教师先展示象形图转变成条形统计图的过程，让学生初步认识条形统计图各部分的名称，再由小组讨论交流，从条形统计图里面得出相关信息，更深刻、更好地掌握“以一当一”的概念。

（2）对比一：同桌交流。观察象形图和条形统计图（如图12-6所示），哪种表示更清楚？

（引导学生发现条形统计图的特点：清晰、方便、直观。）

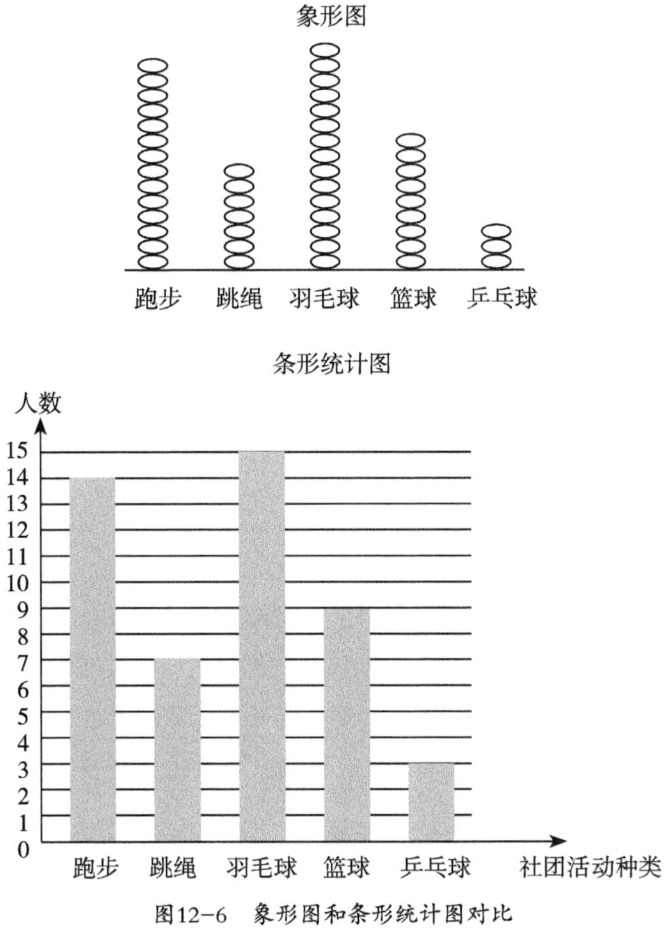

图12-6　象形图和条形统计图对比

（3）对比二：为了进一步探究条形统计图的优点，师生先玩一个小游戏（数据变大，在统计表中没办法一眼看出最大数和最小数）。

① 探究小游戏：只给3秒，你能一下在图12-7和表12-4中找出哪个城市人口最多和最少吗？

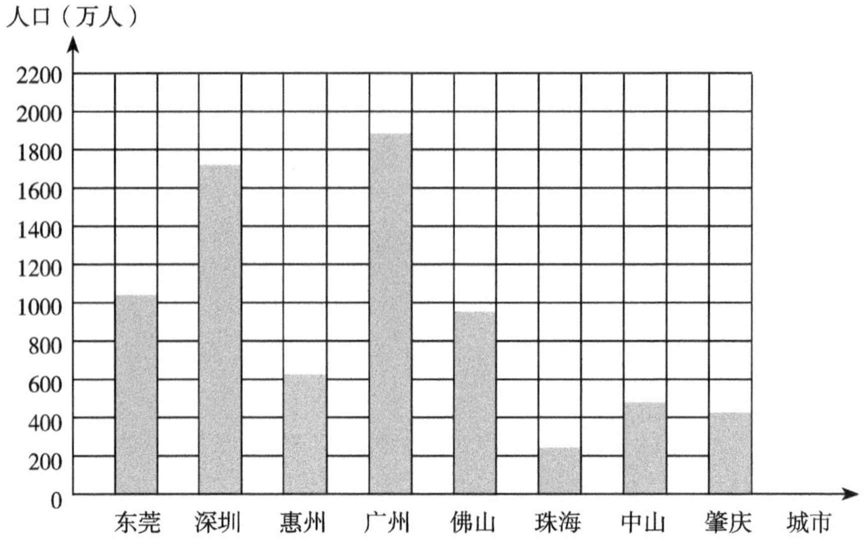

图12-7　不同城市人口统计图

表12-4　不同城市人口调查表

城市	东莞	深圳	惠州	广州	佛山	珠海	中山	肇庆
人口（万人）	1046.7	1756	604.3	1867.7	949.9	244	441.8	411.4

② 同桌交流：通过游戏，你更喜欢哪种表示方式？为什么？

（引导学生发现条形统计图的特点：能比较数据多少）

设计意图：通过让学生"独立思考—同桌交流—小组汇报—同学互评—师生互评"的学习过程，教师引导学生发现条形统计图的特点与优势，学会借助数与形的结合更加清楚、直观地表达、比较数据，进一步体会条形统计图产生的必要性。

2. 绘制条形统计图，进行数据分析

四（1）班和四（2）班一起统计参加社团活动的人数，见表12-5。

表12-5　参加社团活动的人数

社团活动种类	跑步	跳绳	羽毛球	篮球	乒乓球
人数	18	20	30	19	6

（1）制图

学生分组填制条形统计图，由于教师给学生准备的条形图格子比较少，学生发现问题并提出“格子不够用了”，同时出示“添格涂”“拐弯涂”“用1格表示2人”三种方案，选出“以一当二”最优方案。

追问：

① 图中1格表示2人，怎样在图中找出表示19人的直条高度？

② 如果调查我校四年级200名同学，1格应该表示多少？

（2）描述和分析数据

① 喜欢哪种社团活动的人最多？喜欢哪种社团活动的人最少？

② 有1个人请假没有选择，如果加了这个人会改变第①题的选择结果吗？

③ 从统计结果看，你希望下学期社团活动怎么开设？

设计意图：教师引导学生读出统计图表中蕴含的信息，让学生能根据不同需要和目的调整统计调查的方案，且以问促思激发“以一当几”的需要，为后续学习做铺垫。同时，学生能够感受统计在生活中的意义和价值，从关注数据本身逐渐过渡到基于数据进行一些有意义的推断、预测。

（3）拓展提升，德育渗透

思考1：看了图12-8的条形统计图，你有什么感想？（培养学生的爱国主义情感）

思考2：你觉得条形统计图还有可能长什么样？（培养学生的创新意识）

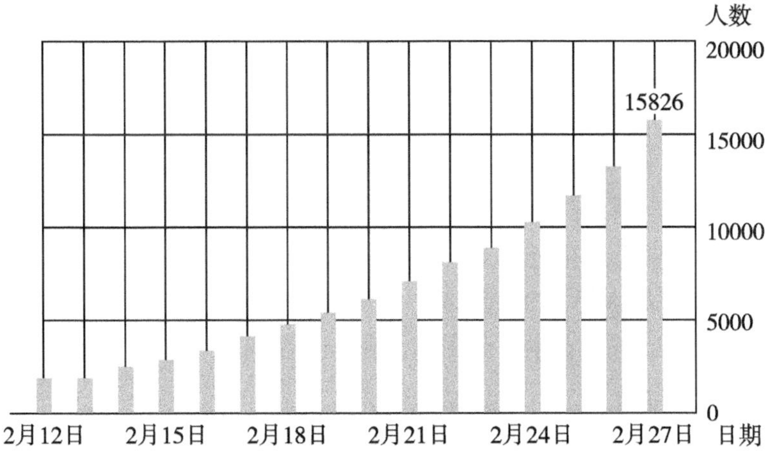

图12-8　某疾病治愈人数情况统计图

设计意图：《义务教育数学课程标准（2022年版）》提出要立德树人，本环节借助2019年我国疫情时期这一大背景，展示了横式的、动态的条形统计图，拓宽了学生的视野。

（四）课堂小结，知识升华

通过今天这节课的学习，你对条形统计图了解了多少？还想学习什么相关知识？

（作者：厦门市同安区新辉小学　郭心怡）

基于真实情境，培养数据意识

——“折线统计图”教学设计

【教学内容】

小学数学人教版五年级上册P104～106。

【趣智思考】

1. 真实情境激“趣”。《义务教育数学课程标准（2022年版）》强调“源于学生现实的各种学习素材应当真实可信”。例如，设计的问题情境客观存在，提供的数据可信且具有实际含义，需要研究或解决的问题确实存在。“真实情境创设可从社会生活、科学和学生已有的数学经验等方面入手，围绕教学任务，选择贴近学生生活经验、符合学生年龄特点和认知加工特点的素材”。本节课以鼓浪屿地域特色旅游情境为知识“附着点”，鼓浪屿旅游部“小经理”该如何出谋划策？基于学生熟悉的旅游话题唤醒其已有的统计学习经验，为新知教学做好铺垫。

2. 多种方式提“智”。数学教学应引导学生积极参与，完成学生的主体活动，促进学生核心素养的发展。创设“识图”“析图”“辨图”“画图”“用图”“品图”等活动，给学生充分思考、判断、比较、自主探索的空间。学生在感悟、选择、反思中认识折线统计图，理解折线统计图中的点是表示数量的多少，线的倾斜幅度和趋势表示数量的增减变化情况；接着学生观察整个折线统计图，分析出疫情对旅游业的影响，并据此做出决策和预测，再次理解统计的现实意义，为振兴旅游业做出预测和决策。由点及线、由线及面层层深入，不同层次的活动和多种学习方式进一步激活了学生的数学思考，培养了学生的数据意识。

【教学目标】

1. 认识、了解单式折线统计图及其特点和作用，根据需要用折线统计图直观表示统计数据，并进行简单的数据解释和分析、预测。

2. 经历探究折线统计图特点与作用的过程，能根据提供的数据在方格纸中有条理地绘制单式折线统计图，能发现、提出、分析、解决问题。

3. 体会并感受折线统计图在现实生活中应用的广泛性和重要性，体验到数学与生活的密切联系，激发学习数学的兴趣。

【教学重难点】

重点：认识折线统计图的特点，会看折线统计图，并能根据数据进行合理的分析。

难点：理解折线统计图的特点，根据数量的增减变化情况合理预测发展趋势。

【教学准备】

多媒体课件、学习单等。

【教学过程】

（一）情境导入——引图

师：同学们，众所皆知，咱们厦门是著名的旅游城市，今天想聘请咱们班为鼓浪屿旅游部“小经理”，一起来为鼓浪屿2023年的五一旅游旺季做好策划。

1. 收集数据

收集鼓浪屿2016—2022年五一期间的游客人数。

2. 整理数据

（1）出示统计表、条形统计图

整理数据形成统计表，还可以做成条形统计图，你从中得到哪些数学信息？

（2）条形统计图的优点

从条形统计图能直观看出数量的多少，方便比较。

3. 揭示课题

师：从图上，我们可以看出数量在不断地变化着，它们是怎样变化的？请大家伸出右手一起用手比画。

教师把大家比画的痕迹画下来，它就是今天我们要研究的折线统计图。

设计意图：利用学生熟悉的真实生活情境，通过对数据的整理复习条形统计图，激活学生的原有认知经验，通过真实的问题，让学生切实感受数据蕴含的信息，体会数据信息的现实意义是数据意识培养的基本策略。

（二）交流辨析——识图

1. 提出研究内容

师：根据研究统计图的经验，我们应该从哪些方面来研究折线统计图？

预设：组成、画法、特点、应用。

2. 小组合作探究

（1）自主研究，教师巡视指导。

（2）汇报交流折线统计图的组成。

小组：点、轴、线、标题。点表示游客人数（数量的多少），线表示数量的变化。

① 探究点的奥秘。

折线统计图的每一个“点”表示数量的多少。

小结：点越低，数量越少；点越高，数量越多。

② 探究线的奥秘。

师：研究完点，我们再来研究线，关于线你们有什么发现？

小组：有上升、下降、平稳。

师：线的朝向不同表示的意义不同，数学上我们把它叫作趋势。

师：同样在上升，哪段增长得最快？哪段增长得最慢？你是怎么比较的？

预设——生：计算。如果不用算，用看的呢？

师：越陡说明什么呢？幅度越大表示越陡，增长得快；幅度越小表示越缓，增长得慢。同样，下降的也可以说，谁比谁下降幅度大。

设计意图：识图是分析预测的基础，是整体把握的根基，脱离了识图，数据的分析判断就成了无本之源，也只有不断积累识图的经验，数据分析观念才能得到发展。有效的教学活动是师生积极参与、交流互动、共同发展的过程。本环节互动热烈，课堂气氛活跃，让学生通过小组交流讨论探究了折线统计图的奥秘。

3. 分析数据，尝试预测

师：谁能描述这6年鼓浪屿五一期间的游客人数是怎样变化的？你能分析造成这种变化的原因吗？

（1）预测：2023年鼓浪屿五一期间的游客人数大约会是多少万人？

（2）提供背景信息，再次预测。

（3）提出建议，进行决策：根据你的预测做出相应的决策。

小结：当背景信息足够多的时候，结合折线统计图的趋势能帮助我们更好地进行判断和预测，并做出决策。

4. 辨析对比

条形统计图和折线统计图有什么相同点和不同点？

小结：条形统计图和折线统计图都能表示出数量的多少；折线统计图不仅能表示数量的多少，还能看出数量的增减变化情况——这就是折线统计图的特点。

设计意图：统计的教学要让学生经历统计的过程，能根据统计的数据做出简单的判断和预测。分析、预测为决策提供数据支撑，让学生感悟用数据“说话”。

（三）深化总结——画图

1. 依表择图

下列两组数据（见表12–6、表12–7）用哪种统计图更合适？

表12-6　2022年厦门某旅行社接待旅游参观人数统计表

地点	曾厝垵	老院子	鼓浪屿	园博苑	南普陀	影视城
人数（万人）	25	23	28	21	11	19

表12-7　厦门市2017—2022年旅游总收入统计表

年份	2017	2018	2019	2020	2021	2022
收入（亿元）	1268	1402	1590	1400	1650	1710

小结：同一事物在不同时期的变化情况用折线统计图来表示更合适。

设计意图：作为"折线统计图"的起始课，两种统计图的特征凸显是有必要的，通过比较也能让学生体会到学习折线统计图的必要性，从而提高学习兴趣。

2. 依表画图

师：同学们都善于选择合适的统计图了。那你会画折线统计图吗？

（1）画法：描点—标数—连线。

（2）画图：请你根据厦门市2017—2022年旅游总收入统计表数据，独自绘制折线统计图。

（3）思考：厦门市旅游总收入总体趋势是什么？整体呈上升趋势。

（4）对比：教师用电脑绘制折线统计图，同一组数据为什么有两种不同的折线统计图？

小结：在绘制时，应根据实际情况和数据特点灵活处理，让统计图更简洁、更科学。

设计意图：让学生亲历画图的过程，正是感悟折线统计图特征的过程，通过描点感受折线统计图能通过点看数量多少的特点，通过一段一段的连线感悟变化趋势。

（四）理解辨析——用图

（1）生活中的折线统计图。

（2）出示体温统计图，如图12-9所示。

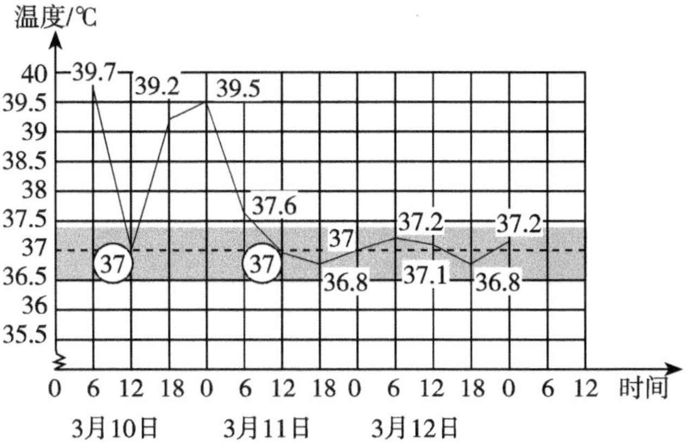

图12-9　陈东3月10日—3月12日体温统计图

① 谁能用讲故事的方法说一说？

② 图中的两个37 ℃一样吗？

③ 从体温上看陈东的病情是在恶化还是在好转？

设计意图：通过开放式的读图讲故事环节，让学生把生活经验和数学知识融会贯通，进一步加深对折线统计图的认识，凸显统计的应用价值。通过对比，知道分析折线统计图不仅要看线的变化还要看数据大小，及要拥有长远的眼光。感受数据统计对生活具有指导意义。

（五）拓展升华——品图

1. 比图

不画图、不说话，用手势比画出豆豆同学的视力变化情况。

师：谁来说说豆豆1～5年级的视力是怎么变化的？你想对她说什么？

2. 说图

如图12-10所示，这三张折线统计图统计的内容可能跟什么有关？

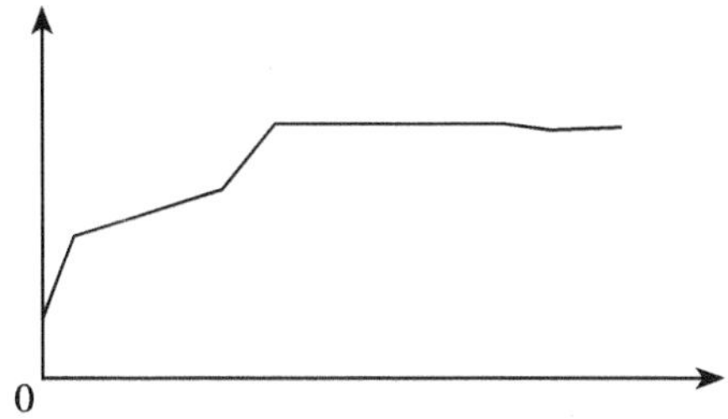

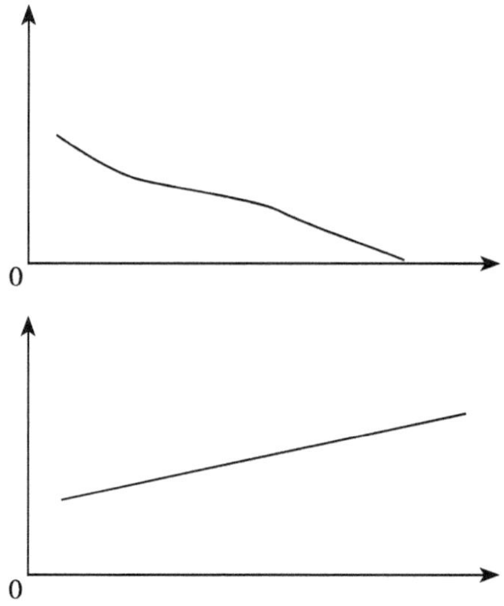

图12-10　折线统计图

3. 品图

（1）举例辨析：对比图12-11～图12-13，感悟具体情况具体分析的理性精神。

（2）拓展延伸：感受我国扶贫事业取得的成就。

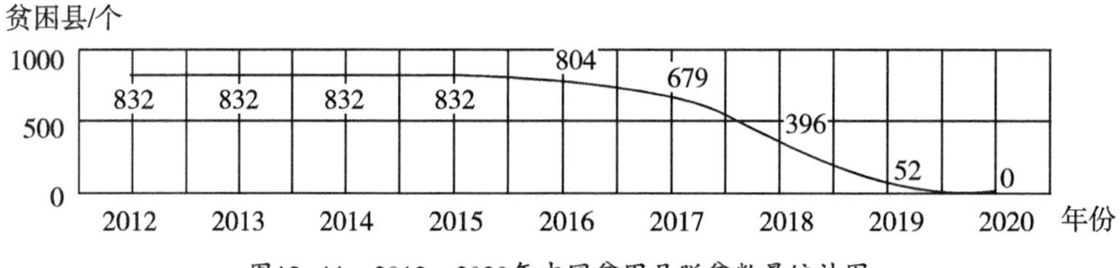

图12-11　2012—2020年中国贫困县脱贫数量统计图

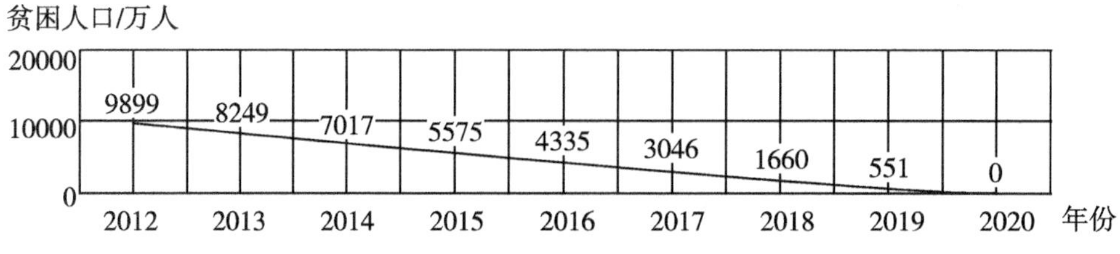

图12-12　2012—2020年中国贫困人口数量统计图

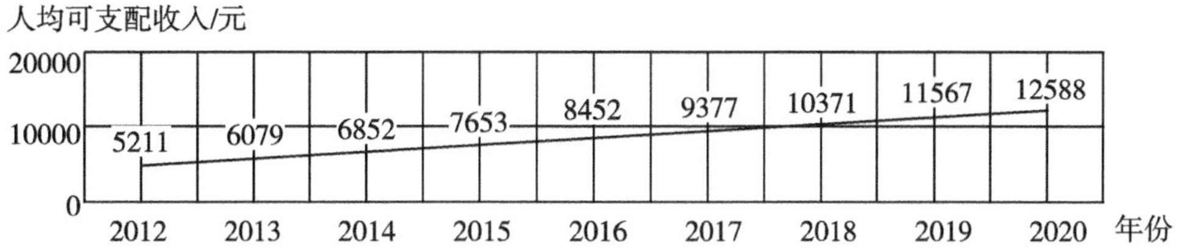

图12-13 2012—2020年中国贫困地区居民人均可支配收入统计图

设计意图：拓展应用环节呈现三个层次，比图是特征的夯实，说图既强化了学生对特征的认知，又使数据分析落到了解决生活问题的实处，学生感受了统计来源于生活服务于生活的目的。品图能使学生感受统计的说服力，适时地渗透爱国主义教育和激发学生的科学探究精神。

（六）回顾总结，反馈评价

师：回顾这节课的学习，你们有什么收获？

（作者：厦门市翔安区马巷中心小学 洪淑青）

统计“过去”，分析“未来”

——“扇形统计图”教学设计

【教学内容】

小学数学人教版六年级上册P94～95。

【趣智思考】

1. 教学情境中的“趣”。从学生非常熟悉的买书情境展开教学，一则可以使学生体会到统计的真实意义，二则有利于学生理解扇形统计图的特点与用途。努力挖掘学生身边的数学元素，拓宽学生收集数据的渠道，充分调动班级学生参与的积极性，让孩子经历收集数据的过程，并注重体会整理数据的方法，最后再进行数的分析。孩子们在实际的课堂活动中，感受数据收集的“趣”，数据分析的“趣”，凸显统计与生产、生活密切的联系，感受生活中处处有数学，体会生活中蕴含的数据的“趣”。

2. 数据分析中的“智”。扇形统计图作为小学数学数据统计的最后一课，是“数据的收集与整理”重要的一课。它重在表示部分与整体的关系，因此，教学时，注重从统计的意义和作用出发，体会扇形统计图的特点和用途。扇形统计图的优势是能够直观、清楚地反映各部分数量占总数的百分比，因此，应该通过比较、分析、应用等活动过程，使学生体会到根据各种统计图的不同特点，从不同的角度反映数据的特征，从而从整体上认识与理解扇形统计图。能读懂扇形统计图，从中获取必要的信息，并在分析数据时体会统计在现实生活中的作用。

【教学目标】

1. 结合具体情境，初步认识扇形统计图的特点和作用，知道扇形统计图能直观地反映部分与整体之间的关系。

2. 经历探索扇形统计图的过程，能读懂扇形统计图，从中获取必要的信息，进一步体会统计在现实生活中的作用。

3. 在学习中感受扇形统计图的价值，领悟统计方法与统计思想。

【教学重难点】

重点：了解扇形统计图的意义、特点和作用，会读扇形统计图。

难点：理解扇形统计图的特点和作用。

【教材分析】

教科书联系学生的生活实际，创设了学生在校园里参加各种体育活动的情境，为引入有关统计数据提供现实背景。通过统计表中的数据提出对数据的进一步处理要求，让学生将统计表中的数据填入未完成的扇形统计图，经历用面积不同的扇形表示各部分数量占总数百分比的过程，初步了解扇形统计图的特点。通过不同的统计内容让学生选择合适的统计图，在统计图的多样化与优化中进一步认识各种统计图的特点。同时让学生体会对于相同的统计对象，当需要表达的信息不同时，选择的统计图也不同，进一步感受统计的价值，发展数据分析观念。

【学情分析】

学习本单元之前，学生已经掌握了一定的统计知识。例如，经历简单的收集、整理、描述和分析数据的过程：会根据实际问题设计简单的调查表，能选择适当的方法收集数据；能用条形统计图和折线统计图表示数据；能解释统计结果，根据结果做出简单的判断和预测，并能进行交流。此外，学生刚刚学习了百分数的相关知识，认识了扇形。这两方面的内容为学生学习本单元的知识打下了坚实的基础。

【教学准备】

课件、学习单等。

【教学过程】

（一）情境引入，感悟统计

1. 导入

我们学校要进行“书香班级”的评比，需要采购图书。如果学校给每班拨款1000元，购买四类图书，在购买前，你觉得我们需要先做什么？（课件出示）

出示：收集数据—整理数据—绘制统计图—进行分析。

2. 收集、整理数据

教师组织举手进行投票，学生将投票结果整理到表格中，见表12–8。

表12–8　学生投票结果

种类	文学类	历史类	科学类	艺术类
人数				

小结：绘制学过的条形统计图，回忆条形统计图的特点。

设计意图：通过购买不同种类图书的情境引入，先让学生回顾统计的基本流程，唤醒学生的统计意识，再让学生经历收集数据、整理数据、绘制统计图的过程，培养学生回顾、整理知识的习惯。

（二）激发冲突，探究新知

1. 激发冲突，同桌交流

提问：根据这里的统计结果来购买图书，你有怎样的建议？

引导：要想合理购买，我们不能只看每类图书的得票数，还得看每类图书得票数和总人数之间的关系。

2. 完成并汇报学习单任务

完成并汇报学习单任务一的百分比，见表12–9。

表12–9　学习单任务一

种类	文学类	历史类	科学类	艺术类
人数				
百分比				

提问：表格中的百分比都表示了什么？

3. 尝试绘图

提问：如果把这些百分数用一幅图表示出来，怎样画才能清晰、直观地表示出每类图书得票数与总人数之间的关系呢？请四人小组合作，共同完成学习单任务二（略）。

4. 交流汇报

预设1：线段图。

预设2：长方形图。

预设3：扇形统计图。

提问：从中能不能看出各部分数量与总量之间的关系呢？

5. 对比发现

对比一下长方形图和线段图、圆形图，你更喜欢哪种表示方法？仔细观察，它们之间有没有联系？它们又有什么区别呢？

预设：如果将线段图和圆形图各去掉一部分，圆形图更能突出它的整体性，少一部分马上能看出来，但线段图不容易看出来。

小结：从图上来看，它们都能表示出各部分数量与总量之间的关系。如果现在只留下其中的一部分（课件演示），你还能看出各部分量与总量之间的关系吗？长方形不能，但通过扇形我们还能想象出它和整个圆之间的关系。圆形图能更清晰、直观地表示出各部分数量与总量之间的关系。

6. 小结点题

在数学中，我们把这样的图称为扇形统计图。（板书课题）在扇形统计图中，整个圆表示总量，这些大小不同的扇形表示部分量，它能清晰、直观地表示各部分数量与总量之间的关系。（板书）

7. 数图结合，解决问题

我们认识了扇形统计图，那么现在根据统计图中的信息，你知道这1000元该怎么分配了吗？在学习单中算一算。通过数与图相结合，解决了购买图书的问题。

8. 扇形统计图

联系生活，欣赏扇形统计图。

设计意图：学生在独立思考的基础上，在小组内进一步交流讨论、动手操作、合作探究，在比较中感受到圆在表示部分与整体之间的关系时会更直观、更清晰，提高学生的发散思维能力。

（三）读图计算，巩固新知

1. 牛奶中的营养

完成教材第95页“做一做”。

牛奶里含有丰富的营养成分，各种营养成分所占百分比如图12-14所示。

每天喝一袋250 g的牛奶，能补充每种营养成分各多少克？

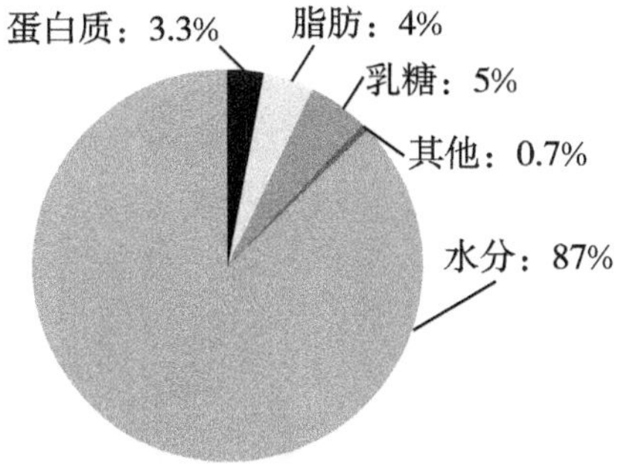

图12-14　牛奶中的营养成分

2. 作息时间安排

完成教材第98页第1题。

李明每天的作息时间安排如图12–15所示。

（1）李明每天花多少小时做作业？你还能得到哪些信息？

（2）你认为李明的作息时间安排得合理吗？

（3）你的作息时间与李明的有什么不同？

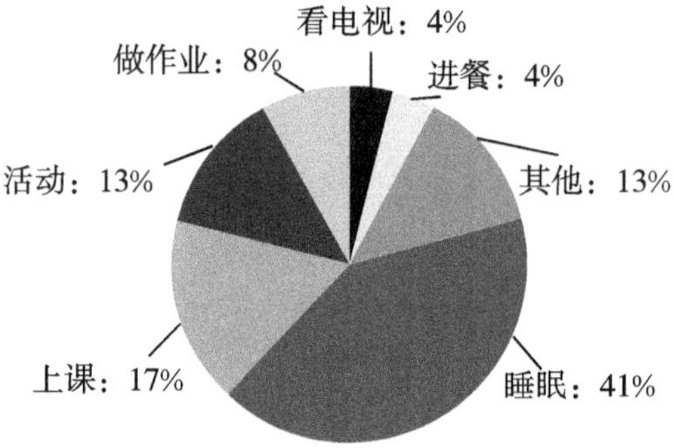

图12–15 李明每天的作息时间安排

3. 恩格尔系数

了解恩格尔系数（课件出示）并完成教材第98页第2题。结合恩格尔系数谈谈你的看法。

陈东家每月各种支出计划如图12–16所示。

（1）你能得到哪些信息？

（2）如果陈东家每月总计支出2000元，你能提出并解决哪些数学问题？

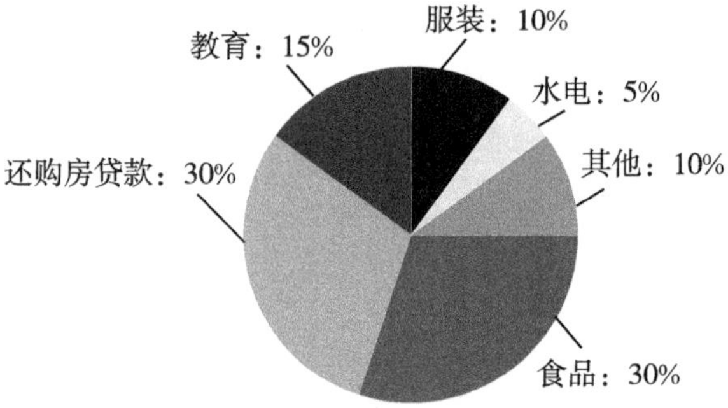

图12–16 陈东家每月各种支出计划

（四）回顾整理，加深认识

我们先收集数据，通过数数算算进行数据的整理，然后在合作探究中绘制了统计图，再通过观察分析读懂了统计图，最后把它应用于我们的生活。其实这就是统计的一个全过程。我们的生活离不开统计，统计能让生活更美好。统计记录的是过去，分析憧憬的是未来！

（作者：厦门市翔安区苹英小学　钟巧灵）

全力以“复”，对话“数据”

——“统计图表复习课”教学设计

【教学内容】

小学数学人教版六年级下册P95。

【趣智思考】

小学数学“趣智课堂”是基于学生和教师的课堂活动而提出的教学主张，“趣”是兴趣、乐趣、情趣，更是志向；“智”包含知识、智力、智慧、智能。“统计与概率”是小学阶段重要的数学知识内容，是培养学生核心素养的重要模块，在大数据时代和人工智能时代的背景下，“统计与概率”更凸显出重要的学习意义。“统计与概率”知识点分散在一至六年级，在复习“统计与概率”知识点时需将知识点与教学主张相结合，教师引导学生在“温故”中发现“统计与概率”知识之间关系之“趣”，思考“统计与概率”知识与生活联系之“智”。由此，在课堂中学生激发学习兴趣、体会学习的乐趣、形成学好知识的志向；教师引导学生掌握知识、提高智力、养成智慧，让学生经历完整幸福的“趣智课堂”。

【教学目标】

1. 通过回顾整理小学阶段所学的统计知识，让学生在具体情境中经历数据的整理、描述和分析的过程，感受统计在现实生活中的作用，发展统计观念。

2. 在回顾整理知识的过程中，加深学生对数学思想方法的认识，能综合运用统计的知识解决实际问题，发展应用意识。使学生进一步发现抽象的数据可以用直观的图形来表示，感受数形结合的魅力，体会统计图表直观、简洁的形式美。

3. 在学习过程中进一步培养学生学会合作、学会分享，初步形成评价与反思意识。

【教学重难点】

重点：理解和掌握各种统计图的特点。

难点：统计图和统计表的绘制；条形统计图、折线统计图、扇形统计图各自的特征及适用范围。

【教学过程】

（一）科普视频，趣引知识

1. 播放关于大数据和人工智能的相关视频

师：大数据和人工智能的发展需要广泛的数学基础，其中概率论和统计发挥着重要的作用，在小学阶段，“统计与概率”方面的知识就是概率论和统计的基础。

2. 全面回顾所有统计与概率知识

师：在小学阶段，我们学习了简单的“统计与概率”知识，现在是检验成果的时候了。

出示预习纲要：

（1）我们学习了哪几种统计图？

（2）这几种统计图各有什么特色？

师：这节课，我们就来复习这些统计图的知识。（板书课题）

设计意图：从现今最流行的大数据和人工智能入手，说明无论是大数据还是人工智能，都离不开数学，离不开“统计与概率”方面的知识，从而激起学生“趣”的回顾，深深吸引学生高度专注，为进入“智”的复习做好铺垫。

（二）整理交流，激趣引智

回顾统计表与统计图。

1. 经历统计，解决问题

收集数据，完成调查表。

以小组为单位，交流并设计调查表，调查内容主要涉及六年级学生各方面的情况。

组织学生调查。

（1）填写个人情况调查表。

（2）根据各组搜集的数据，按要求完成以下内容。（教师事先准备纸张）

① 填写本班男、女生人数统计表。

② 制作本班男、女生最喜欢的运动项目的复式条形统计图。

③ 制作男、女生人数的扇形统计图。

④ 制作自己从一到六年级身高变化的折线统计图。

2. 展示交流，梳理知识

（1）出示问题一：根据男、女生人数的数据，你会选择哪种统计图?

组织汇报，小结条形统计图的优缺点，巩固作图规范。

（2）出示问题二：要想知道男、女生人数占全班同学的百分之几，你会选择哪种统计图?

组织汇报，出示学生提前做好的扇形统计图并提问：从图中，你知道哪些信息?

解决问题：①在这个扇形统计图中，用整个圆表示什么?②图中的两个扇形分别表示了什么?③你认为图中的百分数是如何得到的?所有百分数之和是多少?

（3）出示问题三：小丽根据自己收集的体检相关数据，想要统计下她从一年级到六年级的身高变化趋势，该作什么类型的统计图呢?

小组交流汇报。

展示学生作业，对比刚才复习的几个统计图，你有什么想提醒大家的?

3. 归纳小结

小组讨论：做好一项调查统计工作的主要步骤有哪些？

说说条形统计图、折线统计图、扇形统计图的特征。

学生汇报后，教师总结：

（1）条形统计图

能清楚地表示各种数量的多少，便于直观了解数据的大小以及不同数据的差异。

（2）折线统计图

不仅能看出各种数量的多少，还能清楚地看出数量增减变化情况，便于直观了解数据的变化趋势。

（3）扇形统计图

能清楚地看出各部分数量和总数间的百分比关系。

小结：不同的统计图在描述数据时都有自己的特点，我们要根据数据特点合理选择。

设计意图：因为有“趣”，全方位唤起学生回忆相关旧知，学生在自主、合作的过程中完成对统计图的认识，在自主学习与合作交流中形成统计图知识的梳理，形成统计图的知识网络，构建统计图的知识体系。

（三）适时练习，延伸智慧

了解数据，感受数据，运用数据。

课件出示实验小学参加环保活动情况。

（1）请把以上数据填入表12–10。

表12–10　实验小学参加环保活动分析表

班级	一	二	三	四	五	六
男生						
女生						

（2）请根据表12–10中的数据完成复式条形统计图。

（3）根据表12–10数据完成复式折线统计图，推测七班收集的总数量，并说明理由。

（4）七班收集的数量占了全年段的百分之几？

设计意图：练习设计综合了数据的寻找、分析、绘制及计算。培养学生善于发现数据、分析数据、应用数据的意识；让学生学会自己运用知识解决问题。让学生合作实验操作，在玩中发现问题，在问题中找到知识，并运用知识感受公平，体会数学在生活中的运用。整个巩固过程让学生感受到数据的奇妙，培养数据分析观念和运用意识。

（四）总结全课，升华智慧

师：同学们既学会了应对，又学会了创造，谁来分享一下你的收获？

设计意图：让学生明白统计在生活和生产中有广泛的应用，体会“数学来源于生活，又运用于生活”的道理。

（作者：厦门市翔安区莘英小学　沈全生、蔡盼盼）

第十三章　综合与实践

“画”说解决问题　厚植模型思想

——“植树问题”教学设计

【教学内容】

小学数学人教版五年级上册P104～105。

【趣智思考】

1. 就地取材，以趣激趣。教学中只要善于观察、积累教学素材，创造教学情境，趣智就无处不在。《义务教育数学课程标准（2022年版）》强调，通过创设真实情境，培养学生认识真实世界，解决真实问题的能力。因此，笔者从学生熟悉的“植树节”出发，通过猜测总棵数，制造合理的认知冲突，既能激发学生积极探究的欲望，又能在认知冲突产生、化解、平衡的过程中，促使学生不断梳理与调整思维方向，逐步做到让思维更加合理、清晰、深入、全面。

2. 对比勾连，以智启智。课堂上，教师通过有效的操作、观察、分析等探究活动，引导学生透过具体现象发现蕴含的数学规律，寻找问题的本质特征，从而培养学生的数学思维能力。在探索“在全长20米的小路一边栽树，每隔5米栽一棵（两端都栽），一共要栽多少棵树？”时，学生在理解题意的基础上动手画图，模拟不同的植树情况，通过“一一对应”，把抽象问题以形象、直观的方式表现出来，进而发现知识的本质特征。学生在画图中观察，在观察中找出对应，在对应中分析，在分析推理中完成植树问题的规律建模，有效促进学生的思维不断走向深入。

【教材思考】

植树问题是特殊的用除法解决的问题，要建立与除法意义之间的联系。不管是哪种类型的植树问题，都要先经历均分求商（包含除）的过程，而这个商即为“段数”，所以不能直接把商作为问题的答案，要在具体情境中对“段数”进行调整。二年级学生学习了除法后就不断接触包含除解决问题，主要包含以下几种类型，如图13-1所示。

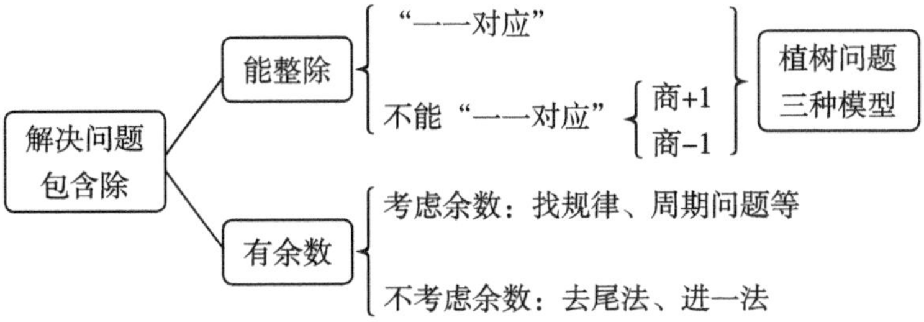

图13-1　解决问题包含除的几种类型

植树问题的三种类型就是属于包含除解决问题中能整除的三种情况，有着很多的相通点，完全可以放在一节课中进行整体建构，有利于学生在对比中领会三种类型的联系与区别，更清晰地构建植树问题的模型，形成结构化的知识网络。

【学情分析】

五年级学生已经掌握了平均分的概念，能够熟练地用包含除的知识解决问题，已经建立了“总长÷每段的长度=段数”的数学模型，具备了借助画图解决简单数学问题的能力。学生对于生活中真正的植树问题很容易解决，却不能很好地把生活中的植树现象“去情境化”，学生的学习困难是正确识别具体情境中的“路”在哪里，什么相当于“树”，正确识别植树问题的类型。所以本单元仍然借助形象的示意图帮助学生分析问题，进一步抽象出线段图，为学生呈现从具体到抽象，从特殊到一般的分析问题、解决问题的全过程。

【资源设计】

本节课资源设计，如图13-2所示。

任务单	课件	微课	板书
用于指导学生学习，具有告知学习程序、明确学习内容、指导学习方法、反馈学习结果的功能。	通过图文声像并茂的方式，将抽象的概念和理论以形象的易于接受和理解的形式展现出来，提供多种感官的综合刺激，提高学生的学习兴趣和积极性。	通过微视频的形式，对课堂知识进行补充和展示，满足学生发展需要。	对课堂教学内容的凝练化补充，帮助学生构建思维导图，学会归纳和总结，形成知识网络，促进方法结构化。

图13-2　资源设计

【教学目标】

1. 运用数形结合的方式自主探究植树问题的三种情况，建立不同情况下棵数和段数之间关系的数学模型，渗透化繁为简、数形结合、一一对应的数学思想方法，促进几何直观的发展。

2. 学生在解决问题的分析、思考过程中逐步发现隐含于不同情形中的规律，经历抽取出数学模型的过程。

3. 在真实情境中应用植树问题模型来解决实际问题，培养学生探索解决问题的有效方法的能力，发展学生的推理能力和应用能力。

【教学重难点】

重点：理解植树问题的本质特征，探究出不同情况下棵数和段数之间的关系。

难点：构建数学模型，能准确地应用植树问题的规律解决实际问题。

【教学过程】

（一）激趣导入，引发冲突

提问：3月12日是什么节日？（出示植树照片）我们为什么要植树呢？（植树造林、绿化祖国是每个公民义不容辞的责任。学校正在开展校园绿荫计划，我们一起去看看。）

1. 解读题意，数据分析

出示题目：学校正在实施校园绿荫计划，要在全长100米的小路一边植树，每隔5米种一棵（两端都种）。一共要种多少棵树？

师：读一读，在题中你能读到哪些信息？谁来说一说？

2. 猜测结果，引发冲突

师：猜测一下，你觉得要种多少棵树？怎样列式？

预设1：100÷5=20（棵）；预设2：100÷5+1=21（棵）；预设3：100÷5+2=22（棵）。

3. 对比思考，初探规律

师：这些方法有什么相同点？有什么不同点？

生：相同点是都用100÷5，不同的是有的不加、有的加1、有的加2。

设计意图：从植树节引入，同时出示参与植树的图片，学生感受生活中处处充满数学，激发学生的求知欲望。通过猜测、对比不同的结果，引发学生探究欲望。

（二）数形结合，初建模型

1. 化繁为简，画图验证

师：到底是加1？加2？还是不加呢？我们可以怎样验证？

生1：可以画线段图。

生2：100米太长了。

生3：先想20米长的路种树是什么情况。

小结：像这样从简单的情况入手，在数学上叫作“化繁为简”。

出示题目：在全长20米的小路一边植树，每隔5米种一棵（两端都种）。一共要种多少棵树？

师：看来同学们对植树问题都有了解，那么就请大家根据自己的理解，画出在一条20米长的小路一边种5棵树，然后再与你的同桌说一说。看谁画得既简洁又能让大家看明白。

学生画图进行自主探究。（四人小组就自己的作品进行交流）

交流要求：依次交流，努力说明自己的想法；用红笔画一画、改一改，记录交流得到的收获。

设计意图：开放而富有挑战性的学习任务，让不同层次的学生呈现出不同的学习状态，并带来不同的学习效果。双方学生通过小组合作交流，使学力弱的学生的单一思路得以补充，零散的认知得以结构化，模糊的理解得以清晰，同时也让学力强的学生获得超越个体独立学习所带来的更准确、全面、系统的对植树问题的理解。学生借助实物图、线段图、列算式等多元表征方式，主动将感性经验加工、抽象成数学符号的原型，并与除法问题进行沟通、关联，化抽象为直观，又在具体中体会抽象内涵，感悟植树问题的本质，从而提升思维水平。

教师巡视，收集不同作品，让学生评价，如图13-3所示。

图13-3　线段图作品1

生：图中有5个5米，总长应该是5×5=25米。

师：能进行验算，真了不起。怎么修改？（邀请一个小组上台分享自己的作品，如图13-4所示）

图13-4　线段图作品2

生1：20÷5=4（段），4+1=5（棵）。

追问：为什么大家都不约而同地选择用除法来解决？这个20÷5=4的算式表示什么含义？

生2：总共20米，5米分一段，所以一共只能分成4段，树有5棵。

追问：第二个算式中4段+1棵怎么会等于5棵？

生3：第一棵对应第一段，第二棵对应第二段……最后一棵没有对应的段，就是多出的那棵。棵数比段数多1。

2. 一一对应，分析规律

师：用对应的方法思考问题，真好。谁听懂了，能用磁贴把这个过程表示出来吗？（线段图作品3如图13-5所示）

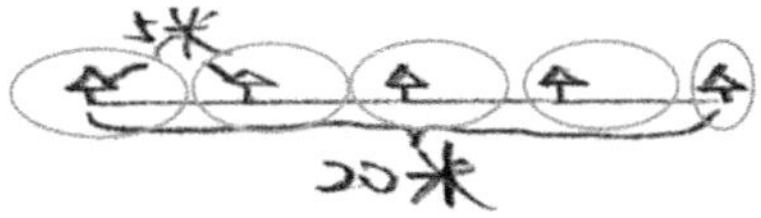

图13-5　线段图作品3

小结：像刚才这样“一棵树一个间隔”的方法就是“一一对应”。

3. 反复验证，总结规律

师：我们得到了树的棵数比路的段数还要多1。这个规律可以推广到更长的距离中吗？大家各自截取一段路，再画一幅图，看看是否还是这样的规律？（学生再次画图验证）

出示学生画的图，如图13-6所示，小结：段数+1=棵数。

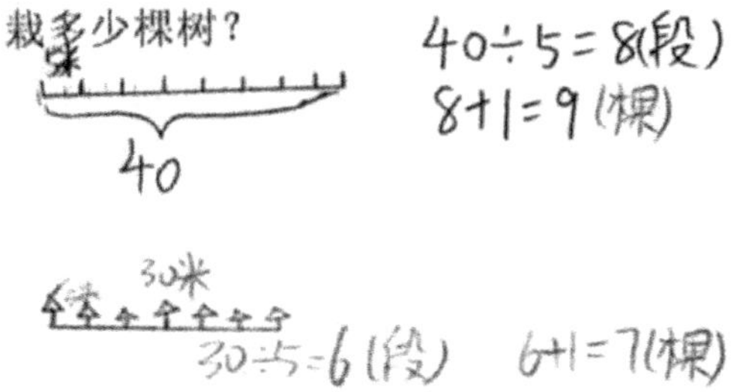

图13-6　学生画的图

（1）圈一圈：请学生对照自己的作品，圈一圈多的“1”在哪里。

（2）说一说：为什么就多出了1？（无论你画多少，第一棵对应第一段，倒数第二棵对应最后一段，最后还有一棵，因此，棵数总比段数多1。）

师：现在你知道课前的三种算法哪一种是对的，表示什么意思呢？

生：100÷5+1=21（棵）。总长÷间隔长+1=棵数。

4. 触类旁通，建构模型

师：我们再来看前面交流的另外两种算法，你觉得题目怎么改动一下，这样算就可以？

生1：只要一端种树一端不种就可以了。也就是一端不种时，段数=棵数。

生2：还可能棵数比段数少1，就是两端都不种的情况。

师：你能用画一画的方式解释段数与棵数的关系吗？

小组交流讨论，班级汇报。

生1：只栽一端时，第一棵对应第一段，最后一棵对应最后一段，因此，段数等于棵数。

生2：两端都不栽时，第一棵对应第一段，最后一棵对应倒数第二段，最后还有一段，因此，棵数总比段数少1。

小结：只栽一端：段数=棵数　　两端不栽：段数-1=棵数。

讨论：生活中会因为什么原因而出现某端不栽的情况？（路上有障碍物的时候）

设计意图：间隔数和棵数的数量关系是植树问题的核心问题，也是植树问题的精华所在，解决这个问题是攻破植树问题的第一道堡垒。但是，这一问题需要学生自己发现并掌握解决的窍门，内化理解，而不是死记公式，关键在于通过直观的手段揭示棵数与间隔数的根本关系。因此，采用“一一对应”的画图法，学生就会发现两端都栽的情况下，端点数总比间隔数多1。这为后续研究其他两种类型奠定了基础。

（三）运用模型，解决问题

1. 游戏激趣，重构优化模型

小游戏：对着钟面，当秒针走到1时，拍一下掌，表示鞭炮的响声；5秒后走到2时，再拍一下掌；走到3时……；走到9时，拍最后一下。

你能把放鞭炮游戏的过程画下来吗？（学生画图探究，小组交流。）

生1：如图13-7所示，我是从钟面的1开始，到9结束，每个数字代表一次响声。

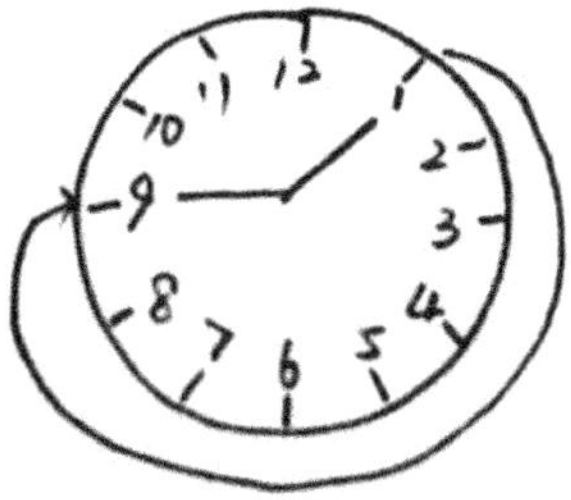

图13-7　钟面图

生2：如图13-8所示，我把钟面拉直后，从1开始，数到9，一共隔了8个5秒。

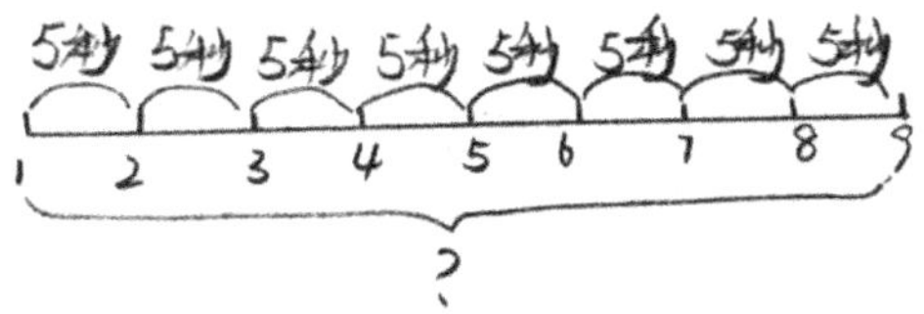

图13-8　拉直的钟面

生3：如图13-9所示，数字相当于树，9个数字就是9棵树，一共有8段，每段是5秒，一共是40秒。

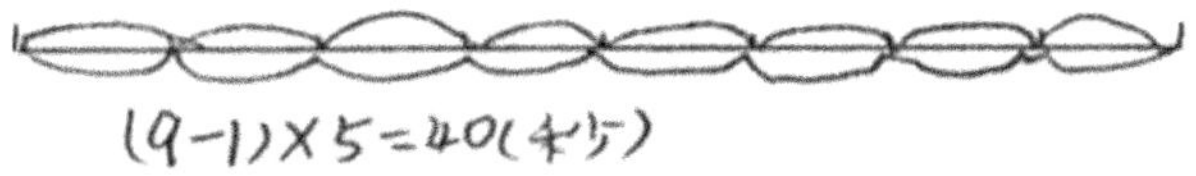

图13-9　类比栽树线段图

2. 变式拓展，渗透家国情怀

出示：在国庆阅兵仪式鸣礼炮环节中，为了庆祝中华人民共和国成立74周年，共鸣礼炮74响，每两响之间相隔4秒，整个鸣礼炮过程长多少秒？（生完成学习单，师巡视，指名生上台板演思路。）

生1：鸣礼炮相当于只植一端的植树类型。

生2：应该是两端都植的类型。因为每两响礼炮之间停顿4秒，不是鸣礼炮的过程是4秒，而且每次鸣礼炮的瞬间是很快的，可以忽略不计，所以只要计算从第1响到第74响之间的时间长度就可以了，74响炮中间有73个停顿，就是73个4秒。

3. 联系生活，深化建模思想

师：你们知道生活中还有哪些也是植树问题吗？

生：公交站牌、排队、锯木头、爬楼梯、路灯、摆桌子、钟声等。

设计意图：学生掌握三种植树问题后，回归到复杂的现实情境，往往会手足无措。帮助学生分析现实问题并与已构建的数学模型建立联系是教学的关键。先引导学生画图，在图中找出礼炮问题和植树问题的关联，再联系鸣礼炮的情境，找到合适的植树问题模型，选择合理的解决问题的方法，从而使学生建构起对一类问题的解题思路与策略方法，培养他们的应用意识，也有助于他们形成结构性思维。

（四）回顾反思，总结收获

师：说一说，这节课你有什么收获？你是怎么学习的？

（作者：厦门市松柏第二小学　李舒贤）

思维碰撞，趣智共享

——“厦门旅游攻略”教学设计

【教学内容】

小学数学人教版六年级下册P106～107。

【趣智思考】

“北京五日游”是人教版六年级下册第六单元“综合与实践”第二课时的内容，也是新人教版增加的两个数学与综合实践活动之一，旨在让学生通过小组合作的探究性活动，综合运用所学的数学知识和方法，动手实践解决问题，体会数学在日常生活中的应用价值，增强学生应用数学的意识，不断提高学生的实践能力和解决实际问题的能力。

综合实践活动的应用正在逐步深化，在设计主题实践活动的过程中不能脱离生活，要依据学生实际情况努力为学生营造生活化场景，化解学生学习数学的畏难心理，将数学变成一种有趣的、对生活有帮助的工具。因此，在设计本节课时适当创编教材，将情境的背景改为学生熟悉的厦门，创设了为远方朋友设计旅游攻略这一情境。大部分学生不仅有厦门景点的游玩经验，还非常乐意以主人翁的角色去帮助他人，调动了学生主动参与到实践活动中的激情。本节课通过小组合作、自主探究的方式，让学生的学习主体性显现出来，让学生的“学”大于教师的“教”。学生在尝试、交流、完善的过程中不断产生思维碰撞，学习能力不断增强，“壮大”自信心，增强自我认同感，从而进一步激发学习内驱力，越学越提“智”。

【教学目标】

1. 通过应用所学的知识和方法解决旅游中的实际问题，进一步加深对所学知识和方法的理解，获得解决问题的方法，提高综合应用知识和方法解决实际问题的能力。

2. 经历解决问题的过程，进一步体会数学知识之间的联系和综合，形成比较、分析、综合、概括的能力，提高从不同角度、用不同方式探索解决问题的意识和能力，发展思维的灵活性、深刻性和创造性。

3. 通过开展一些综合与实践应用活动，进一步体会数学知识和方法在解决实际问题中的作用，提高动手实践、自主探索、合作交流的能力，增强创新意识。

【教学重难点】

1. 兼顾多方面的现实因素制订合理的旅游攻略。

2. 运用所学数学知识选择最佳方案和策略。

【教学过程】

（一）创设情境，激趣引智

1. 厦门“值”等你来

播放厦门文旅公众号“市长带你游”的旅游介绍视频。

师：快放暑假了，家住武汉的奇奇要和爸爸妈妈来一场亲子旅游。厦门作为旅游胜地，是奇奇一家的旅游首选地，你能帮奇奇设计一份厦门旅游攻略吗？

2. 厦门旅游攻略征集比赛

出示厦门旅游攻略征集比赛要求。

设计意图：一个好的情境能激发学生学习动机，达到激趣引智的效果。厦门是学生生活的地方，学生对旅游景点相对熟悉。通过创设厦门旅游攻略征集比赛的情境，不仅使得情境贴近学生的生活实际，还能激发学生好胜的心理，更快地投入课堂学习中。

（二）实践应用，智慧共享

1. 设计行程表

（1）讨论交流，确定设计旅游攻略要考虑的因素。

师：同学们大都有过外出旅游的经验，你们觉得在设计旅游攻略前要考虑哪些因素？

预设1：要考虑出行、住宿、旅游景点、饮食等。

预设2：要考虑时间因素、路线设计。

预设3：还有经济问题。

（2）讨论交流，明确设计旅游攻略要做哪些准备工作。

师：结合要考虑的这些因素，我们在设计旅游攻略前要做好哪些准备工作？

预设1：需要厦门最新旅游地图。

预设2：需要找出各种出行工具的时间、价格信息。

预设3：要了解厦门食宿的位置及费用信息。

预设4：要设计一份行程表。

（3）根据讨论交流的情况设计厦门旅游攻略行程表。

师：请各小组根据刚刚讨论的情况设计合理的旅游攻略行程表。（小组合作绘制行程表）

（4）各小组展示，生生互评，对比，哪个小组设计得更合理、更直观？（对比、优化）

设计意图：综合与实践活动的探索性与实践性是通过学生的参与和体验实现的。本环节结合学生自身的旅游经验，引导学生根据设计旅游攻略要考虑的因素设计表格，为下面设计厦门旅游攻略行程表做铺垫。

2. 设计旅游攻略

（1）分组将收集到的信息进行分析与处理，整理出有用的信息，并完成行程安排。（出示收集到的相关信息，引导学生进行信息的分析、整理，初步制订具体行程安排。）

（2）小组分工合作，并记录下来。

预设1：我们小组要设计经济实惠的旅游攻略。

预设2：我们的设计策略是设计省时、路线最优的旅游攻略。

（3）教师巡视，对学生在设计问题中提出的问题进行分析、指导。

设计意图：“学生是学习的主人，教师是数学教学活动的组织者、引导者和合作者。”本环节以学生为主体，让学生在合作探究中产生思维的碰撞，分享各自的想法，达到智慧共享的目的。学生筛选收集到的信息，旨在提高学生收集、整理、分析和处理信息的能力。

（三）对比分析，优化升智

1. 展示行程安排

请以小组为单位汇报你们的行程安排，并说说设计思路。

小组派代表展示、汇报本组设计思路及具体的行程安排。

2. 对比分析，优化行程安排

他们的行程安排你觉得有哪些地方值得你们借鉴学习，有哪些地方还有待优化的？

预设1：这几个景点比较近，可以安排一天游玩。

预设2：这几个景点安排在一天，排得太满，时间有点紧，会很累。可以把这几个景点安排在一天，其他离得远一点的景点再单独安排。

预设3：最后一天选择的交通工具是飞机，很快就到了，既省时又舒服，而且最后一天游览这个景点之后，还可以去周边的景点游玩，然后留足时间赶飞机。

小结：行程的安排要根据厦门的地图、地铁路线综合考虑各景点的位置、开放时间、运动量等因素，设计要合理，具有可行性。不可排得太满、太累。

设计意图：行程优化是本节课的重点，给足学生讨论交流的时间，让学生逐步明白设计旅游计划时需要考虑很多现实因素，从而培养学生多角度考虑问题的能力，提高综合应用数学知识和方法解决简单实际问题的能力。学生在激烈的讨论中感受辩论之“趣”，获得了数学经验，并在经验积累中促进思维的发展，达到“智”的升华。

3. 安排交通工具、住宿等

（1）行程外拓展：同学们是如何安排交通工具和住宿的呢？

预设1：我们的方案主打舒适、省时，往返选择乘坐飞机，当地交通选择租车出行。

预设2：我们的方案以经济实惠为主，往返选择乘坐动车，当地交通选择地铁出行，沿着地铁路线设计旅游景点。

预设3：住宿方面我们安排价格合理且离景点较近的酒店。

（2）引导学生完善饮食等其他信息。（交通的安排要结合具体的经济条件合理地选择；住宿尽量安排在既处于交通便利处，又尽量离景点近的地方。）

设计意图：通过有条理地引导学生从交通工具、住宿等方面优化，让学生在优化的过程中，感知数学与生活的联系，培养学生有序地思考。

4. 结合优化后的旅游攻略，做好预算

（1）提问：根据我们的设计，哪些方面要花钱呢？

预设：旅游中的交通工具、住宿、景点门票、购物、饮食等。

（2）小组分工合作，根据具体信息计算旅游攻略中所需的费用。

（3）展示预算，进行交流。（有些费用信息是明确的，有些费用信息会发生改变）

小结：现在算的是经费预算，当遇到费用信息不明确时，可以结合生活实际进行估算，可适当将费用估大。

设计意图：通过预算旅游经费，让学生综合运用加减法、乘除法等相关知识解决具体的数学问题。

（四）回顾反思，扩展升华

师：同学们，回顾一下这节课我们是如何设计厦门旅游攻略的？通过这节课的学习，你有什么收获？（学生回顾设计过程，畅所欲言，小结收获。）

设计意图：回顾制作旅游攻略的全过程，总结学习方法，培养良好的数学学习习惯。旅游攻略的情境贯穿始终，既拓展了学生的学习空间，也达到了综合实践的目的。

（作者：厦门市翔安区教师进修学校附属小学　谢锦惠）

学科融合，趣智共生

——“数字编码”教学设计

【教学内容】

小学数学人教版三年级上册P77～78。

【趣智思考】

趣智课堂，就是基于学生学习心理与认知规律之“智”，遵循并挖掘数学学科之“趣”。“数字编码”属于“综合与实践”知识领域。《义务教育数学课程标准（2022年版）》对“综合与实践”领域的总体表述是：重在解决实际问题，以跨学科主题学习为主，主要包括主题活动和项目学习等。本课采用“剧本杀”游戏形式，融合信息技术中“二进制”的相关知识，使学生在游戏之“趣”中学习编码之“智”。

【教学目标】

1. 通过具体情境，了解一个编码中某些数字所代表的意义，感悟数字编码的特性；通过观察、比较、猜测去探索数字编码的简单方法。

2. 经历设计编码的过程，体会在信息化、数字化时代下数字在表达、交流和传递信息中的作用，初步学会用数字进行编码。

3. 调动学生的主观能动性，主动参与数学活动，使学生的情感态度、主动参与、合作意识在学习中得到培养，体会学习数学的乐趣，建立学好数学的信心。

【教学重难点】

1. 了解身份证号、邮政编码等号码的含义，体会数字编码的特性。

2. 了解编码的意义，学会用数字进行编码。

【教学过程】

（一）链接生活，诱思激趣

1. 链接生活，唤醒经验（出示一些图片）

师：在生活中，你见过这些吗？（条形码、运动员号码牌等）

2. 体会作用，揭示课题

师：这些数字是用来表示数量的吗？这些号码在我们生活中有什么作用呢？

生：不同的条形码对应不同的商品。

生：这些号码能帮助我们区分事物，还能给我们传递信息。

师：不仅可以用数表示具体的数量，还可以像条形码、号码牌这样，把数字按一定的规则进行排列，用来表达一定的含义，我们就把它称为数字编码。（揭示课题）

设计意图：三年级的学生对于数能表示数量已经有了充分的感知，对于数能表示编码的感知模糊。因此，通过链接生活，唤醒学生已有经验，既为后面的学习做好铺垫，又使学生产生了探究的欲望。

（二）趣以激思，趣智相随

1. 故事引入，激发兴趣（出示故事背景）

师：陈先生家遭遇小偷入室盗窃，丢了一个保险箱，经过现场勘查，警察叔叔找到了犯罪嫌疑人留下的一个破损的信封，里面有一张不完整的身份证复印件，如图13-10所示。你觉得这些线索对破案有帮助吗？

线索一：　　　　线索二：

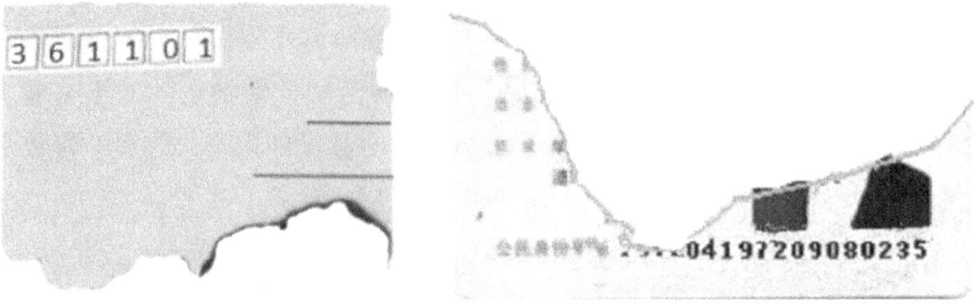

图13-10　一个破损的信封和一张不完整的身份证复印件

2. 以问促思，以思探学

请以四人小组为单位，拿出课前准备的身份证进行探究，思考身份证号藏着什么奥秘，并把结果记录在学习单上。（一个小组汇报，其他小组补充）

生1：我们发现身份证号的第7到14位是我们的出生日期。

生2：我们小组对比了各自的身份证号码，3个身份证号的前6位都是350213，而另一个同学的前6位是350205，这6个数字既有相同又有不同。通过观察身份证上的其他信息，我们发现他是海沧区的，而我们3个是翔安区的，因此我们觉得这6个数字代表我们的地址。

生3：我们小组有一个是泉州市的，他的身份证号前2位是35，而第3到6位是0524，因此身份证号码的前6位应该是代表省、市、区。

生4：我们小组还发现，身份证号的第17位男生是单数，女生是双数。

3. 拓展延伸，深化认识

师：你们刚才说的到底对不对呢？身份证号还有哪些奥秘？一起来看看（播放微课，教师带着全班一起完整复述并板书，如图13-11所示）。

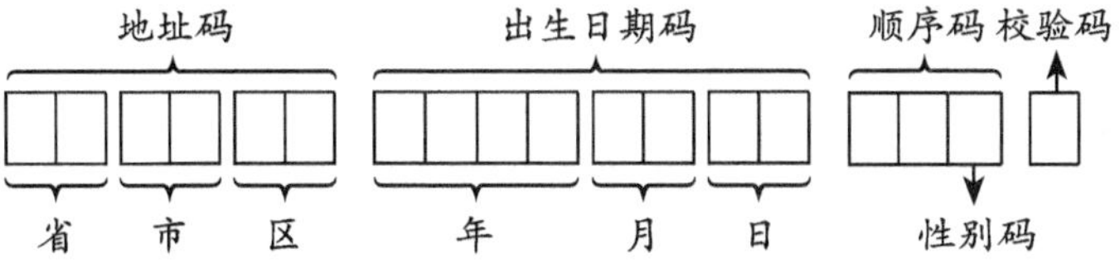

图13-11　身份证号的奥秘

设计意图：以学生喜爱的破案故事创设情境，激发学生的学习兴趣，再以身份证线索为切入点，引发学生对身份证号的好奇心和求知欲，来探究身份证号的编排规则。

（三）动以激思，思中启智

1. 角色扮演，以用激思

师：带着对身份证号的认识，回到案发现场，案情又有了新的进展：经过一系列排查，警方最终锁定了6个嫌疑人。

师：请同学们拿出老师为你们准备的信封，同桌两人将随机获得“警察”或“侦探”的身份。“警察”信封里有6位嫌疑人的信息，现在“警察”需要“侦探”一起协助破案。请你们根据线索一锁定犯罪嫌疑人吧。

1号：出生于1970年9月8日，居住马巷。

2号：出生于1972年9月8日，居住在新店。

3号：出生于1972年8月9日，居住在新圩。

4号：出生于1972年9月8日，居住在马巷。

5号：出生于1972年9月18日，居住在内厝。

6号：出生于1972年9月8日，居住在新店。

生：根据出生日期码和性别码知道，这个人是1972年9月8日出生的男生，所以嫌疑人应该是4号或6号。

2. 自主迁移，能力升级

（1）提出问题：谁呢？信封上的线索是否能告诉我？

编码方式：

邮政编码由六位数字组成：

前两位表示省（自治区、直辖市）；

第三位表示邮区；

第四位表示县（市）；

最后两位表示投递局（所）。

不同地区的代码见表13–1。

表13–1　不同地区的代码列表

福建省	36	厦门邮政	1	翔安区邮政	1
马巷邮政支局	01	新店邮政支局	02	大嶝邮政支局	03
黎林邮政支局	01	翔城邮政支局	02	莲河邮政支局	04
内厝邮政支局	05	厦大翔安校区邮政支局	02	新圩邮政支局	11

（2）学生说推断过程。

生1：我认为是4号，信封上的邮政编码是361101，根据邮政编码的编码方式可以知道，这是马巷邮政支局，所以犯人应该是4号。

生2：我同意他的说法，6号嫌疑人住在新店，邮政编码应该是361102，跟信封上的不一样。

设计意图：通过"剧本杀"的形式，放手让学生自主破案，使学生保持高度的兴趣，灵活运用所学知识。

（四）学科融合，趣智共生

师：在同学们的帮助下，我们抓住了嫌疑人，找到了陈先生家的保险箱。原来这个保险箱是陈先生的爷爷留给他的，但是陈爷爷没有告诉他密码，只给了他三个字和一串数字：

二进制　1001　101　11　111

师：什么是二进制？让我们一起来看看。（观看微课）

师：现在你们能帮陈先生破解密码了吗？

生：密码是9537。

师：同学们真了不起，不仅帮陈叔叔找回了保险箱，还破解了密码，让我们一起来瞧瞧保险箱里有什么吧。（出示：陈爷爷就是我国著名的数学家陈省身先生，保险箱里有他写的4个字：数学好玩）数学好玩吗？希望我们也能够玩好数学。

设计意图：信息技术中的二进制与数学的数字编码存在关联，因此本环节将二进制与数字编码进行融合，让学生体验计算机编码解码过程。

（五）聚焦现实，引发思考

1. 独立思考，创造编码（出示失物招领柜）

师：在学校，经常可以看到找不到主人的物品，造成了很多浪费。为了杜绝这种情况，学校准备为每个学生编一个号码，这个号码将伴随你们到小学毕业。把它印在你的常用物品上面，这样即使东西丢了，别人一看到这个号码就知道是哪位同学的。同学们，你们觉得这个号码怎么编才合理呢？请你为自己编一个号码，并用文字注明每个数字的含义。（学生为自己编的号码如图13–12所示）

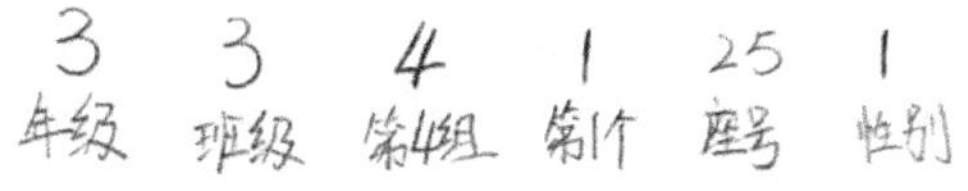

图13–12　学生为自己编的号码

2. 全班交流，归纳特性

师：他的编码方式你看懂了吗？有什么疑问或建议？

生1：可以把年级和座位去掉，因为它们会变。

生2：可是年级去掉就不能只代表他一个人了。

师：编码时尽量简洁，还要保证号码的唯一性。那有没有既能体现年级，又不会变的数字呢？

生3：可以用入学年份2021代替，通过推算就能知道，2022年是二年级，2023年是三年级。

师：你们真会动脑筋，用年份代替年级可以保证号码六年不变，所以编码还具有稳定性。编学号时需要体现入学年份、班级、座号、性别这四个信息，所以我们班1号同学，他的学号应该是多少呢？

生1：20213412。

生2：202134012。

师：用哪个更好？

生：第二个，我们班有43人，座号要用两位数，所以当座号在10以内的，要用0来占位。

师：0的作用真不小呢，有了它就可以使我们的号码具有统一性。

3. 回归经验，合作研究

师：生活中你还在哪里见过数字编码呢？（学生自由发言）

师：课后大家选一种自己感兴趣的编码方式自行研究，也可以几个同学一组加以研究，下节课我们一起来交流。

设计意图：这个环节是对学生这节课所学知识的拓展延伸。通过聚焦现实，引发学生思考，在创造中深化数字价值，使学生对数字编码产生浓厚的兴趣，并带着兴趣去探究数学学习。

（作者：厦门市翔安区莘英小学　吕怡静）

趣智交融，优化建模过程

——“烙饼问题”教学设计

【教学内容】

小学数学人教版四年级上册P105。

【趣智思考】

在“沏茶问题”中，学生知道了一些优化的方法，即合理安排做事的环节可以节省时间。教材通过日常生活中的烙饼事例“怎样才能尽快吃上饼”这个问题引发本节课对“最优烙饼方案”的数学探究与思考。解决一个问题，需要思考有哪些方案或途径，在这些方案或途径中，哪个又是最优、最节省时间的？需要进行比较和探究。这样一种思维、发现、体验与感悟，是人教版教材编写“数学广角”的价值所在，魅力所在。“烙饼”这样一个或一类于现实生活中常见却很少被关注的事例，让学生发现其中有数学问题，有思维策略，从而积累一些活动经验。

【教学目标】

1. 经历烙2张饼和3张饼的优化过程，明确优化的关键是资源的不浪费，也就是“不空锅”，从而理解统筹与优化的基本思想方法。

2. 在数学活动中，经历独立思考、观察比较、反思、猜想、推理、建模、模型应用等思维过程，提高学生发现问题、提出问题、分析问题、解决问题的能力，发展学生的思维能力，积累活动经验。

3. 在烙饼的数学活动中体验解决实际问题的乐趣，感受优化的魅力，经历思维的训练。

【教学重难点】

1. 体验解决策略的多样化，并在寻求最优方案中初步感悟优化的数学思想。

2. 烙3张饼的最优方案。

【教学过程】

（一）激活经验，激趣导入

1. 谈话

洪老师特别喜欢一家早餐店，店里烙的饼特别好吃。老师今天带来想分享给我们班的同学们。不过吃之前得先回答一个问题：这张饼老板是怎么烙的？

预设：先把这张饼的一面烙熟，再烙另外一面。

2. 小结

就是这张饼2面都要烙，而且2面没办法同时烙。为了方便描述，把一张饼先烙的一面叫作A面，后烙的一面叫作B面。把书本当作烙饼的锅，把我们的手当作这张饼，手心是这张饼的一面，手背是这张饼的另一面。

3. 揭题

烙饼不仅是一项技术活，还跟数学密切相关，今天我们就一起来研究烙饼问题。

设计意图：引导学生用数学的眼光观察世界，感受数学与生活的紧密联系，用与学生生活息息相关的早餐店引入，让学生"食饼思源"，体会到"数学好玩"，激发学生探索新知的欲望。从一张饼入手，规定A、B面，用手模拟烙饼的过程，突出两面都要烙，而且A、B两面不能同时烙。为后续的探究和建模奠定基础。

（二）探索交流，解决问题

1. 学习烙2张饼的方法（课件先出示105页主题图的条件部分）

（1）理解题意：小红妈妈正在烙饼，从她的话中你得到了什么信息？

预设1：每次只能烙2张饼，两面都要烙，每面3分钟。

预设2：锅里最多同时只能放2张饼。

师：烙2张饼需要几分钟？怎样才能尽快吃上饼呢？"尽快"是什么意思？（用的时间最短）

预设1：12分钟。

预设2：6分钟。

（2）小组交流、学生汇报：比较两种方法，你觉得哪一种用时更快？为什么第一种会比第二种慢呢？还有比6分钟更快的吗？为什么不一张一张烙呢？

预设：第一种方法有空锅；第二种方法满锅，没有浪费位置。

（3）归纳小结：满锅才能节省时间，节省资源。用时最短的烙法就是最优烙法，我们把2张饼的最优烙法叫作同时烙。

设计意图：根据学生的认知水平，首先探究2张饼的最优烙法，降低思维的难度，减缓知识的坡度，同时在解决2张饼的问题上让学生初步体会到优化思想在解决问题中的应用，形成寻找解决问题最优方案的意识，为下面探究最优烙法做铺垫。

2. 探索烙4、6、8双数张饼的方法

（1）提出问题：如果要烙4张饼，最少需要几分钟？

（2）学生独立思考后上台模拟烙饼。

预设：12分钟，1A3B、2A1B、2B4A、3A4B（无序）。

（3）师生、生生互动：你是怎么想的？刚才研究的同时烙有没有给你一些启发？

预设：把4张饼分成两张两张看，两张两张同时烙，所以就有两个6分钟，也就是12分钟。

预设：有没有更快的烙法了？为什么没有？（再次强调满锅）

（4）勾连：把4张饼和2张饼的同时烙联系起来，为后面5张饼的烙法做铺垫。

师：如果烙6张饼呢？（分成3份，两张两张地烙）

烙8张饼最少需要多久？（分成4份，两张两张地烙）

（5）出示表格，观察小结：当饼数是双数时，两张两张地烙最省时间。

设计意图：为了更好地找到规律，探究完2张饼后继续探究4张饼、6张饼和8张饼，让学生发现饼数都是偶数时，可以分解成多个2张饼，从而采用2张饼的最优烙法。

3. 探索烙3张饼的方法

（1）出示活动要求，学生动手实践。烙3张饼最少需要多少时间？请同学们阅读活动要求，小组模拟烙饼，并填写你的烙饼记录单。（教师巡视并做个

别指导）

（2）汇报交流：你们组用了多少分钟？预计有18分钟、12分钟、9分钟，让每个小组都汇报用了多少分钟，再让不同结果的小组汇报是怎么烙的。

（3）比较、讨论、总结：要想尽快吃上饼，哪种安排最合理？

师：只用9分钟的这个小组烙饼的方法与其他小组有什么不同？（PPT呈现对比9分钟和12分钟的烙法，强调满锅）

生：这个小组烙饼时锅里始终有2张饼，不是9分钟的其他小组烙饼时有时候锅里只有1张饼。

师：这个小组烙饼时始终使锅里有2张饼，这样就不会浪费时间。我们这样的烙法叫作交替烙。

谁再来说一说交替烙交替在哪里？同桌合作再次体会交替烙（2B和3A交替）。

设计意图：烙3张饼的最优方案，让学生动手操作探究是非常有必要的，在动手操作时还要让学生用语言表达烙饼的过程，边操作边讲，并把过程记录下来，边说边记。从操作到语言，从语言到图示，各种表征方法融合在一起，从具体到抽象，从抽象到形象，让学生充分经历烙饼过程。

4. 自主探索5、7、9单数张饼的烙法

（1）学生独立思考后，上台摆一摆，并说一说自己的想法。

预设：先2张饼同时烙，再把剩下的3张饼交替烙。这样总共烙了5次，一次3分钟，共15分钟。

（2）汇报优化：5（2，3）；7（2，2，3）；9（3，3，3）或9（2，2，2，3）。

（3）小结提升：你喜欢哪种方法？为什么？（同时烙更便于操作）再次优化当饼数是单数时，可以先2张2张地烙，最后3张再交替烙。

设计意图：首先，从探究5张饼开始，让学生逐渐脱离操作，适时进行总结提升，让学生运用前面的探究结论去解决新的问题。其次，也让学生体会到分偶数和奇数张饼讨论问题的深意，体会到分组解决问题的便捷性。最后，让学生体会迁移的思想，为后面多张饼的烙法提供一个策略和模型。

5. 总结规律

（1）观察表格，讨论发现：请同学们仔细观察表格，你会有什么发现？

预设1：双数都是2张2张同时烙的，而单数都是先烙2张最后烙3张，就是先同时烙再交替烙。

预设2：饼数×3（每面所需时间）=最少时间。

预设3：烙饼的次数=饼数。

（2）师生总结：从一张饼慢慢研究出烙饼的最优方案，你们真是太了不起了。通过烙饼问题的学习，我们知道了怎样合理安排事情最节省时间。在平时的生活和学习中，希望大家勤于思考，合理安排时间，提高工作效率。除了对方法的提升能优化问题，对工具的改造同样重要，所以人们又发明了电饼铛。今天学习的“烙饼问题”就是我国著名数学家华罗庚所研究的“优选法”。

设计意图：提供表格给予学生学习支持，使得学生发现利用图像表征、符号表征等已不能简洁表示时，可以直接借助烙2张、3张饼的结论进行描述，在原有认知结构上进一步实现问题的纵向数学化。最后点明工具的使用也影响烙饼的效率，引导学生思维发散、理性思考，更加深刻地把课堂知识和生活应用联系起来。

（三）巩固运用，拓展提升

（1）一种电脑小游戏，玩1局要5分钟，可以单人玩，也可以双人玩。小东和爸爸妈妈一起玩，每人玩两局，至少需要多少分钟？

（2）妈妈换了一个锅，锅里最多能放下4张饼，每面烙3分钟。想一想，烙4张饼至少要多少时间？6张饼呢？10张饼呢？

（四）全课总结，畅谈收获

（略）

（作者：厦门市翔安区教师进修学校附属小学　洪心颜）

"玩"出道理，"掷"出经验，"辩"出智慧

——"掷一掷"教学设计

【教学内容】

小学数学人教版五年级上册P50～51。

【趣智思考】

趣智教学的实施意义：一是优化教学环境，营造良好的课堂气氛。心理学研究表明，人处于舒适的环境下，更容易表现自我，融入社交活动。近年来，国家和地方主管教育部分出台多项政策文件推进"减负"，但是笔者发现，有些小学生的课业压力仍然很大。在这样的大环境下，"趣智"教学让学生感到十分的新奇，能改善师生之间的关系，优化教学环境。二是培养学生的学习兴趣，提高学生的自信心。小学生处于具体运算阶段，他们的思维还停留于生活经验的层面。数学较为抽象，而游戏能起到很好的化抽象为具体的作用。利用游戏的趣味性、竞争性消除学生对数学的排斥感、恐惧感，对于小学甚至于初高中数学学科的学习是有很大帮助的。三是游戏将复杂知识简化、趣化，提升教学效果。教师在讲台上填鸭式讲授，学生并未完全理解知识点，这一知识点对于教师而言十分简单，而学生却听得似懂非懂，游戏教学法可以将重难点知识融入游戏当中，通过师生的互动、生生互动方式，将知识点简化。

【教学目标】

1. 通过活动，引导学生综合运用已学过的组合、统计、可能性、找规律等相关知识，探讨事件发生的可能性大小。

2. 通过活动，使学生亲身经历观察、猜想、试验、验证的学习过程，培养学生提出、分析和解决问题以及合作交流的能力。

3. 初步渗透比较、归纳、概率统计及有序思考等多种数学思想，感受偶然性后面的必然性。

【教学重难点】

重点：探索两个骰子点数之和在5，6，7，8，9居多的道理。

难点：综合运用所学概率学知识解决生活中的问题，理解偶然性背后的必然性。

【教学过程】

（一）情境导入，设置悬念

（1）呈现跨年抽奖活动：购物满100元可以通过掷两个骰子，将每次掷得的点数相加得到和，把这些和分为A组5，6，7，8，9和B组2，3，4，10，11，12。和在A组可抽取1～5元的礼品，和在B组则可抽取6～10元的礼品。老板娘心想：A组的数有5种，B组的数有6种，老板的规则会亏钱。

（2）请同学们提出猜测，谁对？制造辩论。

（3）数学口说无凭，我们动手探究掷一掷。

（二）动手操作，自主探究

1. 列举“和”的可能

（掷骰子前，引导学生分析所掷结果的可能及不可能的情况：最小为2，最大为12，分析为何不可能是1或者大于13的数。）

设计意图：引导学生应用“组合”这一知识，把两个朝上数相加的和的所有情况列出来，并判断出最小与最大的和。通过交流让学生明确：两个数的和是2，3，4，…，12，都是可能发生的事件，但不可能是1和比12大的数。

2. 师生游戏

师：掷两个骰子“和”有11种情况。下面老师跟超市老板一样把这11个和分成A、B两组。究竟哪一组掷的次数多一些呢？实践出真知，你们各自选择一组和，然后PK一下，看看掷在哪组的和次数多，哪组就获胜，可以吗？

A组：5，6，7，8，9；B组：2，3，4，10，11，12。

预设：师赢，表现得意，学生不服气；生赢，师不服气，只是运气不好，是偶然性。

提出疑问：为什么A组的和只有5个数，反而比B组的6个数掷出的次数多？跟我们的猜想不一样，是偶然吗？

设计意图：让学生明白游戏规则后，通过猜测、试验、观察，再利用游戏结果创设认知冲突，自然而然激起学生探究的欲望和学习的积极性。

3. 动手操作，交流发现

师：如果实验次数多一些，结果会不同吗？想不想自己动手试试看？请看游戏规则：

① 2人为一组，轮流掷两个骰子。

② 一人掷骰子，一人计算两数之和并在统计图上记录。

③ 和是几就在几的上面涂一格。

④ 涂满其中任意一列，游戏结束。

（学生活动，把结果记录到统计图上；教师巡视，指导有困难的小组）拍摄四个小组的统计图，请四个小组汇报，关注以下几个核心问题：

（1）哪个小组12一次也没掷出来呢？是不是说不可能掷出12？

（2）哪些数字掷出的可能性更大？哪些数字可能性小？

（3）这几幅统计图有什么共同特点？

师生小结：通过比赛发现，和在A组出现的次数多，也就是和是5，6，7，8，9出现的可能性大一些，而和是2，3，4，10，11，12出现的可能性比较小。

设计意图：实践出真知，在学生对掷的结果已经有了初步感知的基础上，通过同桌合作，掷一掷，涂一涂，想一想，说一说，再通过全班交流，从个别到全班，使学生对前面结果的感知获得试验数据的支撑，为后面的进一步思考打下基础。

4. 引发思考，探究原理

引导学生讨论问题：为什么5，6，7，8，9出现的可能性会大一些呢？请同学们利用掷一掷中所获取的活动经验发言。（无论表达是否完整，都引导学生多交流）

给予学生探究工具，自主完成表格。先让学生独立观察组成图和统计表，然后全班交流。关注以下几个问题：①各个数字的组合方式分别有哪几个算式？②为什么掷到5，6，7，8，9的可能性更大？（结论：不仅仅看数字多少，更应该看到数字的组合方式多与少。）

5. 回归情境，回顾过程

（1）请同学们探讨下，你现在觉得老板的方案好还是老板娘的方案好？为什么？

（2）回顾探究过程，通过动手操作、猜想、观察、发现、验证，发现在我们的生活中，许多现象也可以采用相同的探究方法。

设计意图：从组合的角度去思考原因，使学生理解偶然现象背后的必然性。通过“谁来说说自己的发现”的交流，展示学生探究的成果，激发了学生的数学思考，同时培养了学生的逻辑思维能力和表达能力。

（三）巩固提升，应用生活

超市老板觉得这个活动规则有点粗糙了，决定再细化一下。你对这个活动有什么看法？发表一下你的看法。

（四）课堂总结，拓展延伸

（1）回顾：这节课咱们都研究了什么问题？你有哪些收获？

（2）课后思考：如果同时掷三个骰子，它们的和可能有哪些？哪些和出现的可能性大呢？你们想知道结果吗？有兴趣的同学课后去探讨一下吧！

设计意图：课堂小结，不但要进行知识的回顾整理，也应该关注学生学习的过程以及学习过程中的情感体验。同时，设计一道课后练习题，使学生进一步巩固所学知识。当然，如果课堂中有时间，这道题也可以用作当堂训练。

（五）学习单

学习单1（四人小组一张）

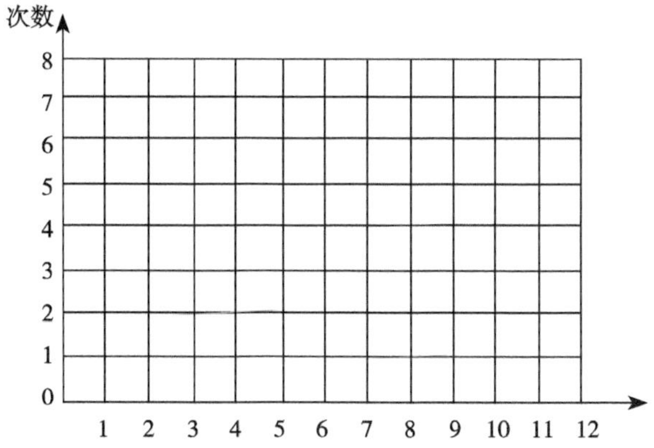

（1）掷到5，6，7，8，9共（　　）次；掷到2，3，4，10，11，12共（　　）次。

（2）我发现了：＿＿＿＿＿＿＿＿＿＿＿＿＿＿。

学习单2

骰子1 骰子2	1	2	3	4	5	6
1						
2						
3						
4						
5						
6						

（1）掷出和是7的组合算式：＿＿＿＿＿＿＿＿＿＿。

（2）掷出和是5的组合算式：＿＿＿＿＿＿＿＿＿＿。

（3）掷出和是9的组合算式：＿＿＿＿＿＿＿＿＿＿。

（4）我发现了：＿＿＿＿＿＿＿＿＿＿＿＿＿＿。

【板书设计】

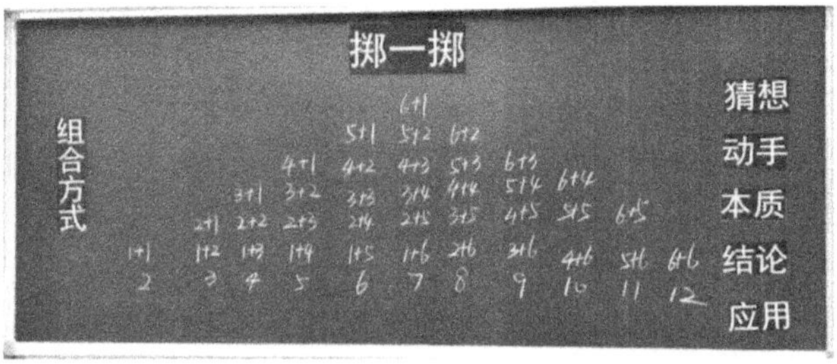

（作者：厦门市翔安火炬实验学校　李屹芃）

附 录

追光而遇，沐光而行

一个人在成长道路上，总会遇见很多贵人，亦是朋友，亦是知己，亦是家人。我很幸运，在我的逐光之途中，遇到了那道最耀眼的光，而后一路追随，沐光而行！

·遇 光·

在一次区级教研活动中，我第一次遇见了吴嫦云老师。那时，她在一群孩子中间灿烂地笑着，那笑容如一道光，点亮了我的世界。听了她的课，我惊叹：原来枯燥乏味的数学课可以演绎得如此有趣又充满智慧。再后来有幸加入了吴嫦云名师工作室。我终于读懂了那灿烂笑脸背后的深意：让数学课堂“趣智”共生，做一个幸福的教师是她一生的追求。她对跑步的挚爱，洋溢着青春的活力，在教育中也一样。教育就是她生活的一部分，一个个灵动的教学设计，一堂堂精彩的公开课，一篇篇引人思考的文章，都在诠释着“趣智课堂”的内涵。她就是我的“光”。从此，我开启了漫漫的追光之路。

·追 光·

在吴老师这束光的照亮下，工作室里的每个人都热气腾腾地活着。在“趣智”数学的世界里，大家都聚焦在自己的一亩三分地里精心耕耘着，创建着自己的教学品牌。每一个人都在勇敢地和那个被奴化的、被丑化的、被异化的“坏的自我”做斗争，让自己努力变成那个觉醒的“我”，担当的“我”，幸福的“我”。我也努力地追寻……于是，在稻花飘香的6月，我参加了区级优质课比赛，获得二等奖；在繁星点点的8月，参加了市级作业设计比赛，获得二等奖；在秋高气爽的10月，参加了市级教学技能大赛，获得三等奖……

我越靠近那束光，就越发感受到吴老师的伟大之处，绝不仅仅在于照亮，而是不断地为每一个接近她的人赋能，让每一个人都有自己发光的能力。2023年12月，吴老师让我准备一节练习拓展课参加厦门、莆田两市名师工作室联合研讨活动。由于是第一次跨市上课，我内心无比惶恐。吴老师笑着说："相信孩子，放手让孩子去探索、去表达，一定会有意外的惊喜！相信自己，你是全场最亮的那颗星！"看到吴老师那阳光般明媚温暖的笑靥，我的心便安定了下来。在吴老师的点化下，我渐渐放下心中的忐忑，带领孩子们畅游在几何图形的世界里，欣赏图形的变幻之美，感悟数学变与不变的真谛！

前行的路上，吴老师就是一面旗帜，引领我们不断向前；吴老师就是一束光，散发出光和热，给予我们不竭的动力源泉……

·沐 光·

会发光的人，在失意的时候不失去信心，在孤独的时候懂得静默，在纷繁的人世间能保持一颗空明之心。会发光的人，能不断地超越自己，会把"我"变成"我们"！而今，我在吴老师的指引下，也成立了区级的工作室。我要追随她，做一个发光发热的个体，做好自己，照亮他人，把"我"变成更多的"我们"。我相信，只要心有所向，每一个平凡的日子都会泛着光。

最后，我想用这首小诗送给最亲爱的吴老师：

如 果

如果你是云，
我愿是风，
永远轻轻地追随。
如果你是山，
我愿是水，
一生紧紧地相依。

（作者：厦门市新圩学校　陈梅琼）

与“趣智”的美好相遇

初识吴嫦云老师，犹记得是2020年12月30日在翔安区第二实验小学举办的一场教研活动上。彼时，吴老师刚刚来到翔安，肩负着引领翔安小学数学教育发展的重任，她于“我”的首次亮相，犹如春风吹拂，令人印象深刻。

在后来的数次教研活动中，我有幸观摩吴老师的数节课，多次领略其课堂风采。吴老师的课堂魅力如同春日暖阳，和风煦煦，幽默与亲和力交织，让我深感折服。在她的“小学数学趣智课堂”教学主张中，我仿佛看到了数学教学的崭新天地。这个教学主张与我平日里稚嫩的教学理念不谋而合——激发兴趣、启迪智慧，数学不仅仅是公式和计算，更是一门可以激发孩子无限潜能的学科。

2021年11月，厦门市教育局遴选市名师工作室研修人员的通知如及时雨般降临。心中满怀对吴嫦云名师工作室的憧憬与渴望，我毫不犹豫地填报了申请表。幸运的是，我入了吴老师的“法眼”，成功加入了她的名师工作室。

这个决定对我来说意义非凡，它不仅是我教育生涯中的一个重要里程碑，更是我追求卓越、不断成长的起点。吴老师的名师工作室不仅汇聚了一批优秀的教师，更是一个充满智慧与激情的团队。在这里，我感受到了数学教育的力量和美好，更寻得志同道合的知音。自此，我成了工作室的一员，每一次的研修活动我都风雨无阻，乐在其中。无论研修地点多么遥远，无论研修时间有何冲突，我都坚定地将研修活动视为最重要的“置顶待办”。每一次的付出和努力都是值得的，在这里，我不仅学到了教学技巧和策略，更收获了成长和友情。工作室的每一次交流、研讨、观摩，都是我成长的阶梯。工作室里众多优秀教师的教学实践宛如繁星点点，他们各具特色的教学风格和富有创意的教学设计让我大开眼界。通过与他们的交流和分享，我汲取了很多实用的教学方法和技巧，也认识到了自己在教学中的不足之处。我开始敢于尝试不同的教学方式，勇于挑战自己的教学能力。每一次的研修活动都让我感受到成长的喜悦，也让我更加坚定成为一名优秀教师的信念。在吴老师的引领下，我深入了解了“趣智数学课堂”的精髓，也在一次次研修活动中，见识到了各所学校的办学特色和独特魅力。

如今，回首走过的路，我深感与吴老师的相遇是缘分也是幸运。成长路途上，我深知自己的成长离不开工作室的支持和团队的力量，衷心感谢吴嫦云老师的悉心指导和工作室每位成员的陪伴与支持，让我们一起携手为孩子们的成长而努力。未来岁月里，我将继续追随吴老师的脚步，不断深入探索和实践“趣智数学课堂”的理念，希望在这条充满阳光和希望的教育之路上，我可以走得更远、更稳、更有力量。

（作者：厦门市翔安区金山小学　王章程）

一路有“你”

余光中有句诗我很喜欢，“在雪色和月色之间，你是第三种绝色！”在教育的世界里，如果孩子是第一种绝色，老师是第二种绝色，那么，谁才是第三种绝色？我沉思，谁才是那个迷人的“你”？

一毕业，我就被分配到一所农村小学任教。古旧的教学楼，清寂的乡野，诚朴的孩子，朴素的民风，这就是我的起航之地。直觉告诉我，孩子渴求知识的眼神也告诉我，我不能只做一个授业、解惑的平面老师，而要力求让自己成为一个充满诗情爱意，能给予他们智慧也能给予他们精神食粮的立体老师。面对陈旧落后的教学设备，我教孩子们把不起眼的木条、废纸和旧书变成各种教学模具，捧着这些劳动果实，望着孩子们因兴奋而涨得通红的脸，我的内心洋溢着幸福。那时的我，似乎也成了一个全能型教师。孩子们不会做广播体操，我便是体育老师；孩子们不懂得拿起画笔，我便是美术老师；孩子们想唱歌，我便是音乐老师……田野里洒满了我们爽朗的欢声，桂花树下飘荡着我们赏花吟诗的笑语，我把整个身心都交给了那所土坯学校。在那里，孩子们演绎的

“1+1=2”是这个世界上最美的数学算式，诵读的“飞流直下三千尺，疑是银河落九天”是最有味的唐诗古韵，孩子们如花的笑靥，就是我的太阳。乡村的宁静，让我工作时心无旁骛；孩子们的兴趣盎然与快乐成长，让我忘情地耕耘着。“兴趣是最好的老师”，于孩子们如此，于我来说又何尝不是如此，我爱，所以始终注重学情学法研究，始终关注孩子们的情感、态度和价值观，从而不断进步，不断成长。而孩子们总是不负我望，每每期末考试，成绩都是名列学区前茅。回想往事，我不禁想道，求知欲，这就是“你”吗？

真情的付出，让我收获了孩子们最热忱的爱。忘不了每天开门时，门口堆满孩子们亲手采摘的野花，清露滴圆、丝丝幽香，那是九千九百九十九朵玫瑰也无法与之媲美的啊！每逢节假日，孩子们必定呼啦啦地奔向我，然后拉着我一起去垄头、木桥、小溪，爬山，摘野果……时光飞逝，那一段美好的时光却永驻心田。童真童趣，也许这也是“你”？

而今，经历了教育路上的摸爬滚打与沉淀，我发现自己与孩子们愈来愈近了。许多时候，我似乎能听到他们内心跳动的声音，那么热烈，那么纯粹。他们需要我走进他们，引领他们，更需要我去分享所有的知识和智慧，而在分享孩子们成长的喜悦时，我也从他们身上找到了更多的信心与前行的动力。我将一些数学的本源、数学家的故事整理出来，让学生从数学的规律性和自然性中感受到美感，激发他们的兴趣。我也会刻意去调整自己授课的方式，激发他们的思考能力，帮助他们塑造自己的思维模式。解决问题时，我会给学生提出一些关键的问题指导他们继续思考，比如这一步想到这个是非常好的，还能想到什么？就这个技巧还能联想到其他什么技巧？慢慢就越来越趋向于无老师的状态。等孩子们对数学的感觉出来了，就不会太在意这道题是失分了还是得分了，而更在意的是这个步骤到底是怎么实现的，它为什么跟之前那些不一样，我为什么没有想到这个环节。就这样，一个个数学思维形成了，我的教学有了真正的价值。教有法，行有方，这该是另一个“你”吧！

一晃三十年过去了，多少学生成了我的朋友。我深知孩子们来到学校并不是以“纯粹的致力学习的学生”的面貌出现的，孩子们除了怀有获得知识的愿望外，同时还带来了各自的情感世界，他们是一个个充满着情感和思想活力的生命，是“一个置身于不断发展过程中的生命体。在生命的每一时刻，他都在成为却永远尚未成为他能够成为的那个人”。面对这样的生命体，我们需要虔诚地耕耘，去唤醒心灵，塑造灵魂。感谢我所有的学生，他们是我成长的源泉，他们对我的欢喜与尊重、误解与挑战，都激励我在教学中及时回味、调整与改进。我不仅仅是你们的老师，更是你们成长过程的一个旅伴。“你”向我问路，我指向我们的前方。

珍惜一路同行，感恩一路有“你”，那些绝色的“你”！

（作者：厦门市翔安区教师进修学校附属小学　吴嫦云）

后记

成己而花盛，达人则香盈

遇到一件事，能唤醒你责任，赋予你使命，成就你梦想，此乃人生之幸。我是幸运的，有个充满活力而温馨的工作室团队。面对任务，我们同舟共济；每逢交流，我们畅抒己见；每次相聚，我们美益求美……

2022年3月，厦门市小学数学吴嫦云名师工作室正式成立，小学数学“趣智课堂”的教学主张也跟着落地践行。“趣智”是课堂教学的特征，更是众多一线教师躬行践履的优选。短短三年，我们收获的成果满满，这有赖于教师的接力传递与鼓舞激励。我们举手苍穹，并非一定得摘星获月，而是需要一个在追求过程中不媚俗的姿态。正如身为教师，并非一定得功成名就，而是享受成长过程中，身处纯净天空之下，和孩子们一样拥有好奇心、青春活力……由此，“趣”更需要一线教师有研究的兴趣、乐趣、志趣和情趣，“智”也需要教师们具备更宽的眼界和胸怀、更强的力量和智慧。

一、“趣”学——求索的快乐

工作室活动开展的全过程，也是成员们成长的全过程。工作室把精力放在成员们的业务提升上，包括邀请专家培训、共读教育名著、读书分享、教学技能提升、购书推荐、外出学习等。只有仰望星空（了解、把握教育教学前沿信息），才能更好地脚踏实地（开展高质量的送培送教活动）。正如工作室里有人说过：“在这儿学习、交流，我觉得自己研究的脚步再不会停歇，觉得自己更要豪情满怀地学习、反思、践行。”这就是我们工作室全体成员的状态——拥抱热情，微笑前行。

二、“智”研——钻研的美妙

打铁先要自身硬，“有模”才能“有样”。工作室每个月举行一次教学研讨、开展一次“共读教育专著，感悟教育精髓”的读书交流，两周一次教学录像观摩，每学期末举行教学经验交流等活动。工作室的讲座、研讨课“趣智”主题鲜明，既有“有心栽花”的繁花似锦，又有“无心插柳”的岸柳成行。奔走于成员学校，除了教学研究，我们还了解各个学校的办学理念和特色；除了学校，我们还了解各个地方的人文气息……求索路上，成长途中，我们乐此不疲。

三、“趣”作——成长的芬芳

课堂教学提供了许多思考素材，我们紧紧把握课堂所反映出来的现象与问题，展开讨论。成员们勤写读书笔记，梳理学习感悟，整理教学案例，撰写论文……将研修过程中的点滴以独特的视角和语言展现出来。“趣”作不仅是一种态度，更是一种能力。我们在写作中发现“趣”，在表达中满足，在创造中获得“智”。工作室公众号迎来了各方“宾朋”与“战友”的关注。广阔的平台，给予了成员们进一步发展与提升的最美机遇。

四、“智”长——收获的喜悦

“一枝独秀不是春，万紫千红春满园。”工作室的发展思路十分清晰：一年要有“模样”，三年要成“榜样”。三年间，成员们摘取了许多“桂冠”，为工作室平添无限“春色”。如陈梅琼老师获省作业设计一等奖，李乾坤老师获“基础教育精品课”省级优秀奖，沈铭老师获市教育科研优秀成果奖一等奖，林巧莲老师获市单元整体作业、优秀论文二等奖，李舒贤老师获省融合创新应用教学案例三等奖……陈梅琼、陈明月老师成立区名师工作室，陈梅琼老师被评为区拔尖人才，许燕萍老师获区骨干教师，黄丽兰老师被推选为区“学科带头人”培养对象……我们以荣誉为动力，走过的路虽然艰辛，但更多的是欣喜，是成熟！

教师是以一言一行在学生面前呈现你是谁的，必须把握生命的节律，培育学生生命的自觉。要完成这样的使命，教师自身首先是一个顶天立地之人，才能对别人产生生命成长意义上的影响，此间之义，正是成己达人。当然，顶天立地之人，并非指教师自身非得活成一个圣人，而是说你很努力，有信仰，你在为这个信仰不断践行着。坚持一线教学34年，我始终践行着这样的理念：“站起来是一座山”，内心坚定，始终激情自信；“坐下来是一本书”，涵今茹古，让人读而不烦；“指手是一条路”，燃烧自己，心怀孩子同仁。我特别强调教师发展的自觉，让每位教师意识到自己能成为职业生涯的主人，活出特有的职业尊严和欢乐。

本书是工作室伙伴们共同协作的成果，历经三年，最终在油墨的挥洒中成册。

“横戈从百战，直为衔恩甚。”感谢生活，感恩你们！

吴嫦云

2024年10月于厦门